VORWORT

Lass das Abenteuer beginnen!

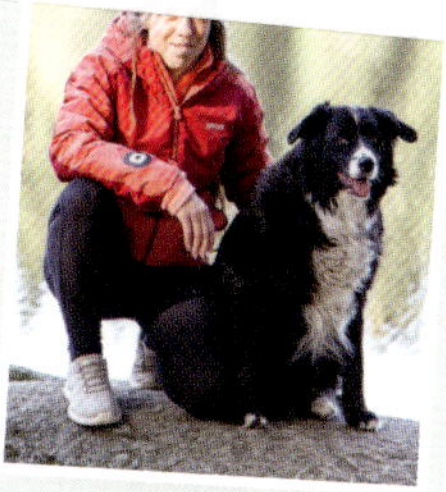

Während des Jahreswechsels 2018/2019 entdeckte ich dank eines wundervollen Zufalls das Fichtelgebirge als Wanderregion für mich. Nach einiger Recherche zur Region wollte ich mich gemeinsam mit meiner vierbeinigen Begleitung im Juni 2019 an der „12-Gipfel-Tour" versuchen. Diese mussten wir jedoch nach 2 Tagen und 9 Gipfeln wetterbedingt abbrechen – ganz Verrückte laufen die Strecke an einem Tag. Also erkundeten wir die Gegend erstmal wieder bei Halbtages- und Tagestouren.

Im Juli 2020 wagte ich dann, wieder zusammen mit meiner Hündin, einen neuen Versuch einer mehrtägigen Wanderung im Fichtelgebirge, und so ging es in zwei Tagen auf dem Höhenweg vom Förmitzspeicher bei Schwarzenbach a. d. Saale bis zur Luisenburg bei Wunsiedel. Dabei wanderten wir auf rund 45 Kilometern über die höchsten Gipfel des Fichtelgebirges (lediglich der Ochsenkopf wird ausgelassen) und entdeckten eine wunderbare Welt – den Naturpark Fichtelgebirge. Mich faszinierten die Granitblöcke inmitten von abwechslungsreichen Wäldern, welche in luftige Höhen ragen. Felsenmeere, wo seltene Tiere und Pflanzen einen geeigneten Lebensraum finden, und die Geschichten und Sagen, die sich um das Fichtelgebirge ranken. Ich wollte mehr sehen, und so liefen wir in der Region immer weitere Touren, lernten alte Ruinen, verlassene Steinbrüche und weniger bekannte Gipfel kennen, und ich entdeckte selbst bei der Erstellung dieses Wanderführers noch für uns neue Wege zu bekannten Zielen.

Im Naturpark Fichtelgebirge gibt es über 3600 markierte Wanderwege. Dennoch liebe ich es, meine Routen selbst zu erstellen. So kann ich schon im Vorfeld geschotterte Waldautobahnen sowie Asphalt meiden und stattdessen auf abwechslungsreiche Wald- und Wiesenpfade ausweichen. Denn bei Erlebnistouren ist nicht immer das Ziel das Abenteuer, sondern manchmal auch der Weg. Und deshalb kam es dann auch zustande, dass ich in diesem Buch manche „Ecken" des Naturparks gemieden habe, weil kilometerlange Schotterpisten, Teerstraßen oder hässliche Kahlschläge einfach nicht abenteuerlich sind.

Herzliche Grüße
Andrea und Wanderhund Freya

Und jetzt raus mit euch, denn
„Abenteuer sucht man nicht, Abenteuer hat man!" (Manfred Hinrich)

STRECKENDETAILS

PIKTOGRAMME

Distanz

Wegzeit

Höhenmeter

Ausgangs-/Endpunkt

Markierung

Charakteristik der Tour

Gasthäuser / Cafés

Tipps / Sehenswertes / Interessantes

Hunde-Infos

WEGBESCHREIBUNGEN UND MARKIERUNGEN

Ich habe die Wege nach bestem Wissen und Gewissen ausgewählt und beschrieben. Teilweise verlaufen die Routen auf unmarkierten Pfaden, welche selten begangen werden. Diese Wege werden bei der Tourenbeschreibung auch „unmarkierter Pfad / Weg“ genannt. Es empfiehlt sich insbesondere bei diesen Wanderungen, festes Schuhwerk und ggf. lange Kleidung zu tragen.
Genannte Markierungen können mit den Jahren verblassen, Vandalismus zum Opfer fallen oder witterungsbedingt kaputt gehen und somit nicht mehr erkennbar sein. Ebenso kann es passieren, dass Wanderwege verlegt oder umgeleitet werden und somit keine Markierung mehr vorhanden ist. Dies liegt außerhalb meines Wirkungsbereichs.
Ich empfehle die Wanderungen in der Zeit von Ende April bis Mitte / Ende Oktober (je nach Witterung) zu unternehmen.

AUSWAHL DER EINKEHRMÖGLICHKEITEN

Die Einkehrmöglichkeiten wurden sorgfältig ausgewählt. Spontane Änderungen der Öffnungszeiten sowie Schließungen oder Pächterwechsel können leider jederzeit vorkommen. Ich bitte euch deshalb darum, bei einer geplanten Einkehr vorab telefonisch oder über die Webseite (falls vorhanden) die aktuellen Öffnungszeiten sowie die Hausordnung (betrifft Hundebesitzer) der jeweiligen Gaststätte abzufragen.

HINWEISE FÜR HUNDEHALTER

Hunde-Infos: Bei allen Wanderungen hat mich meine Hündin begleitet. Sie ist ein Border-Collie-Berner-Sennenhund-Mix, ca. 25 kg schwer und zum Zeitpunkt der Touren 10 Jahre alt. Deshalb findet ihr bei jeder Route auch die Hunde-Infos. Also besondere Anforderungen (z.B. ob der Hund über Gitter laufen muss, um an bestimmte Orte zu gelangen) oder Highlights (u.a. Bademöglichkeiten) für mitwandernde Hunde.

Einkehren mit Hund: Die Einkehrmöglichkeiten sind (bis auf wenige Ausnahmen) so gewählt, dass natürlich auch der Vierbeiner willkommen ist. Dennoch bitte ich euch vorab immer zu fragen, ob und unter welchen Bedingungen (z. B. Leine, Maulkorb) der Hund mit in die Gaststätte darf.

Leinenpflicht: Im Naturpark Fichtelgebirge gilt keine generelle Leinenpflicht. Jagdlich ambitionierte Hunde sollten zum Schutz der Wildtiere angeleint bleiben. In Naturschutzgebieten sowie beim Aufeinandertreffen mit anderen Wanderern sollte der Hund an der (kurzen) Leine geführt werden.

Wasser für den Hund: Entlang der Routen gibt es häufig Quellen, Bäche oder Seen. Ich empfehle dennoch bei jeder Wanderung genug Wasser für den Hund mitzunehmen und ihn nicht aus solchen Gewässern trinken zu lassen.

Sonstiges: Im Fichtelgebirge gibt es Kreuzottern. Um Kreuzotter und Hund zu schützen, sollten Hunde auf den Wegen bleiben. Der Biss einer Kreuzotter kann für Hunde tödlich sein.

SCHWIERIGKEITSBEWERTUNG

Die Schwierigkeit einer Wanderung ist subjektiv. Dennoch gibt es diverse Anhaltspunkte wie Länge, Höhendifferenz sowie Beschaffenheit der Wege. Daraus ergibt sich folgende Einteilung:

Leicht	Leicht begehbare Wege, ohne nennenswerte An- oder Abstiege. Grundkondition erforderlich, aber kein besonderes Können nötig.
Mittel	Die Wanderung beinhaltet leicht begehbare Wege, hat jedoch eine gewisse Länge oder zu bewältigende Höhenmeter. Grundkondition erforderlich, teilweise sind Trittsicherheit und Schwindelfreiheit vorteilhaft.
Schwer	Anspruchsvolle Wege. Teils sehr verblockt, es gilt einige Kilometer und Höhenmeter zu bewältigen. Trittsicherheit sowie Schwindelfreiheit von Vorteil. Trekkingstöcke hilfreich.

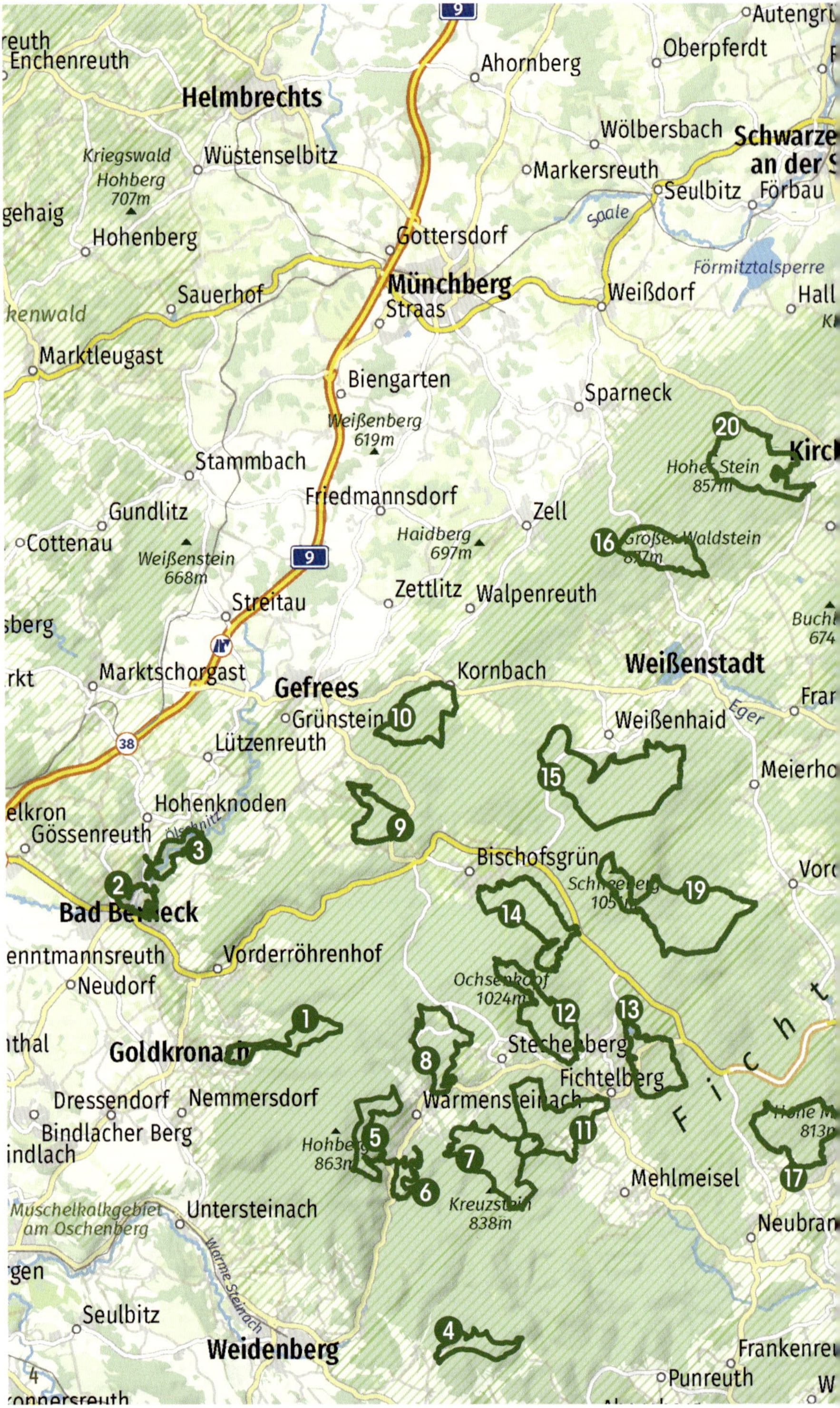

Enchenreuth
Helmbrechts
Ahornberg
Oberpferdt
Wölbersbach
Kriegswald
Hohberg
707m
Wüstenselbitz
Markersreuth
Seulbitz
Förbau
Saale
Hohenberg
Gottersdorf
Förmitztalsperre
Münchberg
Straas
Sauerhof
Weißdorf
Hall
Marktleugast
Biengarten
Sparneck
Weißenberg
619m
20
Hoher Stein
857m
Stammbach
Friedmannsdorf
Gundlitz
Zell
Haidberg
697m
16
Großer Waldstein
877m
Cottenau
Weißenstein
668m
9
Zettlitz
Walpenreuth
Streitau
Marktschorgast
Kornbach
Weißenstadt
Gefrees
Grünstein
10
Weißenhaid
Eger
Lützenreuth
38
Meierhof
15
Hohenknoden
Gössenreuth
Ölschnitz
3
9
Bischofsgrün
2
Bad Berneck
Schneeberg
19
14
Vorderröhrenhof
Neudorf
Ochsenkopf
1024m
12
13
1
Goldkronach
8
Stechenberg
Fichtelberg
Dressendorf
Nemmersdorf
Warmensteinach
Bindlacher Berg
Hohberg
863m
5
11
7
6
Mehlmeisel
17
Muschelkalkgebiet
am Oschenberg
Untersteinach
Kreuzstein
838m
Neubrand
Warme Steinach
Seulbitz
4
Weidenberg
Punreuth
Fichtel

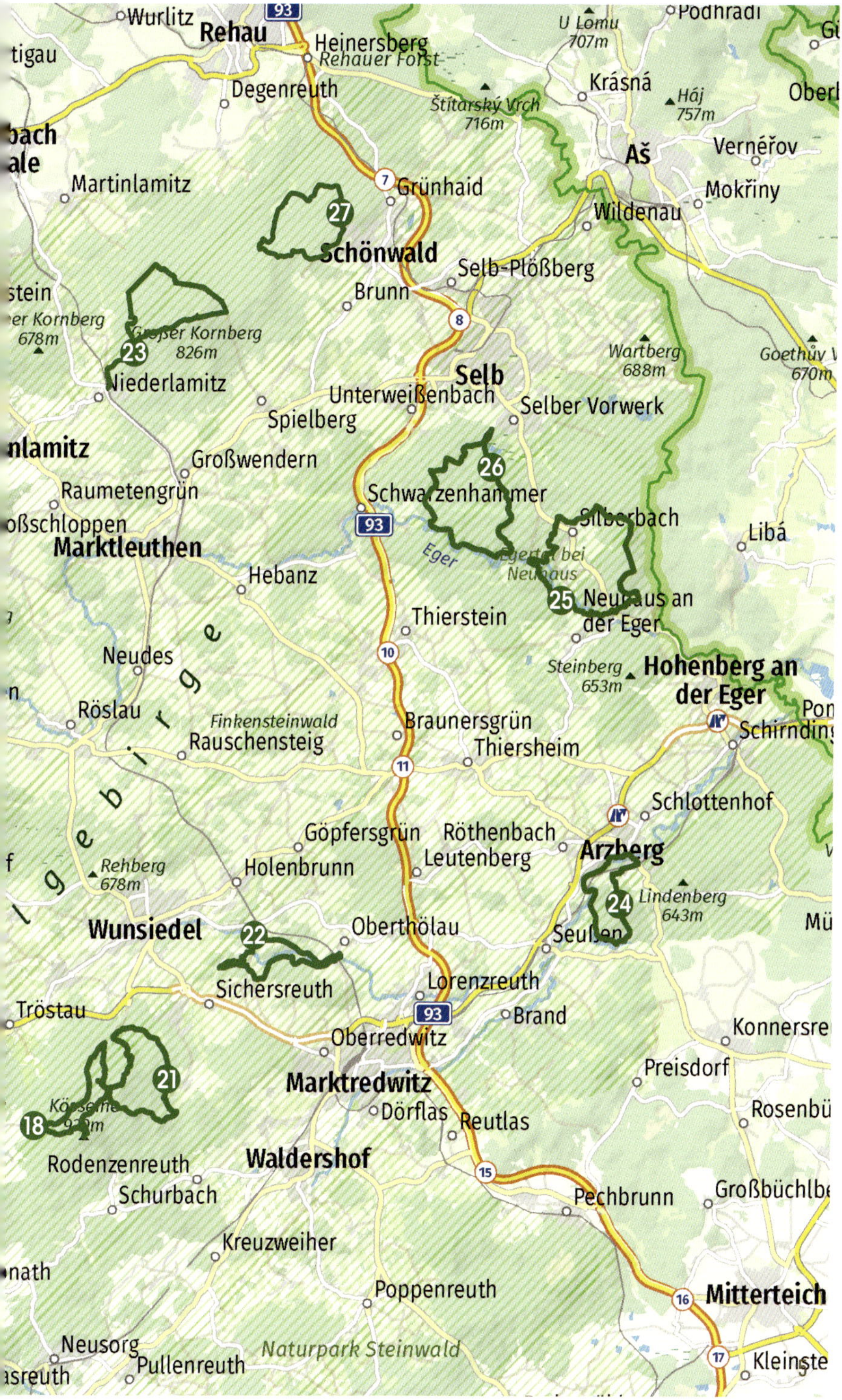

Wurlitz
Rehau
Heinersberg
Rehauer Forst
Degenreuth
U Lomu 707m
Podhradí
Krásná
Háj 757m
Štítarský Vrch 716m
Aš
Vernéřov
Mokřiny
Wildenau
Grünhaid
Martinlamitz
Schönwald
Selb-Plößberg
Brunn
Großer Kornberg 826m
Niederlamitz
Wartberg 688m
Goethův V 670m
Selb
Unterweißenbach
Selber Vorwerk
Spielberg
Großwendern
Raumetengrün
Marktleuthen
Schwarzenhammer
Silberbach
Libá
Eger
Egertal bei Neuhaus
Hebanz
Neuhaus an der Eger
Thierstein
Neudes
Steinberg 653m
Hohenberg an der Eger
Schirnding
Röslau
Finkensteinwald
Rauschensteig
Braunersgrün
Thiersheim
Schlottenhof
Göpfersgrün
Röthenbach
Leutenberg
Arzberg
Rehberg 678m
Holenbrunn
Lindenberg 643m
Wunsiedel
Oberthölau
Seußen
Sichersreuth
Lorenzreuth
Tröstau
Brand
Konnersreuth
Oberredwitz
Marktredwitz
Preisdorf
Dörflas
Reutlas
Rodenzenreuth
Waldershof
Schurbach
Pechbrunn
Großbüchlberg
Kreuzweiher
Poppenreuth
Mitterteich
Neusorg
Pullenreuth
Naturpark Steinwald
Kleinsterz

INHALT

INHALT

Das Gebiet

Das Fichtelgebirge: Das Fichtelgebirge ist ein hufeisenförmiges Mittelgebirge im Nordosten von Bayern, auf einer Fläche von ca. 1600 km². Es erstreckt sich von West nach Ost von Bayreuth bis nach Tschechien und von Nord nach Süd von Hof bis Waldsassen. Morphologisch lässt sich der Gebirgsstock grob in vier Gebirgszüge aufteilen: Das Hohe Fichtelgebirge (Schneebergmassiv, Ochsenkopf mit Königsheide, Kösseinestock), das Nördliche Fichtelgebirge (Waldstein, Epprechtstein, Kornberg), das Südliche Fichtelgebirge (Steinwald, Reichswald, Kohlwald) und die Innere Fichtelgebirgs-Hochfläche (u.a. Wunsiedel und Röslau). Der Schneeberg, das „Dach Frankens", ist mit 1051 Meter ü. NN der höchste Berg der Region, dicht gefolgt vom 1024 Meter hohen Ochsenkopf. Die vier Flüsse Weißer Main, Eger, Sächsische Saale und Fichtelnaab entspringen im „Herzbrunnen Europas" und fließen in alle vier Himmelsrichtungen.

Der Naturpark Fichtelgebirge: Der Naturpark Fichtelgebirge ist das Herz des vorliegenden Wanderführers. Er wurde 1971 gegründet und wird vom Verein Naturpark Fichtelgebirge e.V. Wunsiedel betreut. Zu finden ist der 1011 km² große Naturpark im nordöstlichen Teil Bayerns, im Regierungsbezirk Oberfranken, eingebettet zwischen Bayreuth, Rehau, der tschechischen Grenze und Marktredwitz. Über 3600 Kilometer markierte und zahlreiche unmarkierte Wanderwege führen auf 12 Gipfel und zu vielen Quellen. Seen, Moorlandschaften, alte Steinbrüche und das größte Felsenlabyrinth Europas können erwandert werden.

Gesteine: Landschaftsprägend sind die Granitfelstürme mit ihrer teils gut sichtbaren Wollsackverwitterung und die Granitblockmeere wie z. B. am Haberstein (Schneeberg) oder auf der Platte. Aber auch Basalt, Proterobas, Diabas und Marmor sind vorzufinden. Nicht umsonst trägt das Fichtelgebirge auch den Namen „Die steinreiche Ecke Bayerns".

Pflanzen: Wetter- und klimabedingt gibt es im Fichtelgebirge zwei Naturräume. Da wäre der fast komplett bewaldete Bergkamm, welcher karge Böden, viel Gestein und aufgrund der Höhenlage kühle Temperaturen aufweist. Und das völlig andere Bild im Inneren des Hufeisens. Hier gibt es Moore, Feuchtwiesen und landwirtschaftlich genutzte Flächen. Dank dieser unterschiedlichen Klimazonen konnten sich hier viele seltene Pflanzenarten ansiedeln und halten. Auf wenigen Wiesen findet ihr noch Heilpflanzen wie Bärwurz und Arnika. In den Mooren sind Wollgras und Sonnentau zu Hause. Und dann gibt es da ja auch noch den Siebenstern, die Blume des Fichtelgebirges.

Tiere: Durch die einzigartige Pflanzenwelt und das Klima fanden auch manch seltene Tiere hier noch ein Zuhause. An den Hängen der Kleinen Kösseine gibt es Gartenschläfer, und der Schneeberg ist ein geeignetes Auerwild-Gebiet. Kreuzottern lieben die Moorgebiete, sind aber auch in den alten Steinbrüchen zu finden. Das Fichtelgebirge ist Rotwildgebiet. Scheue Bewohner wie Luchs und Wolf und sogar Wildkatze wurden schon beobachtet. In der Ölschnitz bei Bad Berneck und im Perlenbach bei Schönwald gibt es noch die seltene Flussperlmuschel. Störche und viele andere Vögel sind ebenfalls beheimatet.

Quellen:
www.naturpark-fichtelgebirge.org
www.bayern-fichtelgebirge.de

Wandern mit GPS

Vielleicht kennen Sie die Aussage, dass das Gebiet nicht der Landkarte entspricht. Eine topographische Karte zeigt etwas anderes an als eine Wanderkarte. Je nach persönlichem Hintergrund und Schwerpunkt entdeckt jede Person die Umgebung auf seine bzw. ihre eigene individuelle Weise. Ähnlich verhält es sich auch mit Wanderkarten und GPS-Daten. Jede App und jeder Kartenservice stellen die Wege unterschiedlich dar. Ich plane mit *Outdooractive* und wandere mit *komoot*.

Dadurch unterscheiden sich die Strecken immer etwas voneinander, zum einen wegen der Genauigkeit des Aufzeichnens, zum anderen wegen der Kartenabbildungen. Wundern Sie sich deshalb nicht, wenn es, speziell in dichten Waldgebieten, einige Abweichungen gibt. Ich hoffe dennoch, dass Sie anhand meiner Beschreibungen die Runden mit hohem Baumanteil gut und mit Freude bewältigen können.

Dieses Buch ist so aufgebaut, dass Sie die Wege mithilfe der Tourbeschreibungen und der abgebildeten Karte auch ohne moderne Technik finden können. Es kann aber sicher nicht schaden, wenn man im Zweifelsfall auf technische Hilfsmittel zurückgreifen kann; besonders nützlich ist die elektronische Unterstützung auf unmarkierten Streckenabschnitten. Deshalb bieten wir unseren Lesern auf der Webseite des Verlags die GPS-Daten zu diesem Wanderführer kostenlos zum Download an. Die Adresse der Webseite lautet: **https://gps.battenberg-gietl.de/**.

Geben Sie zuerst das Passwort **2D1weXt4** in das entsprechende Feld ein und klicken Sie dann bei der Tour Ihrer Wahl auf den Download-Button.

Die Touren sind im gängigen GPX-Format gespeichert. Sie können einzelne Touren direkt herunterladen oder gleich alle auf einmal; in dem Fall erhalten Sie eine ZIP-Datei, die Sie erst einmal „entpacken" müssen. Um die GPS-Daten benutzen zu können, benötigen Sie ein Smartphone (iPhone oder Android) mit GPS-Empfänger und eine App, die GPX-Dateien darstellen kann (z. B. *komoot, Bergfex, Outdooractive* o. Ä.). Sie sollten nach Möglichkeit die Dateien so speichern, dass Sie sie offline nutzen können, da häufig Wälder und Berge beim Netzausbau nicht vorrangig behandelt werden und es im Online-Betrieb bei schlechtem Netz zu lästigen Verzögerungen kommen kann.

Navigationsaufgaben verursachen meist einen höheren Energieverbrauch auf dem Smartphone. Achten Sie daher besonders bei längeren Touren darauf, dass der Akku ausreichend aufgeladen ist.

Goldrausch

Gold, wie Goldsuche am Goldberg bei Goldkronach

TOUR 01

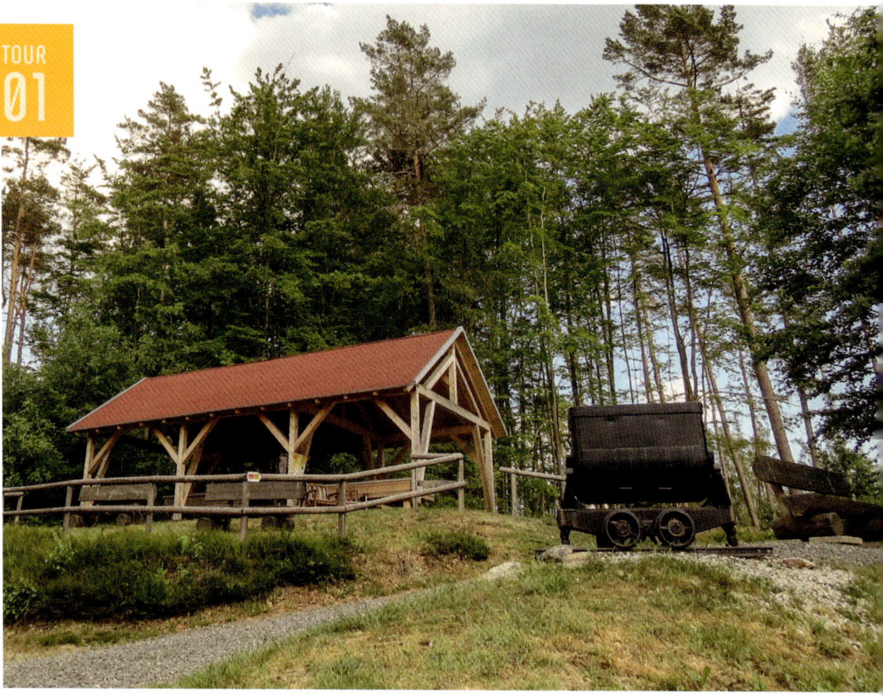

Parkplatz am Infohaus am Goldberg
Navi: Am Goldberg 6A, 95497 Goldkronach
Koordinaten: 50°00'38.0"N 11°42'21.1"E

Infohaus am Goldberg – Fürstenstein – Goldberg – Schmutzlerzeche – Mittlerer Tagstollen Name Gottes – Infohaus am Goldberg

Du wolltest schon immer einmal selbst nach Gold suchen? Herrliche Wanderwege beschreiten und die Ruhe auf dem Bankerl vom Fürstenstein genießen oder etwas über die Arbeit der Bergwerksleute erfahren – bei dieser Tour kommen Jung und Junggebliebene ganz sicher auf ihre Kosten.

(Fränkischer Gebirgsweg); (Humboldtweg)

Infohaus am Goldberg
Am Goldberg 6A, 95497 Goldkronach

Keine besonderen Anforderungen; bitte unbedingt Wasser mitnehmen; da die Besucherstollen sehr eng sind und sich im Inneren Gitter befinden, rate ich davon ab, Hunde mit zu den Führungen in die Besucherstollen hineinzunehmen.

Tourist-Information im Rathaus Goldkronach
Marktplatz 4, 95497 Goldkronach
Tel. 09273 9840
www.goldkronach.de

Foto: Für jeden, der sich mal als Goldgräber versuchen wollte, gibt es am Infohaus die Goldwasch-Hütte

GOLDRAUSCH – TOUR 01

leicht | 7,1 km | 202 Hm | 2:15 h

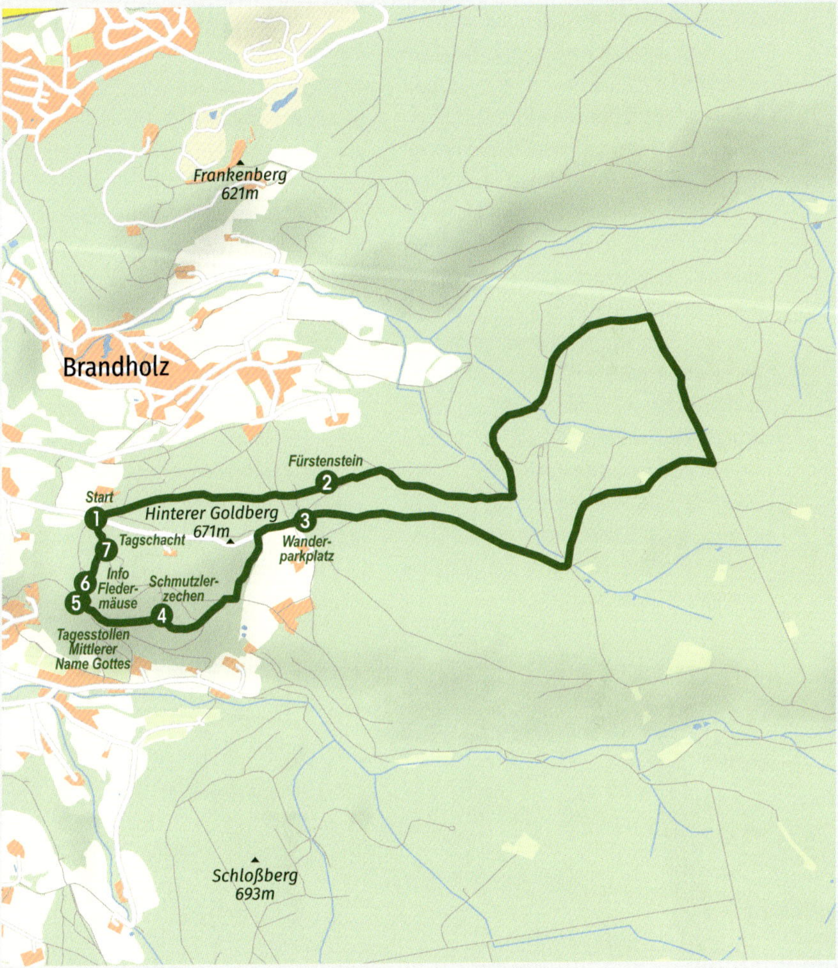

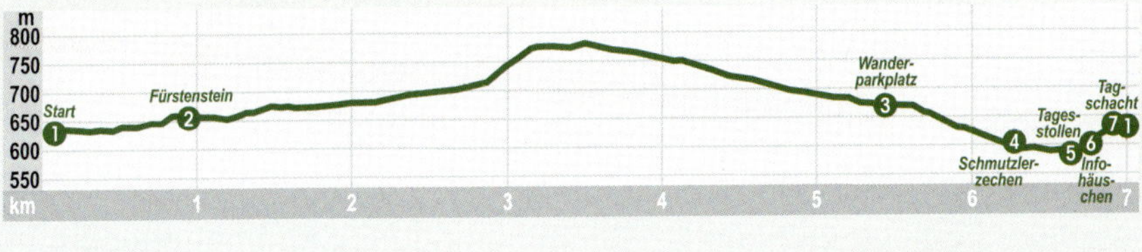

Schon unser Ausgangspunkt der Wanderung hat einiges zu bieten. Neben dem Infohaus am Goldberg 1 befindet sich eine Goldwasch-Hütte. In Schaukästen am Infohaus befinden sich Gesteine und Mineralien, welche einst in den Stollen abgebaut wurden. Unser Weg führt uns jedoch links am Infohaus vorbei, und so geht es dann auf dem in den lichten Wald hinein. Auf dem geht es auch noch weiter am Fürstenstein 2 vorbei. Der Fürstenstein ist eine Felsburg, welche aus Gneisphyllit mit Einsprengungen von schwarzem Tonschiefer besteht. Ursprünglich hatte der Gipfel einen größeren Umfang, jedoch wurden Steine für den Bau des Bergamtsgebäudes in Wunsiedel (steht nun in Brandholz) gebrochen.

Wer möchte, kann über einen schmalen Pfad auf den Fürstenstein (675 ü. NN) hinauf. Oben warten ein Gipfelkreuz und eine Bank auf euch. Die tolle Aussicht wird mittlerweile von hohen Fichten „versperrt", was der Stimmung auf dem Felsbrocken jedoch keinen „Zacken aus der Krone bricht". Für mich persönlich ist und bleibt dies einer meiner Lieblingsplätze.

Nach dem Besuch am/auf dem Fürstenstein geht es auf dem Fürstensteinsteig mit der Markierung weiter. Und zwar für sage und schreibe 2 Kilometer. Dann verlasst ihr den Fürstensteinsteig nach rechts über einen Waldweg, welcher den Fürstensteinsteig kreuzt, den Berg hinauf. Dem Weg folgt ihr etwa 700 Meter, bis ihr auf die unmarkierte Goldbergstraße gelangt. Keine Angst, es ist keine wirkliche Straße, sondern „nur" ein geschotterter Forstweg.

Die Füße können sich nun etwas erholen und die Blicke entlang des Weges schweifen, denn bis ihr „Am Goldberg" ankommt, ist der Weg leicht. Wo der Weg sich einmal trennt, müsst ihr euch einfach rechts halten. Nach wenigen Metern erreicht ihr dann einen Wanderparkplatz 3 sowie ein Haus. Hier müsst ihr nun am Holzzaun geradeaus weiter (das einzige Stück Asphalt), bis ihr am Ende des Zauns angekommen seid. Nun geht es „querwaldein" nach links durch den Wald – orientiert euch einfach am Waldrand, dann solltet ihr einen schmalen Pfad erkennen – bergab, bis ihr auf einen Forstweg trefft. Jetzt müsst ihr

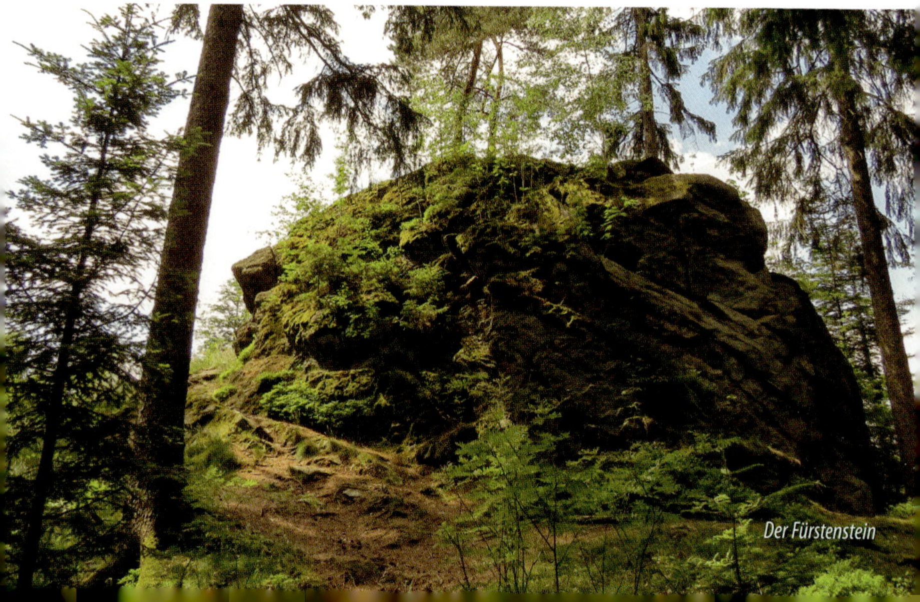

Der Fürstenstein

rechts und dann steht ihr schon fast vor dem Wegweiser zur „Schmutzlerzeche". Aber Achtung: Der Wegweiser ist nur von der anderen Seite beschriftet.

Nun geht es gleich weiter bergab, weil ihr hier erneut nach links abbiegt und dem Wegweiser „Besucherstollen Schmutzlerzeche" folgt. Um zur Schmutzlerzeche zu gelangen, müsst ihr euch bei der nächsten Abzweigung rechts halten, an der Schranke vorbei und dann seht ihr – wenn ihr richtig gelaufen seid – nach ein paar Metern schon eine Hütte und einige Bänke. Willkommen bei der Schmutzlerzeche 4.

Hier könnt ihr nun auch etwas rasten (aber bitte nicht rosten) oder nach Gold suchen. An dem kleinen Bächlein neben dem Häuschen gibt es kleine Metallschalen, womit ihr euer Glück versuchen könnt.

Anschließend folgt ihr dem Pfad mit „Frieda" geradeaus weiter, bis ihr wieder auf den [Fränkischer Gebirgsweg] stoßt. Es geht rechts leicht den Berg hinauf und dann anschließend links auf einen etwas versteckten Pfad zum Besucherstollen „Mittlerer Tagesstollen Name Gottes" 5. Der Stollen ist, wie die Schmutzlerzeche auch, nur für Führungen geöffnet. Dennoch ist es ein schöner Ort zum Verweilen, denn es gibt eine Bank sowie Tafeln, welche euch über damalige Ausgrabungen informieren.

Tipps

1) Sonn- und feiertags habt ihr die Möglichkeit, gegen eine geringe Gebühr an einer der Führungen in den Besucherstollen „Schmutzlerzeche" oder „Mittlerer Tagesstollen Name Gottes" teilzunehmen oder einen kurzen Goldwaschkurs zu buchen.

2) Ein Besuch im Goldbergmuseum in Goldkronach (nur Sonn- und feiertags geöffnet).

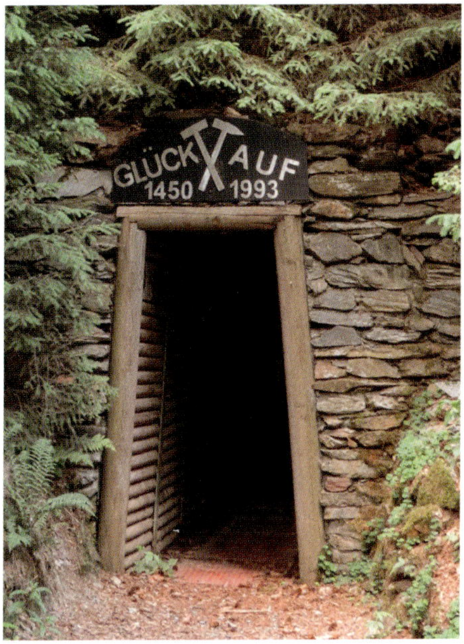

Eingang „Mittlerer Tagesstollen Name Gottes". Auch hier sind Führungen möglich

Es geht über ein paar Treppenstufen weiter hinauf und wieder auf den breiten Schotterweg. Nun geht es links zu einem Häuschen. 6 Hier habt ihr die Möglichkeit, euch über Fledermäuse zu informieren, oder ihr nehmt vor dem vergitterten Fenster Platz, kurbelt an der Kurbel außen und lauscht der Geschichte der Bergleute. Diese ist sowohl für Kinder wie auch für Junggebliebene interessant.

Anschließend geht ihr weiter, bis ihr zu einem Wegweiser mit der Aufschrift „Humboldtweg" [Humboldtweg] gelangt. Von hier aus sind es auch nur noch 300 Meter bis zum Infohaus. Es geht über eine Treppe hinauf – die Aussicht ist wirklich schön – und am Tagschacht „Mittlerer Name Gottes" 7 vorbei. Hiervon sind jedoch nur noch Kuhlen übrig. Am Infohaus wieder angekommen, könnt ihr entweder bei der Goldwasch-Hütte nochmal nach Gold suchen oder euch auf den Nachhauseweg machen.

Ausblicke

Von Aussichtspunkt zu Aussichtspunkt hoch über Bad Berneck

TOUR 02

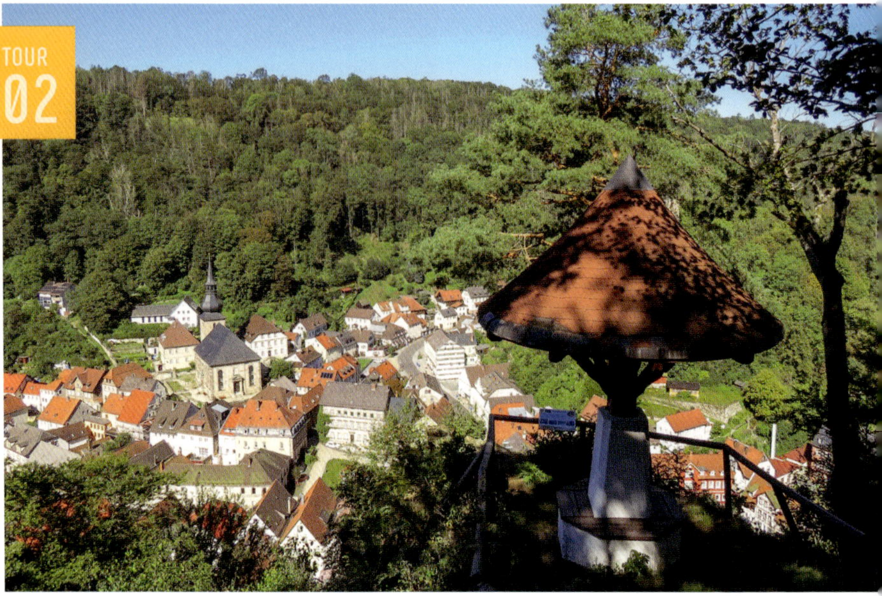

Start/Ziel: Parkplatz hinterm Edeka
Navi: Bahnhofstraße 89, 95460 Bad Berneck im Fichtelgebirge
Koordinaten: 50°02'35.7"N 11°40'09.1"E

Ausgangspunkt – Dendrologischer Garten – Bad Bernecker Aussichtsbänkla/Reichswarte – Freiheitsfelsen – Sonnentempel – Bad Berneck – Dreifaltigkeitskirche – Sängerplatz – Grüner Pavillon – Rothersfelsen – Hohe Warte – Ausgangspunkt

Stadtnah mitten in der Natur. Auf dieser kurzen, aber knackigen Wanderung wandert ihr zu einigen wundervollen Aussichtspunkten hoch über Bad Berneck. Dabei warten abenteuerliche Pfade und traumhafte Wälder auf euch.

M (Main-Wanderweg); (Thiesenring);
M (Main-Wanderweg); (Thiesenring)

Goldener Hirsch (Mit 300 Extra-Metern)
Hofer Straße 12, 95460 Bad Berneck
Tel. 09273 7689
post@goldener-hirsch.de
www.goldener-hirsch.de/restaurant

Marktplatzstüberl (Mit 200 Extra-Metern)
Marktplatz 34, 95460 Bad Berneck
Tel. 09273 8282
marktplatzberneck@gmail.com
www.marktplatzstüberl.de

Vorsicht – Absturzgefahr an manchen Aussichtspunkten. Unbedingt genug Wasser mitnehmen. Hunde im Dendrologischen Garten bitte anleinen.

Tourist-Information Bad Berneck
Marktplatz 21, 95460 Bad Berneck
Tel. 09273 574374
www.badberneck.de

Foto: Vom Sonnentempel aus hat man einen schönen Blick auf Bad Berneck

mittel | 6,1 km | 335 Hm | 2:15 h

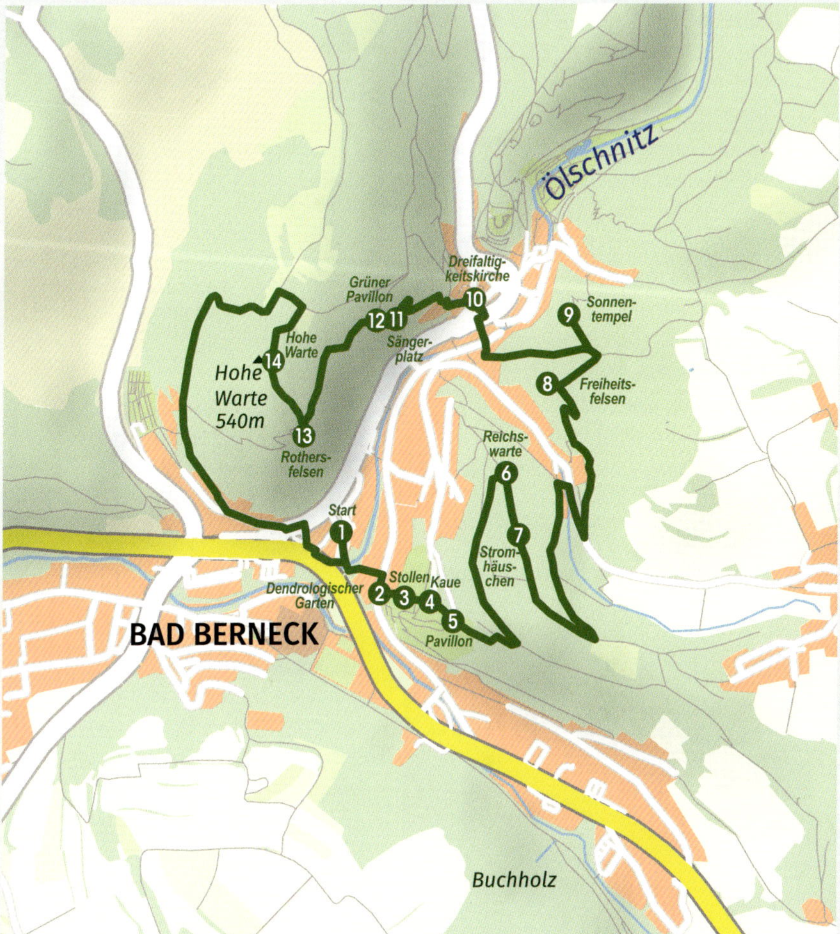

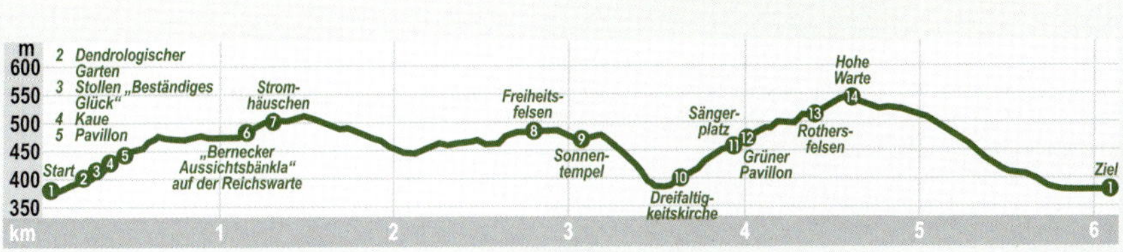

Im besten Fall habt ihr auf dem Parkplatz ❶ zwischen Edeka und Feuerwehr geparkt. Von da an geht es dann gleich über eine kleine Brücke über die Ölschnitz, dann links eine Treppe hinauf. An der Straße angekommen haltet ihr euch erst rechts und seht dann nach etwa 50 Metern auf der linken Seite am Hang schon den Dendrologischen Garten ❷. Mehrere Wegweiser mit der Aufschrift „Dendrologischer Garten" weisen euch sicherheitshalber den richtigen Weg. Der Dendrologische Garten ist als kleiner Park angelegt. Ihr könnt euch also entscheiden, ob ihr euch ein bisschen umsehen wollt, z. B. könnt ihr an dem Eingang des Stollens „Beständiges Glück" ❸ oder bei der Kaue ❹ etwas über den Bergbau und Alaun-Abbau erfahren, oder ob ihr schnurstracks nach oben wollt. Ihr müsst nämlich eigentlich nur geradeaus durch den Park den Berg hinauf, bis ihr vor einem Pavillon ❺ steht. Genau an diesem Pavillon führt linker Hand ein unmarkierter Pfad vorbei, und diesem folgt ihr nun durch den lichten Buchenwald.

Nach etwa 200 Metern biegt ihr scharf nach links ab und wandert auf einem weiteren Pfad ohne Markierung an einem alten Holzzaun entlang. Auch am Ende des Zauns bleibt ihr auf diesem Pfad, welcher euch mit kaum spürbarer Steigung hinauf zum „Bernecker Aussichtsbänkla" auf der Reichswarte ❻ bringt. Manche sagen zu dem Ort auch „3-Burgen-Blick", denn ihr schaut von hier aus auf die Burgruine Hohenberneck, die Ruine der Marienkapelle und den Schlossturm.

Sobald ihr euch von dem schönen Aussichtspunkt losreißen könnt, folgt ihr dem Pfad weiter nach oben. Es geht zwischen ein paar niedrigen Felsbrocken hindurch, und nach etwa 100 Metern, steht ihr vor einem Stromhäuschen ❼ an einer kleinen Wiese. Ein Pfad führt euch durch das Gras, und nun geht es erst einmal auf dem Mainweg M – einem schönen Waldweg – weiter, bis ihr bei einer weiteren Wiese ankommt. Gleich am Beginn der Wiese verlasst ihr dann jedoch wieder

Dendrologischer Garten
Ein Dendrologischer Garten ist eine Art Sonderform eines Botanischen Gartens. Bei Dendrologischen Gärten geht es hauptsächlich um die Gehölze (Dendrologie = Gehölzkunde). Im Dendrologischen Garten in Bad Berneck findet ihr einige deutsche „Rekordbäume", sowie einige Infotafeln. Auch zum Thema Bergbau gibt es hier etwas, und zwar den alten, aber leider verschlossenen Stollen „Beständiges Glück".

3-Burgen-Blick
Eine von 3 Bernecker Aussichtsbänkla mit Blick auf den Schlossturm, Marienkapelle und Burgruine Hohenberneck. Der 3-Burgen-Blick befindet sich auf der Reichswarte.

Bergwerk Beständiges Glück

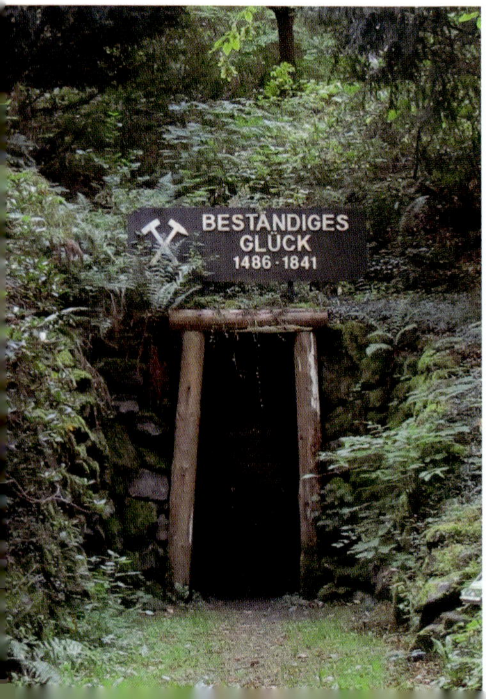

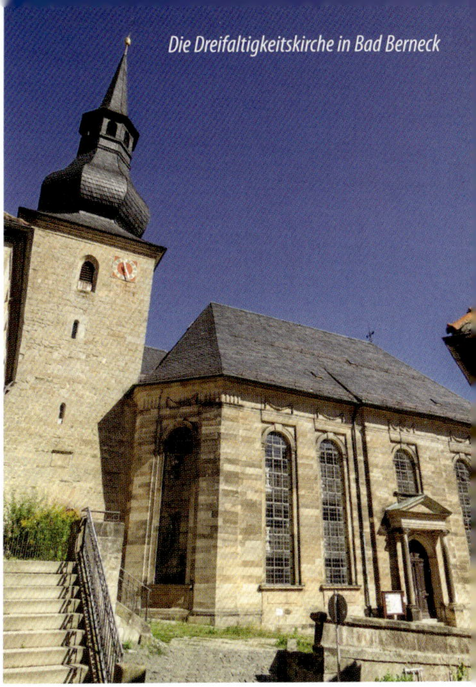

Die Dreifaltigkeitskirche in Bad Berneck

den Mainweg und folgt dem Pfad Richtung Bad Berneck nach links den Berg hinunter, bis ihr bei einem Haus ankommt. Nach dem Anwesen müsst ihr rechts über eine kleine Brücke, und ab da folgt ihr jetzt der Markierung (Thiesenring).

Die Markierung führt euch zuerst einmal nach rechts etwa 150 Meter an einer wenig befahrenen Straße entlang, bis es dann links auf einen Waldweg geht. Keine Angst, der Weg wird wieder schmaler und führt auf abwechslungsreichen Pfaden, vorbei am Freiheitsfelsen 8 – ein Aussichtspunkt ohne Aussicht –, weiter bis zu eurem nächsten Aussichtspunkt, dem Sonnentempel 9. Hier solltet ihr aufpassen, denn der Weg zum Sonnentempel kann gerade bei Nässe etwas rutschig sein, aber für den überdachten Aussichtspunkt und den Ausblick auf die Neue Kolonnade und die Burgruine Hohenberneck lohnt sich die kleine Strapaze.

Jetzt müsst ihr wieder ein Stück zurück. Um genauer zu sein, etwa 90 Meter, denn dort verlasst ihr den Thiesenring und macht einen starken Schlenkerer nach rechts. Ein Pfad bringt euch runter nach Bad Berneck. Beim etwas steilen Abstieg durch den Buchenwald helfen euch provisorische Treppen. Hier solltet ihr aber besonders aufpassen, denn die Eisenrohre, welche die Stufen befestigen, und vor allem nasses Laub können rutschig sein.

Beim „Haus Bergfriede" angekommen, haltet ihr euch rechts, und dann geht es gleich ein weiteres Mal rechts und durch eine schmale Gasse ein paar Stufen hinunter. Jetzt steht ihr direkt vor einer Brücke. Dank der Brücke überquert ihr trockenen Fußes die Ölschnitz, folgt einfach geradeaus der Gasse bis zur Rotherstraße. Hier haltet ihr euch rechts, wechselt aber sogleich die Straßenseite, denn zwischen den Hausnummern 52 und 50 führt eine schmale Gasse durch. Die folgende Straße überquert ihr einfach und nehmt auch hier die Treppe zwischen den Häusern nach oben. Nun solltet ihr vor der imposanten Dreifaltigkeitskirche 10 stehen.

Ab hier habt ihr die Möglichkeit, ein paar Extra-Meter für eine Einkehr zu absolvieren. Dafür folgt ihr nach rechts dem Kirchenring geradewegs bis zum Marktplatz. Linker Hand geht's zum Gasthaus „Goldener Hirsch". Rechter Hand zum „Marktplatzstüberl". Ziemlich in der Mitte gibt es auch eine Eisdiele. Nach der Einkehr geht's dann wieder zurück zur Kirche und ab da weiter wie beschrieben. An der Kirche haltet ihr euch links und folgt dem Weg an der Mauer weiter bergauf, bis ihr am Hang vor einem Haus steht. Genau da müsst ihr

Sonnentempel

1836 wurde das erste Mal ein Dach auf dem Hügel errichtet. Von hier hat man einen schönen Blick auf die Neue Kolonnade und die Burgruine Hohenberneck.

Rothersfelsen

Der Rothersfelsen ist mit einer Fahne „markiert". Von hier oben hat man ebenfalls einen schönen Ausblick auf Bad Berneck.

Hohe Warte

Hierbei handelt es sich um einen ehemaligen Aussichtspunkt, denn wo einst (ab 1975) ein Aussichtsturm stand, erinnert heute nur noch ein Holzkreuz an die Stelle. Der Aussichtsturm musste aus Sicherheitsgründen abgerissen werden, und die Aussicht ist aufgrund der Bäume auf dem Hügel mittlerweile verschwunden. Der Ort ist dennoch sehr schön, und eine Bank lädt zum Picknick ein.

Grüner Pavillon

Der Grüne Pavillon besteht aus Eisen und befindet sich auf der Kirchleite. Er wurde um 1900 vom Fabrikant R. Voigt aus Chemnitz gestiftet. 2020 wurde der Grüne Pavillon saniert und erstrahlt seither in neuem Glanz.

rechts und gleich wieder links auf einen Pfad. Der Wegweiser Richtung „Pavillon, Rothersfelsen, Hohe Warte, Aussichtsturm und Sängerplatz", sowie die Markierung M sind schon ein bisschen zugewachsen und nicht so leicht auf Anhieb zu erkennen.

Jetzt heißt es wieder Höhenmeter sammeln. Zuerst bringt euch der schmale Pfad hinauf zum Sängerplatz 11. Irgendwie nichts Spektakuläres, weshalb ich euch gleich den weiteren Aufstieg zum Grünen Pavillon 12 empfehle. Der Weg dorthin ist schön, und von hier habt ihr eine traumhafte Aussicht auf das darunterliegende Örtchen Bad Berneck und die Reichswarte – ja, da wart ihr vorher oben. Eine Bank und natürlich der Pavillon laden zu einer kurzen Rast oder gar einem mitgebrachten Picknick ein.

Rund 500 Meter und eine weitere Bank später erreicht ihr schon den nächsten Aussichtspunkt,

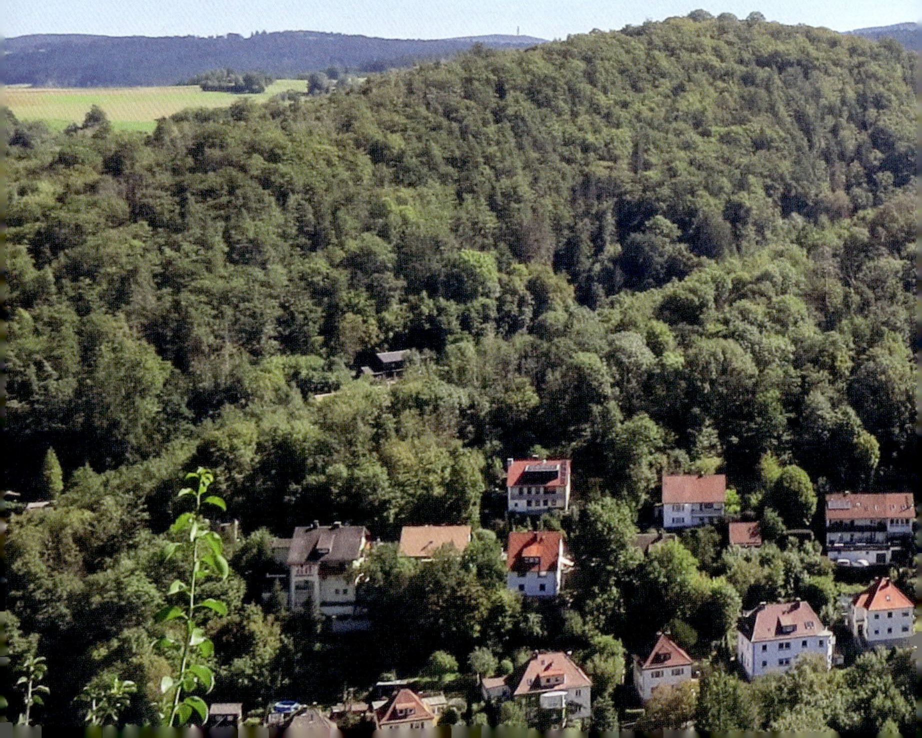

den Rothersfelsen 13. Dieser ist mit einer Fahnenstange (natürlich inklusive Fahne) ausgestattet. Eine Überdachung ist leider nicht vorhanden, aber dafür habt ihr nochmal eine großartige Aussicht.

Vom Rothersfelsen aus folgt ihr geradewegs den Treppenstufen und der Markierung nach oben. Auf dem Pfad geht es weiter hinauf zur Hohen Warte 14. Und wenn ihr euch nun auf eine weitere Aussicht gefreut habt, so muss ich euch spätestens jetzt enttäuschen. Der ehemalige Aussichtsturm wurde nämlich aufgrund baulicher Mängel entfernt, und selbst wenn er hier noch thronen würde, so würden die Bäume jegliche Aussicht zunichtemachen. Dennoch bietet eine Picknickbank inkl. Tisch die Möglichkeit, hier etwas zu verweilen und den Blick auf das hölzerne Kreuz zu richten, bevor ihr weiter dem Thiesenring folgt.

Zuerst wandert ihr noch nach links der Markierung und den Wegweisern Richtung Knodental & Rimlas nach. Am nächsten Waldrand verlasst ihr dann aber die Markierung und biegt nach links auf einen unmarkierten Weg ab. Dieser führt sogleich leicht bergab, wird nach der Linkskurve zu einem schönen Pfad und dann auch etwas steiler. Solltet ihr es rumsen und knallen hören, so seid ihr definitiv richtig, und wenn ihr einen Blick nach rechts auf die andere Hangseite werft, erkennt ihr vielleicht auch den Grund. Dort befindet sich nämlich ein Steinbruch.

Nach etwa 300 Metern gesellt sich von oben herab der Thiesenring wieder hinzu, und diesem folgt ihr nun stets weiter hinab bis nach Bad Berneck. An der Straße steht ihr dann auch schon wieder vor dem Edeka, hinter welchem sich der Endpunkt befindet.

Blick über die Dächer von Bad Berneck

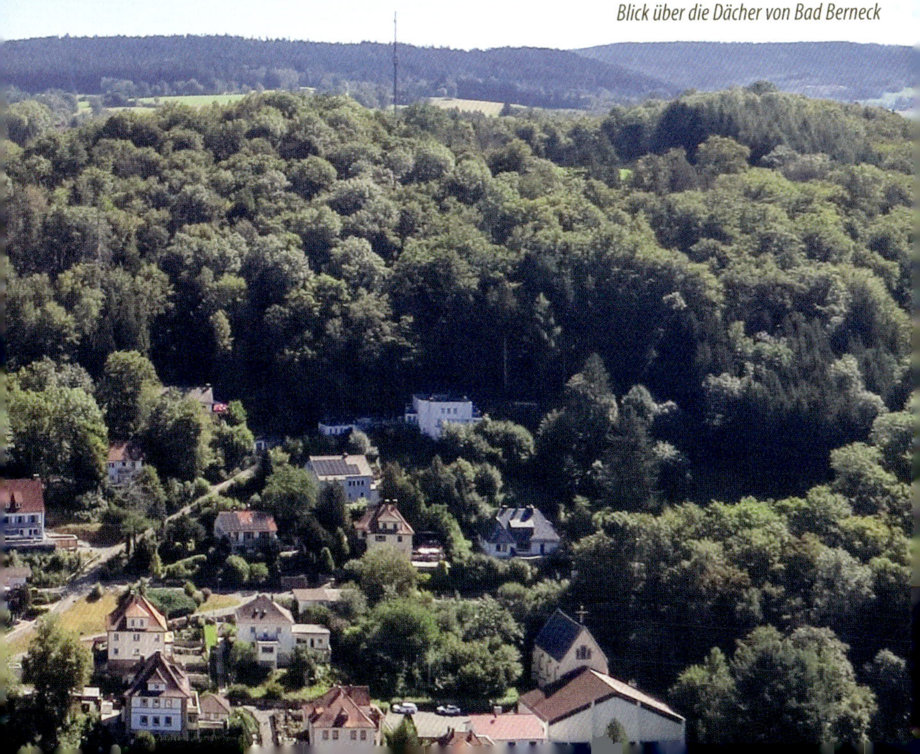

Im Reich der Burgen und Ruinen

Burgenlandschaft Bad Berneck

TOUR 03

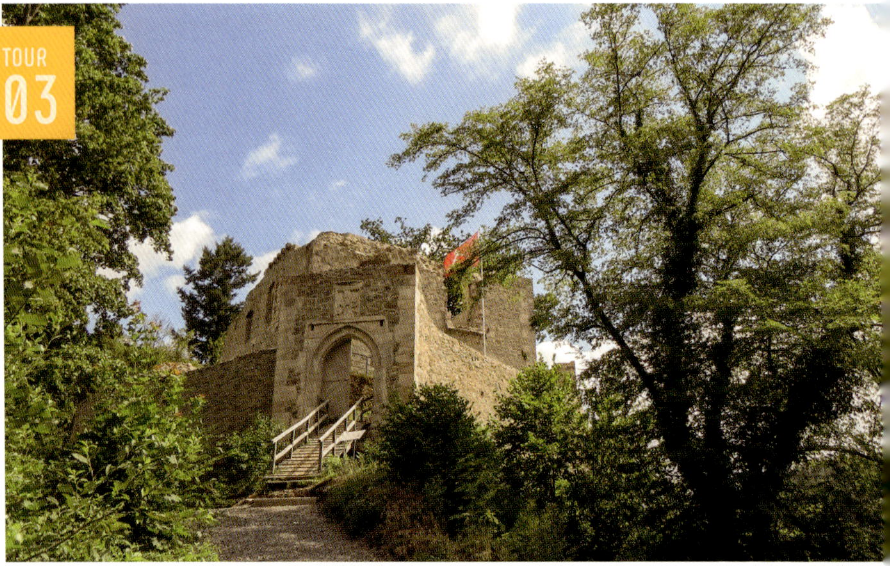

Start/Ziel: Parkplatz / Parkbucht an der B2 (Hofer Straße) zwischen Bad Berneck und Hohenknoden, kurz nach dem Bad Bernecker Ortsausgang, 95460 Bad Berneck
Koordinaten: 50°03'18.9"N 11°40'28.0"E

Ausgangspunkt – Burgruine Hohenberneck – Marienkapelle – Pavillon – Schlossturm – Neue Kolonnade – Kurpark – Alte Kolonnade – Schöne Aussicht – Niehrenheimfelsen – Ludwigsfelsen – Jean-Paul-Platz – Eremitenklause, Turmburg Alt-Berneck (– Ort der Stille) – Engelsburg – Schlossberg / Westfalskuppe – Ausgangspunkt

Entdeckt hoch über Bad Berneck und im malerischen Ölschnitztal alte Ruinen. Bei Hochwasser ist die Wanderung nur über die Alternativ-Route ohne Bachdurchquerung machbar! Ich empfehle bei dieser Wanderung ein GPS-Gerät.

(Thiesenring); (Jean-Paul-Weg); (Thiesenring)

Kiosk (Mit Zusatzweg)
Im Kurpark bei der Minigolfanlage
Tel. 0178 3294955

Gasthof Friedrich (mit Anfahrt)
Hofer Str. 3, 95460 Bad Berneck
Tel. 09273 477
info@gasthof-friedrich.de
www.gasthof-friedrich.de

Bei der Adventure-Variante muss ein kleiner Bach durchquert werden. An manchen Aussichtspunkten und bei manchen Ruinen herrscht Absturzgefahr. Bitte ausreichend Wasser mitnehmen.

Tourist-Information Bad Berneck
Marktplatz 21, 95460 Bad Berneck
Tel. 09273 574374
www.badberneck.de

 Foto: Die Burgruine Hohenberneck

mittel | 7,5 km | 307 Hm | 2:45 h

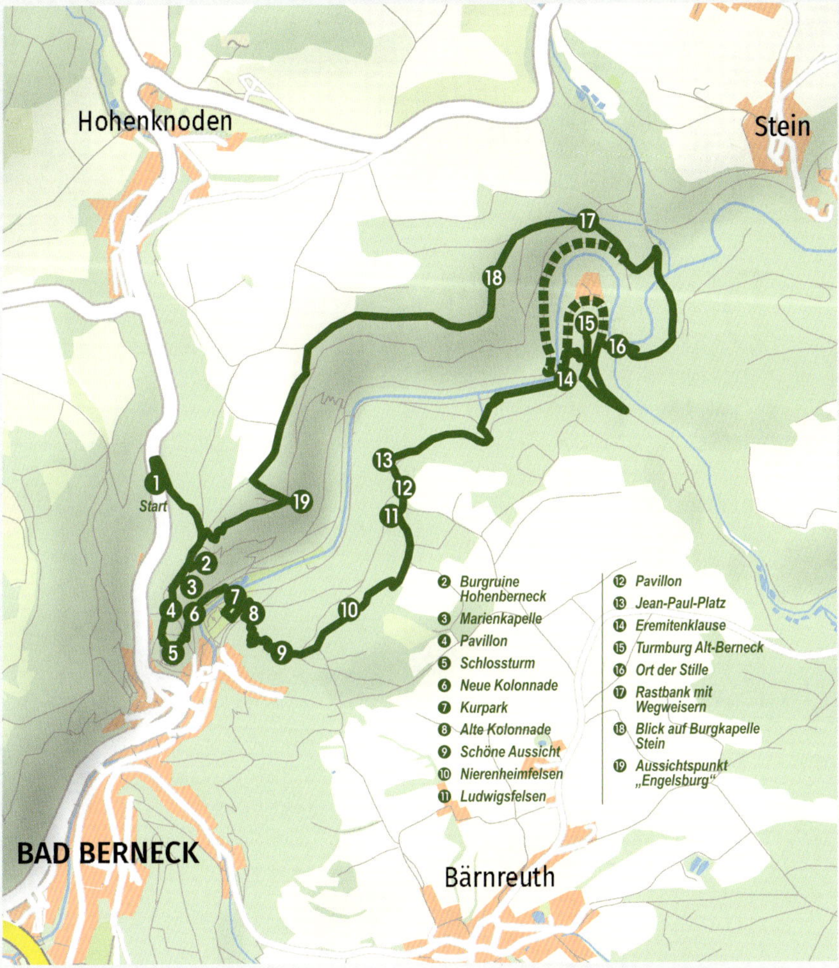

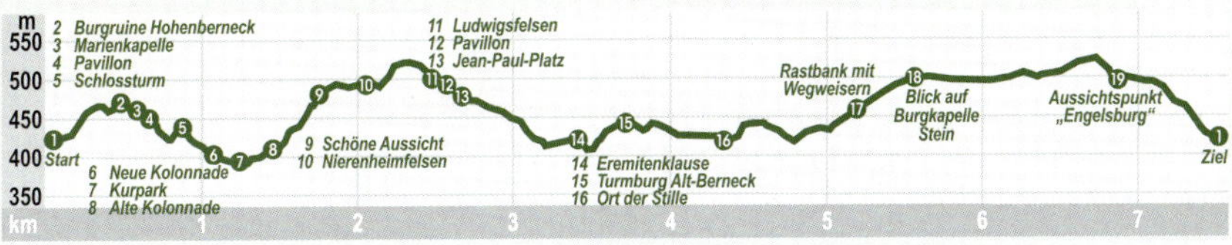

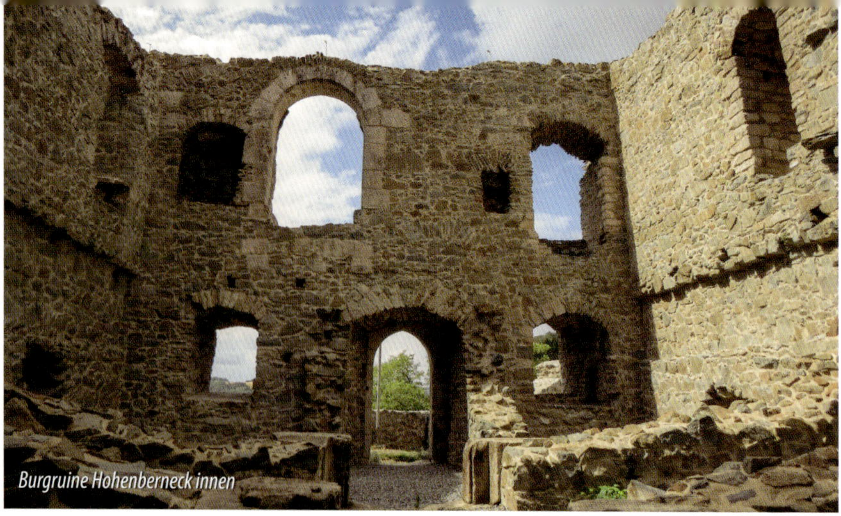

Burgruine Hohenberneck innen

Der Ausgangspunkt dieser Wanderung liegt in einer Parkbucht ① entlang der Straße von Bad Berneck und Hohenknoden. Dieser Straße folgt ihr für etwa 25 Meter Richtung Hohenknoden und biegt dann rechts auf die Brücke ab, die euch über den kleinen Bach auf einen Pfad bringt. Hier haltet ihr euch rechts und bei nächster Gelegenheit links. Auf dem Eselsweg geht es hinauf Richtung „Thiesenring, Burgruine Hohenberneck 0,2 km".

Der Eselsweg führt euch auf einen Schotterweg, welchem ihr nach rechts folgt. Schon nach kurzer Zeit könnt ihr links auf dem Hügel die Burgruine Hohenberneck ② erkennen. Sie ist kostenlos und frei zugänglich, und ein kleiner Rundweg führt einmal um das Gemäuer herum.

Von der Burgruine Hohenberneck geht es weiter zur Marienkapelle ③. Hierfür geht ihr wieder auf den Pfad zurück und haltet euch dann links. Die Reste der Marienkapelle können ebenfalls frei begangen werden, sie sind jedoch nicht so imposant wie die Burgruine. Um die Wanderung fortzusetzen, müsst ihr wieder zurück auf den Weg, dann links abbiegen und geradeaus. Ein steiniger

Marienkapelle

Nur wenige Meter neben der Burgruine Hohenberneck befindet sich die noch in einem guten Zustand befindliche Ruine der Marienkapelle. Diese wurde 1480 als Burgkapelle gebaut. Die Marienkapelle hatte aber nicht nur einen geistlichen Sinn, sondern diente auch, u. a. aufgrund der vorbeiführenden Handelsstraße „Via Imperii" – die Verbindung zwischen Rom, Venedig und den Ostseegebieten –, als wehrhafte Vorburg der Burg Hohenberneck.

Burgruine Hohenberneck

Die Burg Hohenberneck, auch genannt Neuwallenrode bzw. Hohenwallenrode, wurde im Jahr 1168 erstmals vom Ritter „Uodalrich Walpoto de Bernecke" erbaut und fiel bereits im 13. Jahrhundert das erste Mal. 1478 wurde „Veit von Wallenrode" mit dem Bau einer neuen Burg beauftragt, welche jedoch erst im Jahr 1501 von Albrecht von Wirsberg fertiggestellt wurde, bevor sie an die Burggrafen von Nürnberg veräußert wurde. Auch diese Burg wurde 1553 im zweiten Markgrafenkrieg zerstört und begann ab 1692 zu verfallen. In der Zeit von 2021 bis Mai 2023 wurde die Burgruine saniert. Sie ist ganzjährig geöffnet und frei & kostenlos zugänglich. Ein kleiner Rundweg führt ins Innere der Ruine und drumherum.

Pfad führt euch etwas bergab und an einem Pavillon 4 vorbei auf einen breiten Weg, welchem ihr Richtung „Schlossturm, Freilichtbühne" folgt. Der Weg wird schmaler und zu einem Pfad, und sogar ein paar Treppenstufen müsst ihr hoch, um zum Schlossturm 5 zu gelangen.
Den Turm umrundet ihr rechtsherum zur Hälfte, das „Aussichtsbänkla" ist ein beliebtes Fotomotiv – also nur zu, bevor ihr dem Pfad bergab folgt. Nach ein paar Stufen seid ihr an einer Kreuzung, von welcher aus verschiedene Wege in den Kurpark hinab führen. Ihr geht am besten erst rechts, dann wieder links, und wandert anschließend auf einem schmalen Pfad zur Neuen Kolonnade 6. An dieser führt ein Weg unterhalb in den Kurpark hinunter.

Schlossturm
Einst als Bergfried des Alten Schlosses erbaut, ist er heute ein Wahrzeichen der Stadt Bad Berneck. Wann genau der Turm gebaut wurde, ist nicht bekannt, vermutlich zwischen 1177 und 1248. 1818 bekam der Turm ein weiteres Stockwerk, und sogar eine Turmuhr wurde eingebaut, welche im Viertelstundentakt schlägt.

Kurpark mit Neuer und Alter Kolonnade
Im Bad Bernecker Kurpark gibt es allerhand zu entdecken. Eine Kneippanlage, ein Minigolfplatz, ein Kinderspielplatz und ein altes Kioskhäuschen warten auf euch. Mit etwas Glück sind sogar die Ziegen da. Die Alte Kolonnade, erbaut 1857 (auf dem Flyer von Bad Berneck steht 1858), und die Neue Kolonnade, stammend aus dem Jahr 1899, sind besondere Bauwerke im Kurpark und eine genaue Besichtigung wert.

Im Kurpark 7 überquert ihr am Ententeich die Ölschnitz und steigt über die Treppenstufen am Waldrand Richtung „Jean-Paul-Platz" hinauf zur Alten Kolonnade. An der Alten Kolonnade 8 geht ihr vorbei, um anschließend links auf einen Pfad Richtung „Georg-Glimpf-Weg, Schöne Aussicht, Bärnreuth" abzubiegen. Es folgt ein knackiger Anstieg, aber die „Schöne Aussicht" 9 trägt ihren Namen in allen Ehren, und so werdet ihr wirklich mit einer schönen Aussicht auf Bad Berneck und die Ruinen belohnt.
Von der „Schönen Aussicht" geht es noch ein Stück weiter hinauf. Den Mühlleitenweg (Forst-

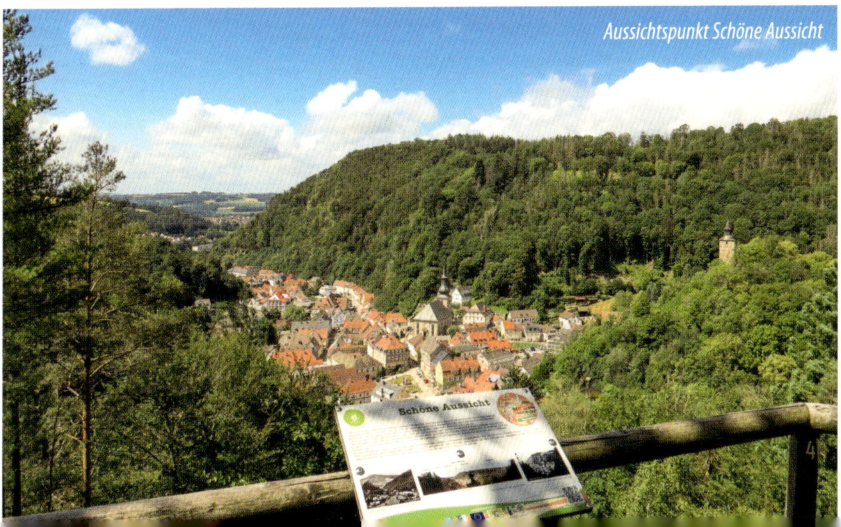

Aussichtspunkt Schöne Aussicht

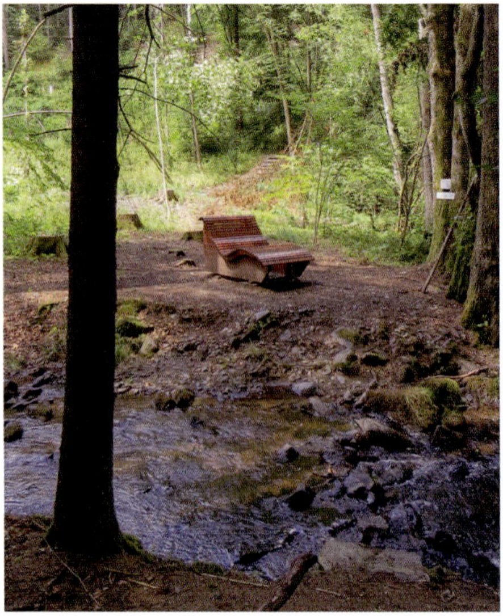

Hier wurde der Bach erfolgreich überquert

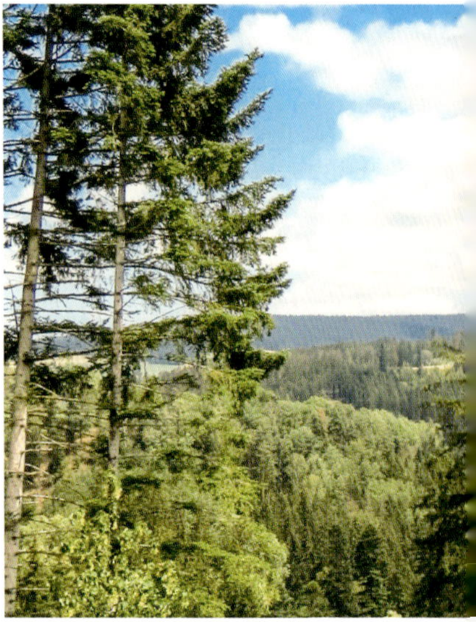

weg) überquert ihr nur, und dann taucht ihr wieder in den Wald Richtung „Ludwigsfelsen, Niehrenheimfelsen, Jean-Paul-Platz" ab. Ab jetzt ist der Thiesenring euer Weg, und zwar bis ihr bei der ehemaligen Eremitenklause an der Brücke über die Ölschnitz angekommen seid. Die Aussicht vom Niehrenheimfelsen 10 ist so lala, der Ludwigsfelsen 11 hat da schon ein bisschen mehr zu bieten. Der Pavillon 12 am Wegrand bietet immerhin bei schlechtem Wetter Schutz, und wenn ihr wollt, könnt ihr auch noch zum Jean-Paul-Platz 13, aber Aussicht ist hier auch keine. An der ehemaligen Eremitenklause 14 bzw. der Brücke an der Ölschnitz geht ihr nicht links über die Brücke, sondern geradeaus weiter. Nach ca. 50 Metern geht rechts ein Pfad Richtung „Rektor-Schoerrig-Weg, Turmhügel 200 m" ab. Die leichte Steigung bemerkt ihr kaum, lediglich das letzte Stück, welches euch links zur Turmburg Alt-Berneck 15 bringt, ist ein bisschen hügeliger. Nachdem ihr die Mauerreste der Turmburg begutachtet habt, wandert ihr zurück bis zur Infotafel und anschließend geradeaus weiter auf dem Jean-Paul-Weg. Wo sich der Weg teilt, haltet ihr euch links. Bei nächster Gelegenheit biegt ihr ein weiteres Mal links ab und geht nur der Forststraße nach.

Etwa 260 Meter später bringen euch Treppenstufen hinunter zum „Ort der Stille" 16. Genießt die Ruhe und gönnt euch eine Pause auf der Wellnessbank, denn anschließend wird es abenteuerlich. Um weiterzukommen, habt ihr nun zwei Möglichkeiten.

Wenn es der Wasserstand zulässt, nehmt ihr am besten den abenteuerlichen Weg. Hierfür durchquert ihr den kleinen Bach, marschiert dann auf dem gegenüberliegenden, unmarkierten Pfad

Turmburg Alt-Berneck

Die Turmburg Alt-Berneck wurde vermutlich während des 11. Jahrhunderts von den Walpoten erbaut und genutzt. Da es sich hierbei nur noch um „zugewucherte" Überreste handelt, ist außer einem Steinkreis, welcher vermutlich den Hauptturm der Burganlage bildete, nicht mehr viel zu erkennen. Magisch ist der Ort dennoch, denn die Burg Alt-Berneck liegt im wunderschönen Ölschnitztal auf einem bewaldeten Bergsporn, und außer Ruhe und Natur gibt es hier Erholung und eben auch etwas Geschichte.

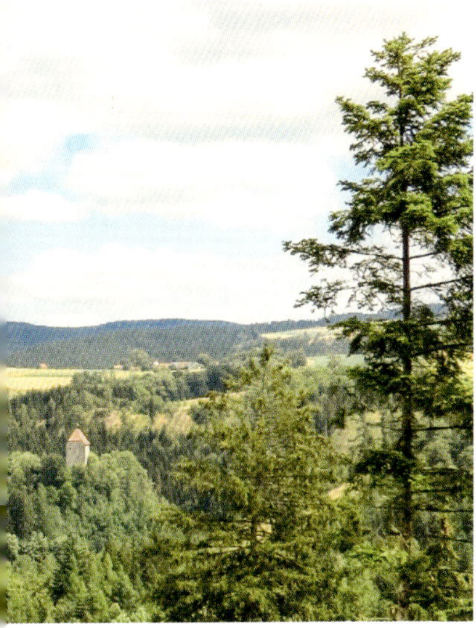

Blick zur Burgkapelle Stein

weiter den Hang hinauf, folgt einem eher unbekannten Abschnitt bis zur nächsten Forststraße und biegt an dieser wieder links ab. Es geht sogleich wieder bergab bis zu einer Brücke über die Ölschnitz. Anschließend müsst ihr wieder links.

Langweilige Alternative:

Besteht Hochwasser oder habt ihr einfach keine Lust, euch nasse Füße zu holen, dann steigt ihr über die Treppen wieder hinauf zur Forststraße, biegt dann rechts ab und wandert auf diesem Weg zurück bis zur Eremitenklause und der Brücke über die Ölschnitz. Diese überquert ihr und haltet euch dann rechts. Der Forststraße folgt ihr dann etwa 600 Meter und gelangt so zu dem Punkt, als wenn ihr die Abenteuer-Variante gewählt hättet. Anschließend biegt ihr scharf links auf einen Waldweg ab.

Die geschotterte Straße verlasst ihr nach rechts auf einen Waldweg und nach ca. 200 m seid ihr wieder auf dem Thiesenring (♣). Eine Rastbank 17 mit einigen Wegweisern zeigt euch, dass ihr richtig seid. Diese Seite der Ölschnitz verläuft weniger durch den Wald, dafür hat man mehr Aussicht, wie z.B. auf die Burgkapelle Stein 18. Stets die Markierung (♣) im Blick, bringt euch ein abwechslungsreicher Weg zum Aussichtspunkt „Engelsburg“ 19. Hier solltet ihr eine kleine Pause einlegen, denn es ist ein wunderschöner Ort.
Ab der Engelsburg geht es auf dem Thiesenring ((♣)) weiter. Der schöne Pfad bringt euch direkt wieder zum Eselsweg, welcher euch hinunter zur Straße zwischen Bad Berneck und Hohenknoden und damit zum Ausgangspunkt bringt.

Engelsburg
Die Engelsburg, die Burg, die keine Burg ist…
Bei der Engelsburg handelt es sich um keine Burg – auch keine ehemalige, sondern einen Aussichtspunkt über dem Ölschnitztal mit einem grandiosen Blick auf die Burgkapelle Stein, welche nach Dr. Engel, einem damaligen königlichen Gerichtsarzt, benannt ist.

Quellen:
www.badberneck.de/fileadmin/Bad_Berneck/Flyer_und_Prospekte/WEB_A5_24S_kurpark_tibb_07_2021_V03.pdf
www.alleburgen.de/bd.php?id=2374
www.hdbg.eu/burgen/detail/burgruine-berneck-neu-wallenrode-hohenberneck/107
www.thiesenring.de/portfolio/13-engelsburg/

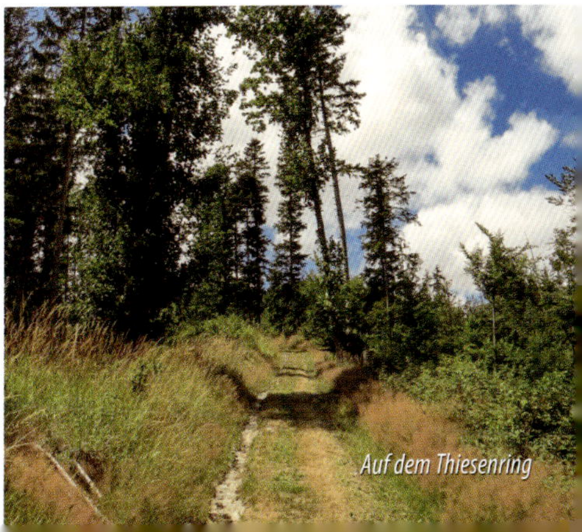

Auf dem Thiesenring

Hüttengaudi

Auf verschlungenen Wegen zur Gänskopfhütte

TOUR 04

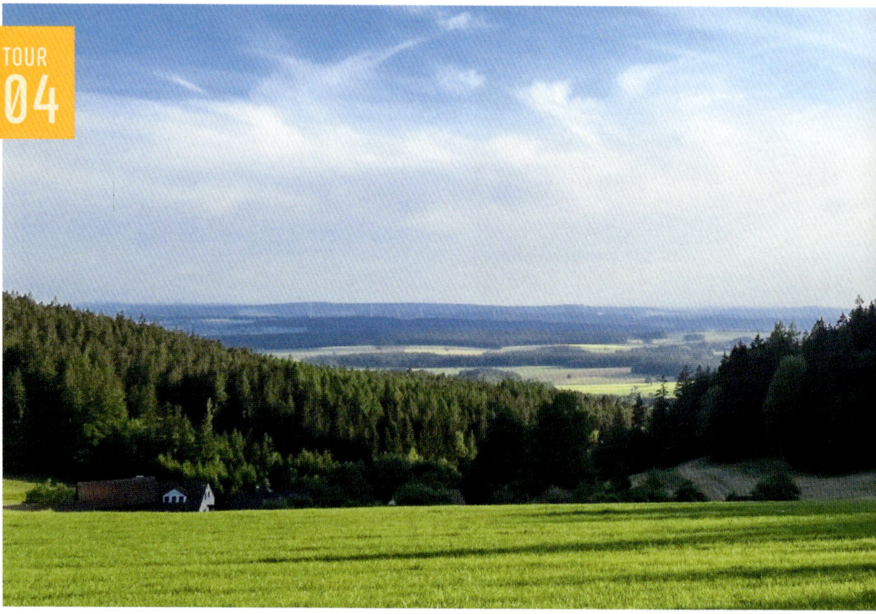

Parkplatz Gänskopfhütte,
Am Gänskopf, 95466 Kirchenpingarten
Koordinaten: 49°56'14.4"N 11°47'04.9"E

Ausgangspunkt – Haidenaabquelle – Hahnengrün – Gänskopfhütte – Schamusiweg – Ausgangspunkt

Die Tour für die ganze Familie. Hier haben Jung & Junggebliebene ihren Spaß. Während zu Beginn der Tour eher ein gemütliches Einlaufen stattfindet, wird die Route bis zur Gänskopfhütte etwas anspruchsvoller, bis am Ende auf dem Schamusiweg noch Schamusis zählen angesagt ist.

(Seehausweg); W (Westweg); (Weidenberg – Königskron); (Seehausweg)

Gänskopfhütte
Am Gänskopf, 95466 Kirchenpingarten
Tel. 09278 1440
www.fgv-weidenberg.de

Keine besonderen Anforderungen; Wasser gibt es ziemlich am Anfang am Hahnenbach (dieser ist eher ein Rinnsal und gerne mal trocken), an der Haidenaabquelle – welche jedoch nach sehr langen Trockenperioden auch versiegen kann, kurz vor Hahnengrün am Bach und Samstag & Sonntag bei der Gänskopfhütte, also bitte unbedingt trotzdem Wasser mitnehmen.

VG Weidenberg – Touristik- und Kulturamt
Rathausplatz 9, 95466 Weidenberg
Tel. 09278 977–46
www.markt-weidenberg.de

 Foto: Wundervolle Aussicht oberhalb von Hahnengrün am Waldrand

leicht | 6,8 km | 237 Hm | 2:00 h

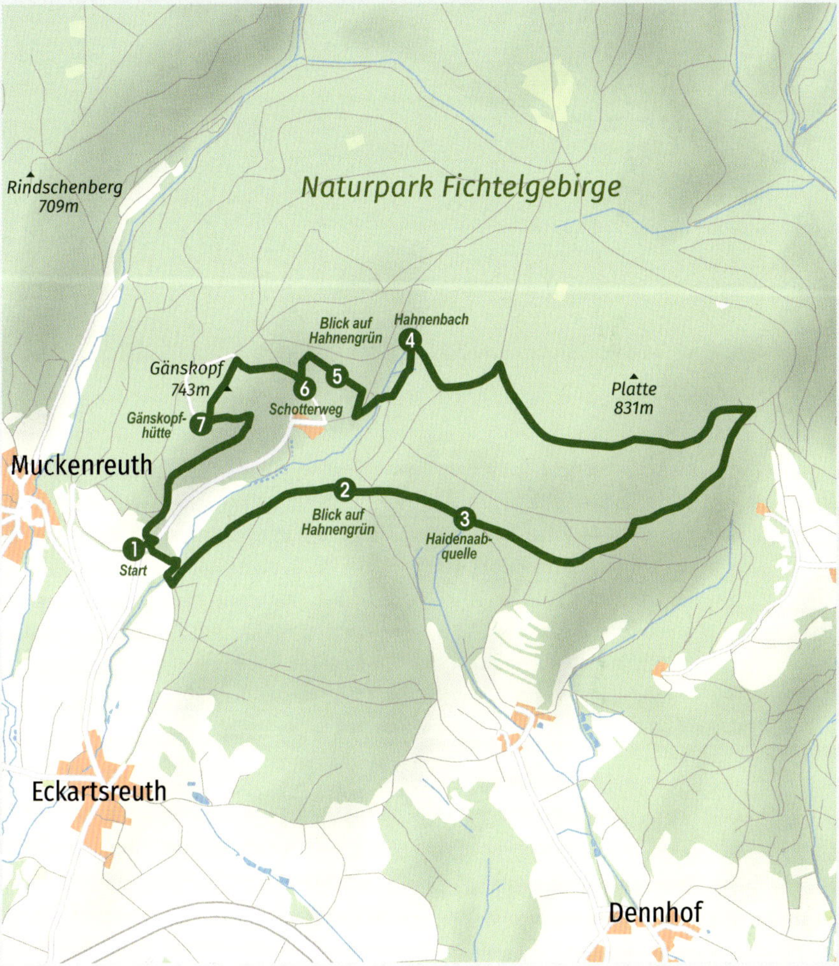

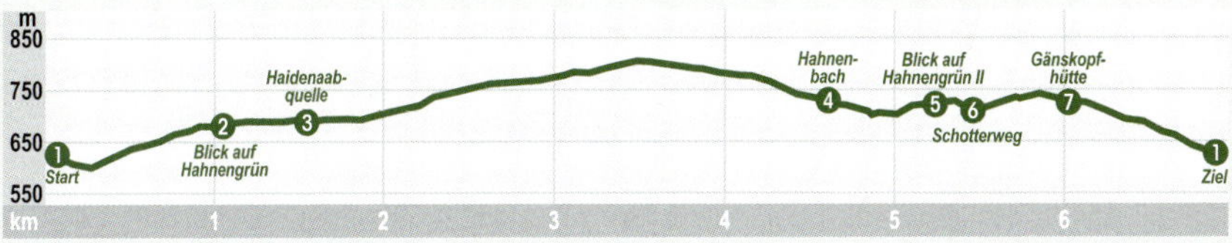

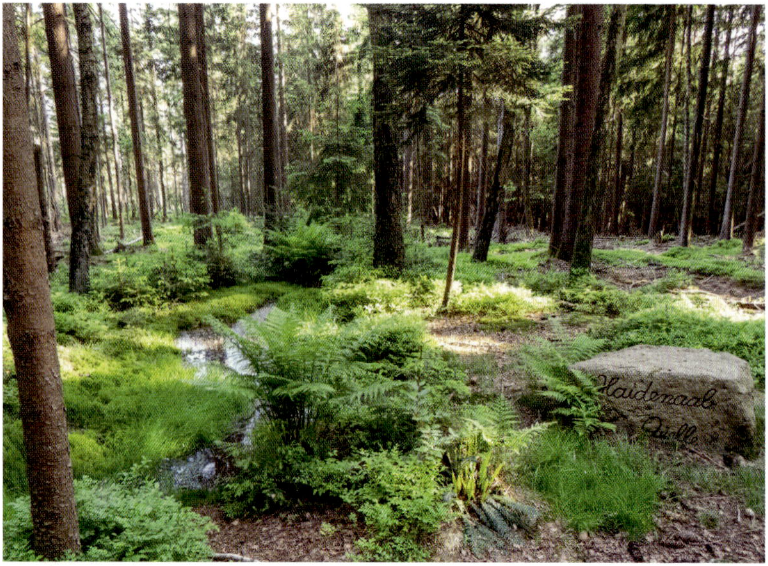

Die Heidenaabquelle bietet ein ruhiges Plätzchen in der Natur

Gegenüber vom Parkplatz ❶ biegt ihr nach links auf einen Wiesenweg ✚ ab. Der Weg bringt euch zu einem Rinnsal. Hier geht es nach rechts auf einen Pfad, welcher anschließend, dank einer provisorischen Brücke, über den Hahnenbach führt. Am Waldrand wartet eine schöne Rastmöglichkeit mit einer schicken Bank und einem Tisch. Weil ihr aber gerade erst losgelaufen seid, geht es sicher noch ein bisschen weiter, oder nicht?

Nach der Bank haltet ihr euch links, und es geht auf dem (linken) Waldweg leicht bergauf. Der Weg führt euch tiefer in das Gehölz hinein. Kiefern, Fichten und Flechten sorgen für Abwechslung. Ebenso unterschiedlich ist der Weg. Gerade ging es noch über groben Schotter, da wechselt der Weg auf einmal zu einem grünen Wiesenweg und anschließend zu einem typischen Waldboden. Verlaufen könnt ihr euch auf diesem Abschnitt eigentlich nicht. Bei der ersten Weggabelung dürft ihr zwischen dem linken und dem rechten Weg frei Schnauze entscheiden. Beide Wege führen sowieso nach ca. 190 Metern wieder zusammen. Lediglich bei der folgenden Wegteilung, wo es nach rechts abgeht und von wo aus ihr einen schönen Ausblick auf Hahnengrün ❷ habt, müsst ihr geradeaus weiter.

Auch bei den nächsten beiden Kreuzungen lauft ihr einfach immer der Nase nach, allerdings dürft ihr dabei den Kopf nicht zur Seite drehen. Nun seid ihr auf dem Westweg W. Dieser Weg führt euch zur Haidenaabquelle ❸, welche ihr nach rund 370 Metern erreicht. Zwei Bänke und herrliche Ruhe laden zu einer Rast ein. Nach der Quelle geht es weiter auf dem W, welcher nach etwa 60 Metern zu einem schmalen Pfad wird.

Ihr wandert durch Heidelbeersträucher hindurch, und ein traumhaft schöner Kiefernwald säumt euren Weg. Dem W folgt ihr, und es geht leicht bergan, bis ihr auf die Plattenstraße (der Name ist eher irreführend, weil es keine Straße ist), einen breiten geschotterten Weg, gelangt. Hier geht es rechts und noch ein Stück auf dem W weiter, bis ihr nach etwa 640 Metern scharf nach

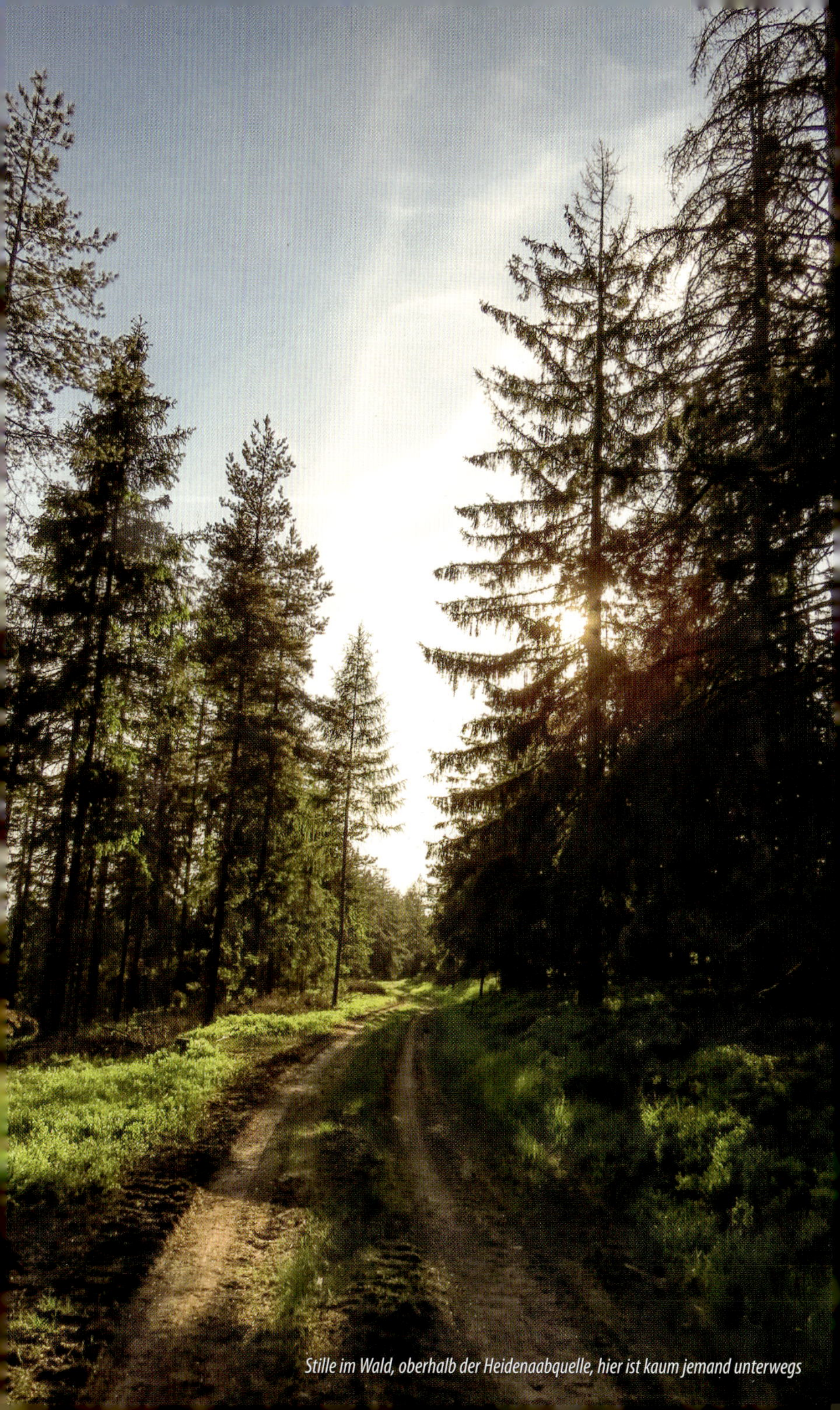

Stille im Wald, oberhalb der Heidenaabquelle, hier ist kaum jemand unterwegs

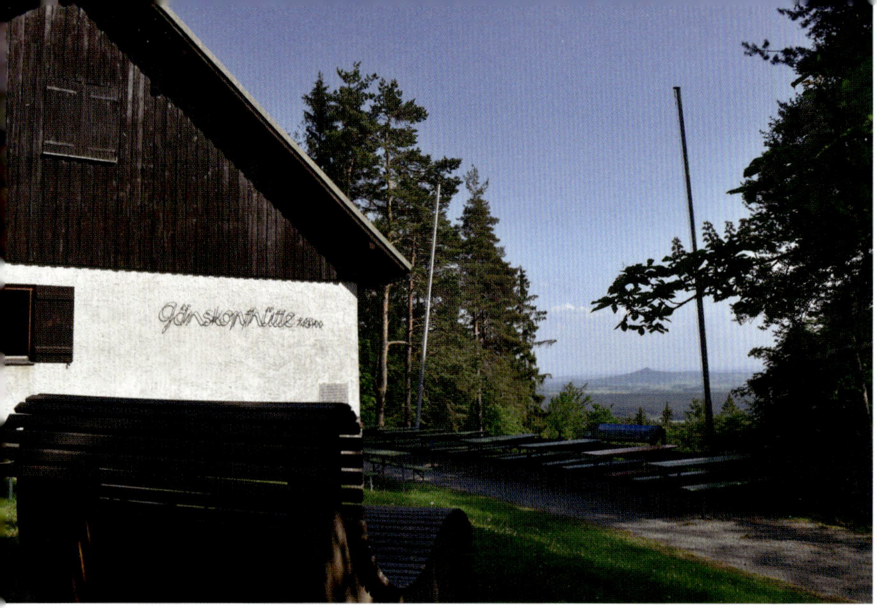

Von der Gänskopfhütte aus habt ihr eine tolle Aussicht

links auf einen unmarkierten Waldweg abbiegt. Der einfache Weg führt euch die nächsten ca. 1,2 Kilometer durch den Wald. Dieser ist zu Beginn noch ziemlich dicht, lichtet sich jedoch etwas weiter oben. Hier gibt es Ruhe pur. Kurz lässt sich auch ein Blick ins Tal erhaschen.

Sobald ihr auf den Schotterweg gelangt und die Qual der Wahl habt, müsst ihr euch links halten. Nun geht es kurz bergab – etwas unscheinbar ist eine weiße Markierung mit einem rötlichen Marterl zu erkennen. Nach etwa 250 Metern geradeaus abwärts (Marterl am Baum), schwenken wir nach rechts.

Nach 200 Metern müsst ihr aber die Augen offen halten. Beim Hahnenbach 4 – naja, es ist ein sehr kleiner Bach – geht es auf einen kaum erkennbaren Weg, also es ist eher ein Pfad, nach links den Berg hinunter. Sobald ihr wieder das W erkennt, geht es rechts auf einen Pfad. Hier müsst ihr nun den Hahnenbach mit einem gekonnten Sprung (okay, ein großer Schritt reicht aus) überqueren. Anschließend führt euch der Weg an den Waldrand. Hier haltet ihr euch rechts, folgt dem unmarkierten Weg den Hügel hinauf und wandert linker Hand, mit Blick auf Hahnengrün 5, am Waldrand entlang. Von hier oben könnt ihr eine traumhafte Aussicht genießen, bis es dann auf einen Schotterweg geht, bei welchem ihr rechts abbiegt 6 (bitte nicht vorher in den Wald abbiegen, sondern wirklich erst bei besagtem Schotterweg).

Gezählt ab dem Waldrand, geht es nach 200 Metern links auf einen unmarkierten Waldweg. Dieser wird zu einem kaum erkennbaren Pfad ohne Markierung. Lauft ihr aber immer der Nase nach, könnt ihr durch die Bäume hindurch bereits die Gänskopfhütte 7 erkennen. Und solltet ihr den Waldweg verpassen, dann ist das auch nicht

Die Gänskopfhütte

Die Gänskopfhütte liegt auf 743 Metern und wird von der FGV-Ortsvereinsgruppe Weidenberg bewirtschaftet. Von der Gänskopfhütte aus hat man einen traumhaften Ausblick auf den Rauhen Kulm (allein wegen des Ausblicks lohnt sich die Wanderung). An den Wochenenden ist die Gänskopfhütte gut besucht.

so schlimm, wie ihr vielleicht denkt. Dann müsst ihr nämlich einfach bei der nächsten Abzweigung nach links und kommt ebenso nach ein paar Metern zur Hütte. Nur habt ihr dann die Schotterpiste vor euch.

Ist heute Samstag oder Sonntag, dann könnt ihr euch bei der Gänskopfhütte mit Getränken, einer Brotzeit oder leckerem Kuchen stärken. Ansonsten genießt doch einfach die Ruhe, erleichtert euren Rucksack um die mitgebrachte Verpflegung und erfreut euch an der herrlichen Aussicht auf den Rauhen Kulm.

Gestärkt und erholt folgt ihr weiter der Markierung ⧄, welche euch nun über den „Schamusi-Weg" hinab zum Ausgangspunkt bringt. Nicht nur die zahlreichen Schamusis sorgen für Abwechslung und Spaß, auch der Pfad ist schön wurzeldurchsetzt und teils auch etwas steiler. Die letzten Meter legt ihr dann noch auf einem Wiesenweg und zu guter Letzt auf Schotter (Markierung ✚) zurück. Wenn ihr richtig gelaufen seid, solltet ihr wieder am Ausgangspunkt sein. Na, wie viele Schamusis habt ihr denn gefunden?

Schamusis
Was sind Schamusis? Das sind kleine, gehäkelte Fabelwesen, welche entlang des Wegs im Wald platziert sind.
Für etwas Spaßfaktor: Wenn ihr in der Gruppe wandert oder eure Freunde die Tour ebenfalls erwandern wollen, dann zählt doch mal im Stillen alle Schamusis entlang des Wegs und schaut, wer die meisten entdeckt hat.

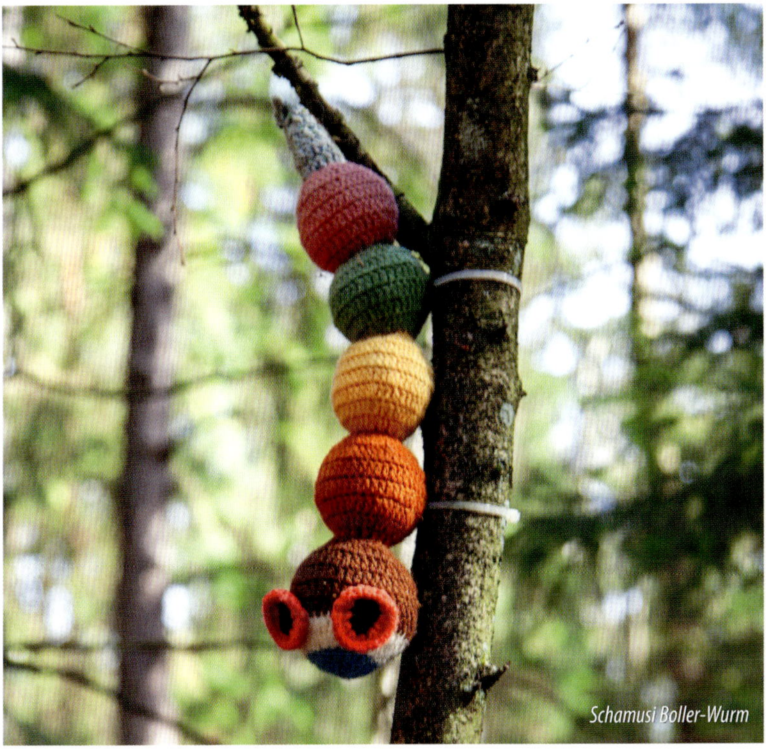

Schamusi Boller-Wurm

Warmensteinacher Jägersteige

Unterwegs auf abenteuerlichen Steigen bei Warmensteinach

TOUR 05

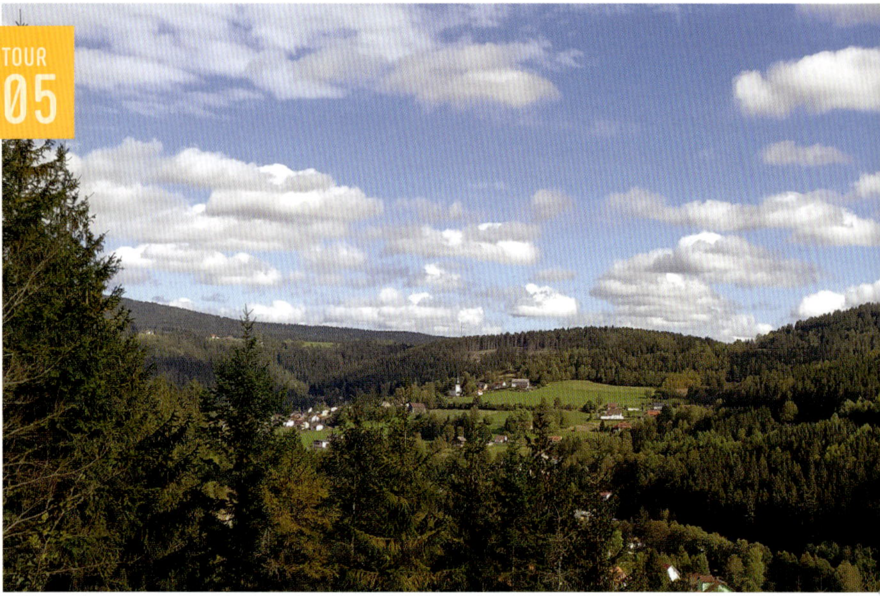

Start/Ziel: Parkplatz Steinachtalpavillon am Info-Point Fichtelgebirge an der St2181, 95485 Warmensteinach
Koordinaten: 49°59'01.3"N 11°46'06.4"E

Ausgangspunkt – Jägersteig – Pfauengestätthütte – Oberer Jägersteig – Jägersteig – Ausgangspunkt

Schon vor 1936 wurde der Jägersteig als Verbindungsweg zwischen Warmensteinach und Sophienthal genutzt und geriet dann in Vergessenheit. Ich empfehle bei dieser Tour ein GPS-Gerät. Trekkingstöcke können unterstützen. Besondere Vorsicht gilt bei Nässe oder Glätte. Auf dem Oberen Jägersteig ist Trittsicherheit nötig.

● (Jägersteig) & 8 (RW 8); ● (Jägersteig); ▌ (weiß-blau-weiß) & 1 (RW 1); 8 (RW 8); ● (Jägersteig)

Auf dieser Strecke gilt Selbstverpflegung.

Sportgaststätte (Mit Anfahrt)
Sportplatzweg 319, 95485 Warmensteinach
Tel. 09277 243
www.sportgaststaette-warmensteinach.de

Taste of Speed – Fahrerlager (Mit Anfahrt)
Hühnleinsweg 443, 95485 Warmensteinach
Tel. +49 170 8411898
fahrerlager@tasteofspeed.de

Anleinpflicht in den Wildschutzgebieten. Holzstege können umgangen werden. Steiler Hang beim Oberen Jägersteig – Vorsicht. Bitte Wasser mitnehmen.

Tourist-Information Warmensteinach
Matthäus-Herrmann-Platz 307,
95485 Warmensteinach
Tel. 09277 1401
www.warmensteinach.de

Foto: Aussicht auf Warmensteinach

WARMENSTEINACHER JÄGERSTEIGE – TOUR 05

mittel | 9,9 km | 298 Hm | 3:00 h

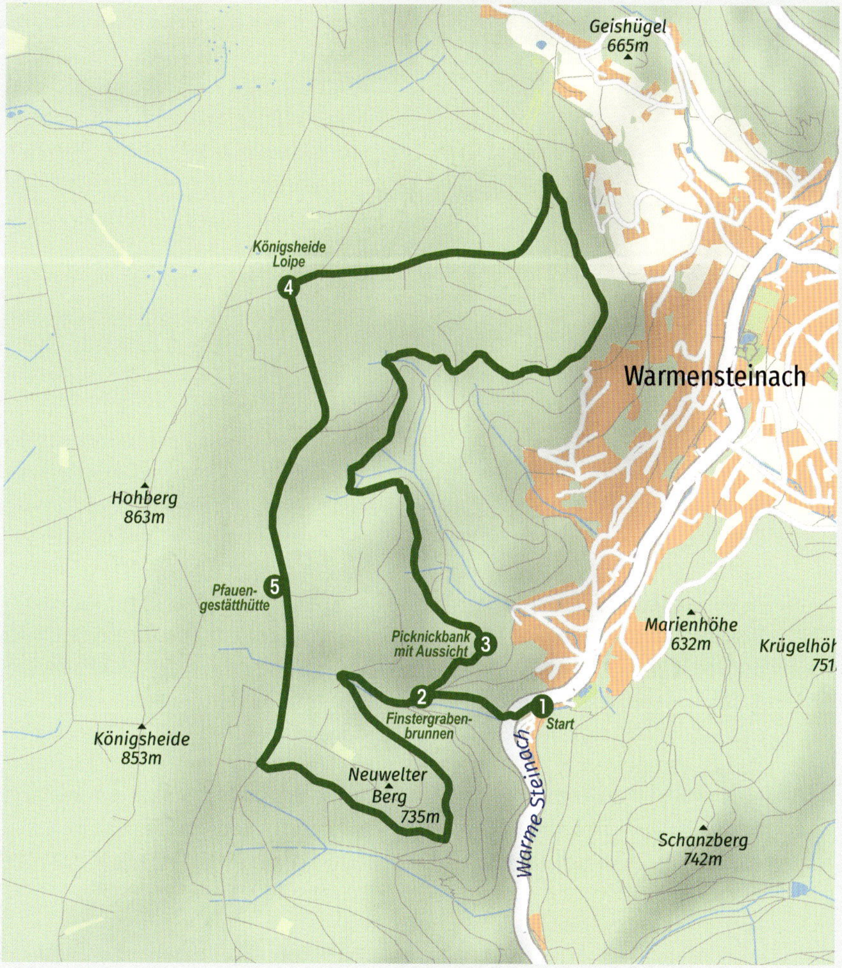

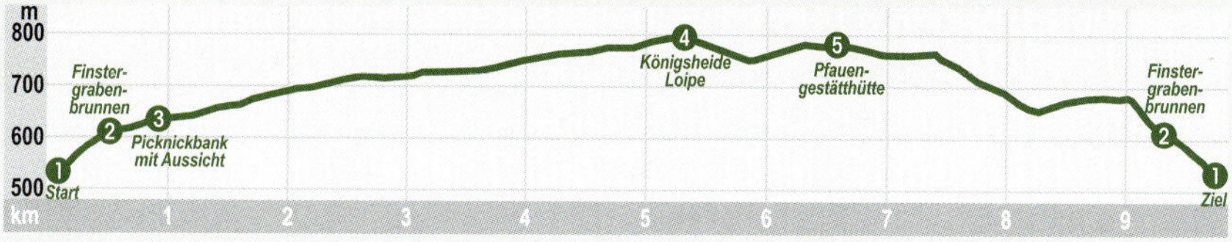

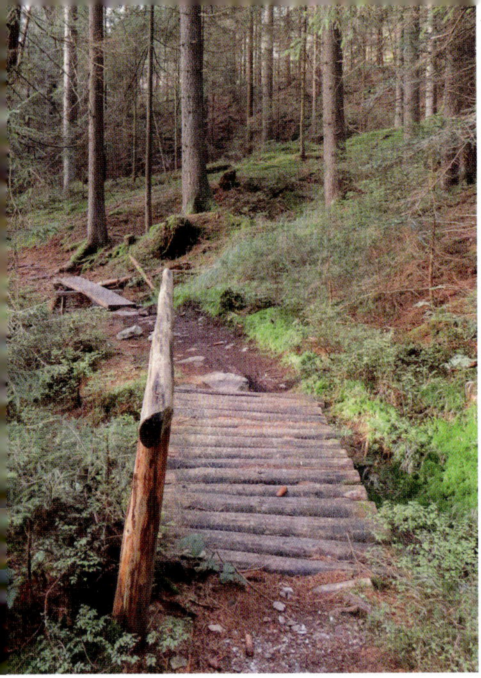

Brücken und Holzstege auf dem Jägersteig

Sobald ihr aus dem Auto ausgestiegen seid, die Wanderschuhe geschnürt und den Rucksack geschultert habt und nun auf den Pavillon mit zahlreichen Informationen über das Steinachtal blickt, führt euch rechts zwischen Bach und Straße ein Pfad vom Parkplatz 1 weg und zur Straße hin. Diese überquert ihr – Vorsicht bitte – und wandert sogleich bergauf auf einem Pfad. Die Markierungen ● & 8 weisen euch nochmals den Weg nach oben.

Nachdem ihr euch auf den ersten 500 Metern nun etwas warmgelaufen habt, endet der Pfad auf einem Forstweg. Hier haltet ihr euch links und biegt sogleich am Finstergrabenbrunnen 2 nach rechts auf einen weiteren Forstweg in Richtung Jägersteig ● ab. Knapp 500 Meter können sich eure Füße erholen, und auch eine Picknickbank 3 mit Aussicht gibt es, bevor euch ein erneuter Wegweiser mit der Aufschrift „Jägersteig ●" links auf einen Pfad in den Wald schickt. Die Augen solltet ihr jetzt besser auf dem Weg lassen, denn Wurzeln und Steine gibt es viele auf dem schmalen Pfad.

Der Jägersteig ● könnte nun nicht abwechslungsreicher sein. Schöne Pfade, schmale Holzstege, kleine Brücken und noch mehr Holzstege, offene Flächen mit Aussichten auf das darunterliegende Örtchen Warmensteinach und dicht bewaldete Abschnitte warten auf euch und lassen euer Wanderherz höher schlagen. Gönnt euch auch unbedingt kleine (oder größere) Pausen und nutzt die Bänke entlang des Weges, um euch ab und an zu stärken.

Etwa 3 Kilometer später endet der Jägersteig auf einem geschotterten Forstweg. Linker Hand geht es für euch weiter Richtung „Hohe Wacht 1,0 km"; Goldmühl 10,0 km. Erkennbar sind auch die Markierungen ▮ & 1.

Nun wandert ihr rund 1,2 Kilometer immer der Nase nach. An der Abzweigung, wo es geradeaus weiter Richtung Königsheide geht, biegt ihr links in Richtung „Königsheide Loipe" 4 ab. Erneut wandert ihr auf einem geschotterten Forstweg, und zwar wieder stets geradeaus. Nach einiger Zeit, sofern ihr richtig gelaufen seid, gesellt sich von einem herauffführenden Forstweg die Markierung 8 wieder hinzu, und ihr seid auf dem Königsheideweg. Nach etwa 600 Metern zweigt ein Weg rechts ab, welcher euch zur Pfauengestätthütte 5 bringt. Wenn euch aber nicht gerade ein Wolkenbruch überrascht hat und ihr einen trockenen Unterstand sucht, ist die Hütte allerdings wenig interessant.

Tipp
Besucht das Glasmuseum in Warmensteinach. Jeden Mittwoch habt ihr von 15–17 Uhr die Möglichkeit, das Glasmuseum im Freizeithaus, Oberwarmensteinacher Straße 420, 95485 Warmensteinach, zu besuchen.

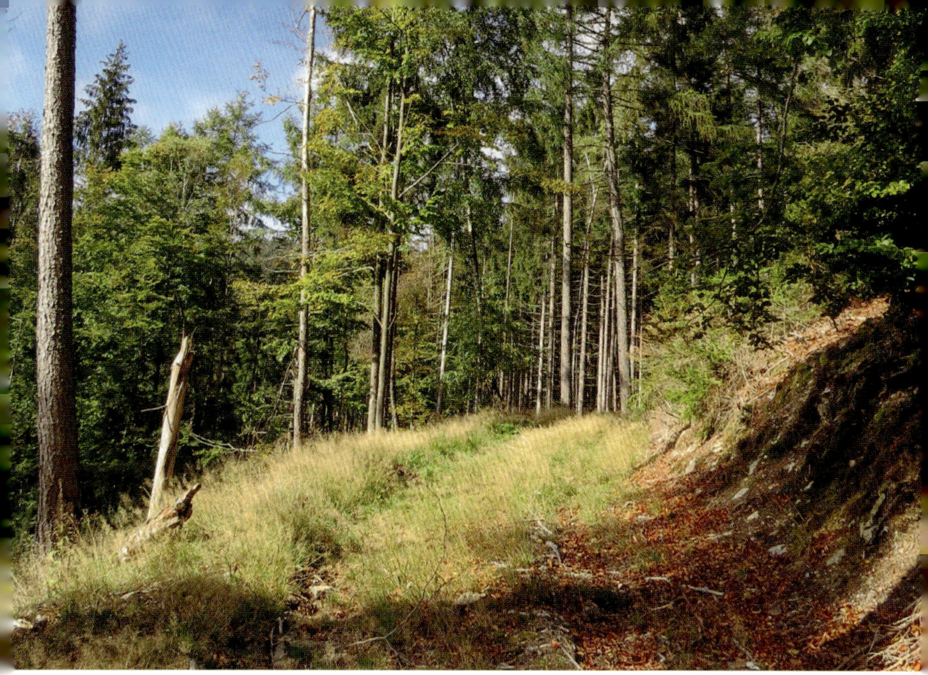

Auf einem unmarkierten wilden Weg geht es hinab zum Oberen Jägersteig

Von der Pfauengestätthütte aus folgt ihr noch etwa 700 Meter dem Schotterweg und biegt dann links auf einen mit Gras bewachsenen, unmarkierten Waldweg ab. Hier haltet ihr euch dann gleich links, und nun geht es bergab, also der Weg. Dieses Stück ist ziemlich „wild", und ein Pfad ist erst etwas später erkennbar. Es geht noch ein bisschen steiler bergab und dann müsst ihr links auf einen kaum erkennbaren, unmarkierten Pfad abbiegen. Jetzt seid ihr auf dem Oberen Jägersteig. Und ab jetzt ist volle Konzentration gefragt. Ihr werdet sicher selbst merken, was ich damit meine.

Der Obere Jägersteig verläuft oft waagerecht an einem steilen Hang entlang. Dabei müsst ihr auch mal unter umgestürzten Bäumen durch oder kleinere natürliche Stufen überwinden. An manchen Stellen ist der Weg so schmal, dass ihr nicht mal beide Füße nebeneinander stellen könnt. Also bitte Vorsicht auf diesem eindrucksvollen Weg. Wer sich umschauen will, der bleibt am besten kurz stehen.

Am Ende des Pfades müsst ihr noch einen kleinen Bach überqueren, und dann geht es für euch rechts auf einem unmarkierten Waldweg bergab bis zum Finstergrabenbrunnen 2. Ab hier solltet ihr euch nun wieder auskennen, und so folgt ihr nun wieder dem Jägersteig auf dem Pfad bergab zurück zum Ausgangspunkt.

Der Finstergrabenbrunnen

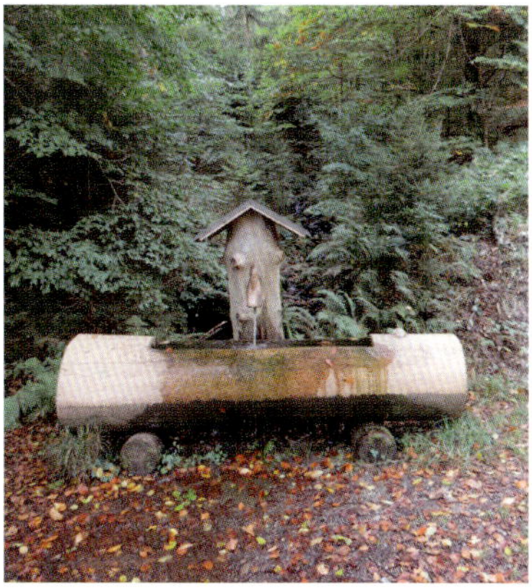

Ochsenkopfblick

Auf abwechslungsreichen Steigen hinauf zum Schanzberg

TOUR 06

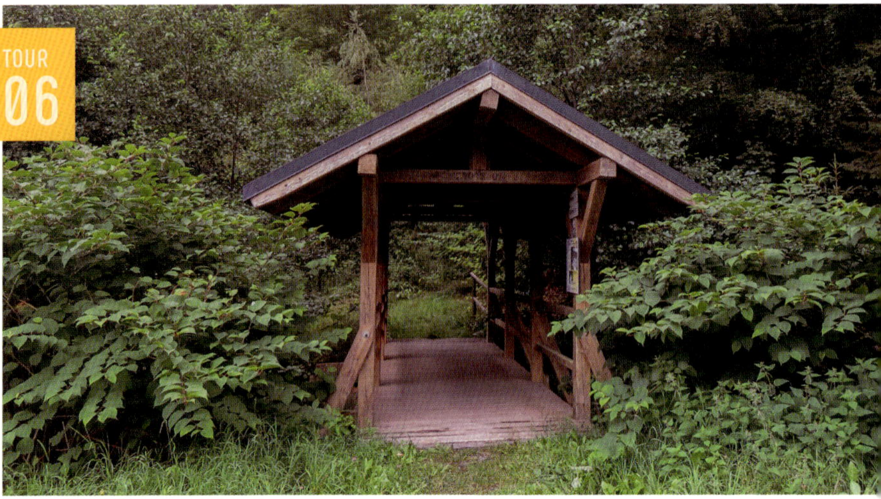

Parkplatz Steinachtalpavillon am Info-Point Fichtelgebirge an der St2181, 95485 Warmensteinach
Koordinaten: 49°59'01.3"N 11°46'06.4"E

Ausgangspunkt – Stahlbrunnenpavillon – Schanzbergsteig – Wurzbachsteig – Marienhöhe – Schanzberg über Schanzbergsteig und Stahlbrunnen – Wurzbachweiher über Wurzbachsteig – Pfeiferhaus – Untere alte Poststraße – Ausgangspunkt

Mit viel Abenteuer im Gepäck und einer traumhaften Aussicht auf die beiden höchsten Gipfel des Fichtelgebirges geht es hinauf auf den Schanzberg. Ich empfehle bei dieser Tour die Navigation per GPS.

(Ringweg) & 9 (RW 9); 9 (RW 9); (Schanzbergsteig); (Ringweg); (Schanzbergsteig); (Ringweg); (blauer Punkt in grünem Kreis) und 9 (RW 9); (blauer Punkt in grünem Kreis); 10 (RW 10)

Auf dieser Strecke gilt Selbstverpflegung.

Sportgaststätte (mit Anfahrt)
Sportplatzweg 319, 95485 Warmensteinach
Tel. 09277 243
www.sportgaststaette-warmensteinach.de

Taste of Speed – Fahrerlager
(mit Anfahrt / fußläufig)
Hühnleinsweg 443, 95485 Warmensteinach
Tel. +49 170 8411898
fahrerlager@tasteofspeed.de

Manchmal führt der Weg über Holzbretter, welche überwiegend seitlich umgangen werden können. Bademöglichkeit am Wurzbachweiher; bitte Trinkwasser mitnehmen. Wildreiches Gebiet.

Tourist-Information Warmensteinach
Matthäus-Herrmann-Platz 307,
95485 Warmensteinach
Tel. 09277 1401
www.warmensteinach.de

 Foto: Die überdachte Brücke bringt euch trockenen Fußes über die Warme Steinach

OCHSENKOPFBLICK – TOUR 06

mittel | 6,8 km | 254 Hm | 2:15 h

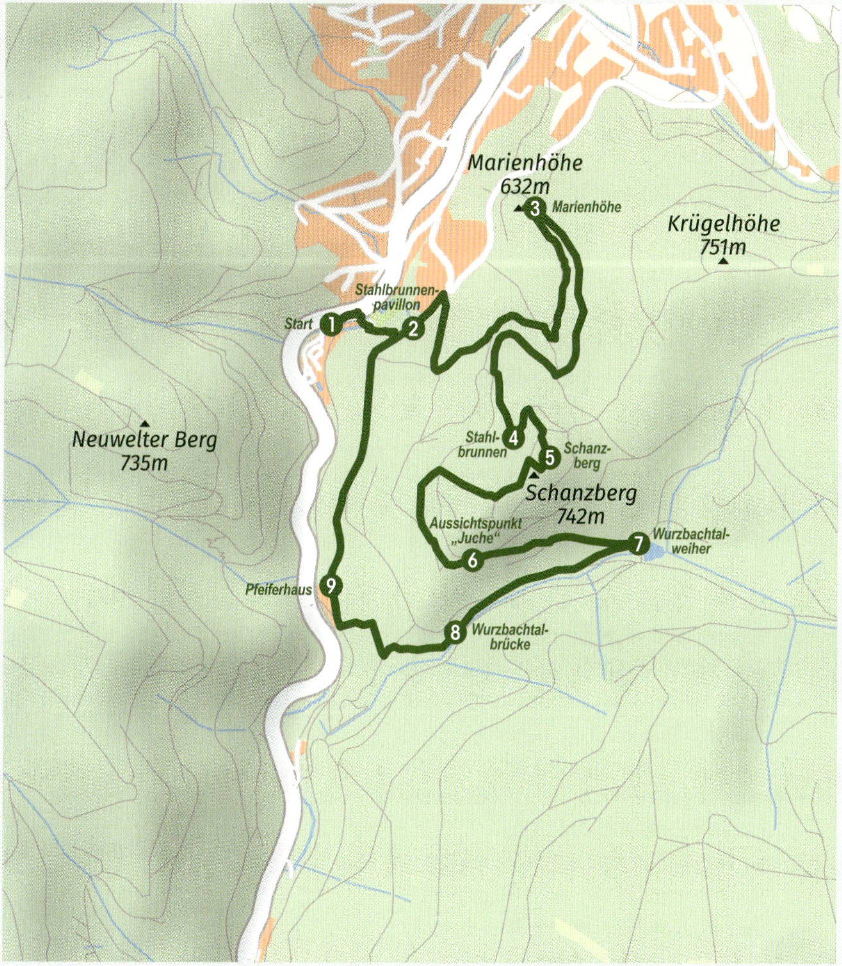

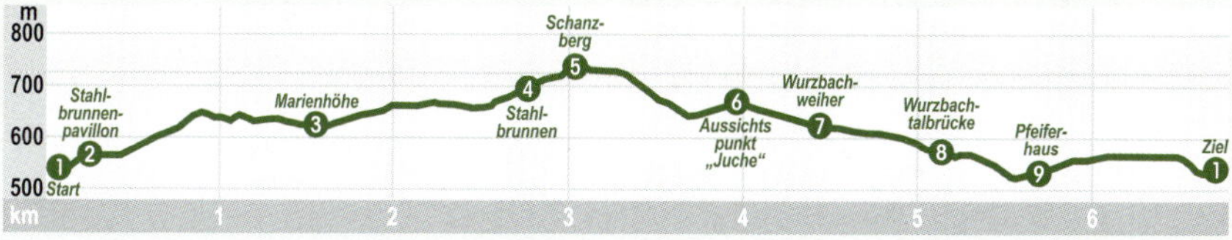

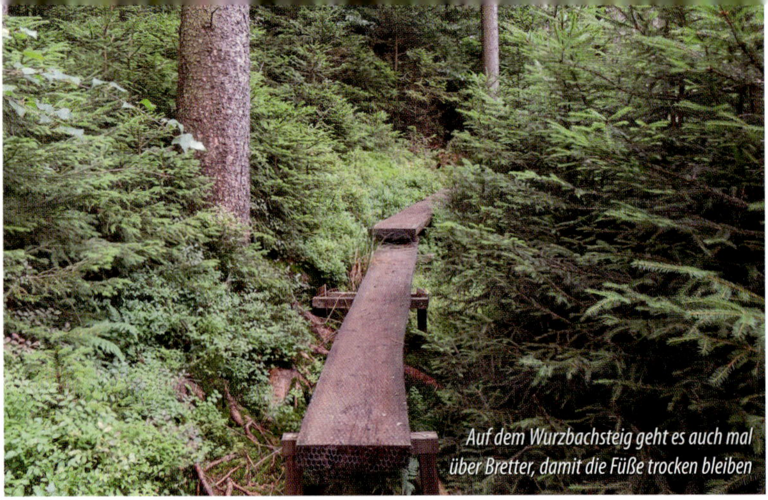

Auf dem Wurzbachsteig geht es auch mal über Bretter, damit die Füße trocken bleiben

Wenn ihr am Parkplatz 1 vor dem Infopavillon steht, dann folgt ihr links den Wegweisern Richtung Schanzberg, Wurzbachweiher ◎ & 9 und überquert den Schotterplatz. Hier geht es dann über eine Brücke über die Warme Steinach. An der Brücke sind ein paar interessante Informationen über den Glaswanderweg bzw. die alte Spiegelglasschleiferei Neuwelt angebracht. Nachdem ihr die Brücke erfolgreich überquert habt, bringt euch ein Pfad den ersten Hügel hinauf auf einen Schotterweg. Hier geht ihr links Richtung Schanzberg 9.

Auf der linken Seite ist der Stahlbrunnenpavillon 2. Von hier aus habt ihr einen schönen Ausblick und einen Brunnen – ein Felsbrocken, aus welchem Wasser heraussprudelt. Ein paar Bänke laden zum Verweilen ein, aber ihr seid ja gerade erst losgelaufen, also hopp, hopp.

Nach etwa 160 Metern verlasst ihr den ebenen Schotterweg nach rechts auf einen Waldweg in Richtung Stahlbrunnenquelle ●. Nun seid ihr bereits auf dem Schanzbergsteig ●, und sogleich geht es wieder ziemlich bergauf. Wenn der etwas breitere Weg geradeaus weitergeht, müsst ihr euch links halten und weiter dem ● folgen. Wer denkt, es wird jetzt gleich etwas flacher, den muss ich leider enttäuschen, denn das wird es erst nach etwa 220 Metern, wo ihr nach dem Anstieg dann nach links (bitte nicht rechts Richtung Stahlbrunnen und Schanzberg gehen, sonst verpasst ihr die schönsten Abschnitte) auf den Wurzbachsteig ◎ wechselt.

Die folgenden 750 Meter sind einfach ein Traum. Während ihr immer dem ◎ folgt, genießt ihr eine herrliche Ruhe, wandert auf angenehmen Pfaden oder auch mal über platzierte Bretter, und das alles in einem leichten, angenehmen Auf und Ab.

Erst als ihr auf einen Schotterweg trefft, weist euch ein kleiner Wegweiser nach links auf die Marienhöhe 3 in 100 m hin. Die Aussicht ist schön, und die angelegte Sitzecke kann ich euch nur empfehlen. Wer allerdings keine Lust auf den kleinen Abstecher hat, der verpasst jetzt auch nicht allzu viel und kann natürlich gleich weitergehen.

Marienhöhe

Die Marienhöhe ist ein 632 Meter hoher Gipfel oberhalb von Warmensteinach. In meinen Augen handelt sich jedoch eher um einen mit neuen Bänken angelegten Aussichtspunkt. Wahrscheinlich war die Sopranistin Maria Knüpfer-Egli (1872 bis 1924) die Namensgeberin für diesen schönen Ort, denn es handelt sich bei der Marienhöhe um den damaligen Lieblingsplatz der Frau.

Die Marienhöhe müsst ihr über denselben Weg zurück zum Schotterweg verlassen. Dann geht es nicht wieder auf den Wurzbachsteig zurück (ja, ich weiß, das wäre euch sicher am liebsten), sondern auf dem Schotterweg mit der 9 weiter. Auch wenn es erneut bergauf geht, tut die Abwechslung den Füßen gut, und der knappe Kilometer auf dem Forstweg geht dank schöner Aussichten auch schnell vorbei.

Nach einer langgezogenen Linkskurve geht es für euch etwas versteckt bei einem Wegweiser nach links wieder auf den Schanzbergsteig ●, hoch zum Stahlbrunnen 4 und von dort aus weiter Richtung „● Regenschirm auf dem Schanzberg 300 m".

Der Pfad wird kurz aufgrund der Sträucher und jungen Bäume ein bisschen enger und bringt euch dann auf eine Lichtung hinauf, bei welcher ihr rechts gehen müsst. Um weiter auf den Schanzberg zu gelangen, haltet ihr euch nun nochmal rechts und folgt dann links dem steilen Pfad mit den Markierungen ● und GEO auf den Gipfel des Schanzbergs 5 (742 m ü. NN).

Jetzt habt ihr euch eure Brotzeit, die ihr hoffentlich eingepackt habt, wirklich verdient. Zudem werdet ihr mit einer bequemen Wellnessliege

Stahlbrunnenquelle

Das Wasser des Stahlbrunnens ist sehr eisenhaltig. Das lässt sich anhand der roten Verfärbung am Austritt sehr gut erkennen – der Boden sowie das Stahlrohr, aus welchem das Wasser fließt, sind rot verfärbt. Trinken würde ich das Wasser, auch wenn es Quellwasser ist, deshalb nicht unbedingt. Woher das Wasser wirklich kommt, scheint nicht komplett erforscht zu sein. Es wird vermutet, dass es einem ehemaligen Stollen entspringt.

Der hohe Mineralstoff- und Eisengehalt des Wassers färbt den Boden am Stahlbrunnen rot

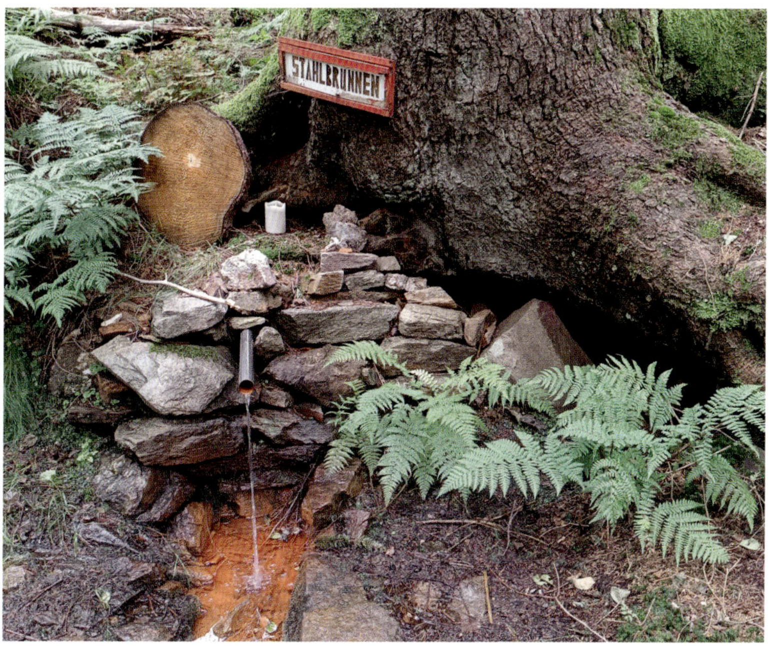

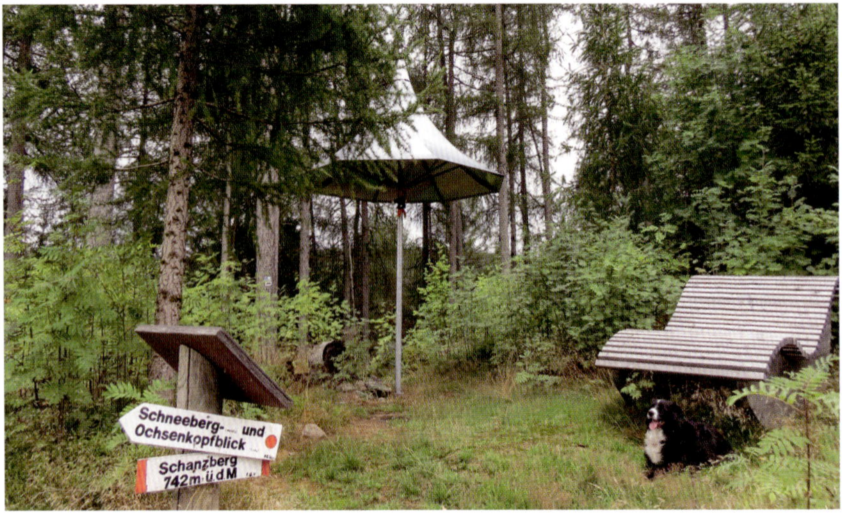

Auf dem Schanzberg wartet eine bequeme Wellnessliege mit Blick auf den Ochsenkopf und den Schneeberg

und einem wunderbaren Blick auf den Ochsenkopf und den Schneeberg belohnt. Die Ruhe gibt es gratis dazu.

Nach der ausgiebigen Rast wandert ihr auf dem Pfad noch zum „hinteren" Teil des Schanzberggipfels, bevor es dann mit der Markierung GEO rechts hinuntergeht.

Schanzberg
Der Schanzberg ist ein 742 Meter hoher Gipfel bei Warmensteinach. Von hier oben hat man eine wunderbare Aussicht auf die beiden höchsten Gipfel des Fichtelgebirges, den Schneeberg (1053 m ü. NN) und den Ochsenkopf (1024 m ü. NN).

Ihr steht nun auf einem mit Gras bewachsenen Waldweg, welchem ihr nach links und ohne Markierung folgt. Keine Angst, die Äste, über die ihr kraxeln müsst, sind gleich vorbei, und nach etwa 200 Metern müsst ihr euch eh wieder rechts halten. Auch dieser Weg ist unmarkiert und bringt euch weiter den Berg hinunter auf einen Forstweg, welchen ihr lediglich überquert. Weiter geht's flott hinab auf dem unmarkierten Weg, bis ihr nach einiger Zeit dann unten links wieder auf die Markierung ◎ stoßt.

Nun geht es wieder mit dem ◎ im Blick weiter auf einen schmalen Pfad. Und weil Steige selten eben verlaufen, müsst ihr auch hier wieder ein paar Höhenmeter bewältigen. Der Pfad ist jedoch so abwechslungsreich, dass ihr diese kaum

Wetterpilz auf dem Schanzberg
Wetterpilze werden auch Rastpilz oder Wetterschutzpilz genannt, aber mit einem essbaren Pilz haben die aus Stahl, Holz oder Beton gefertigten Unterstände nichts zu tun, außer dass sie sich in der Form ähneln. Wetterpilze sollen also den Wanderer vor Niederschlag schützen und bei Sonne ein schattiges Plätzchen bieten. Über die Stelle und die Bauweise aus Metall des „Regenschirms", wie der Wetterpilz auf dem 742 Meter hohen Gipfel bei Warmensteinach auch genannt wird, lässt es sich streiten. Ich persönlich würde mir bei Gewitter wohl einen anderen Schutz suchen. Bei schönem Wetter lässt es sich dafür auf der Wellnessbank auf dem Gipfel wunderbar aushalten. Der Ausblick auf Ochsenkopf und Schneeberg ist einfach ein Traum, und hier hat man meist noch seine Ruhe.

bemerkt – versprochen. Ab und zu müsst ihr auch eure Blicke fest auf dem Weg lassen, denn die ein oder andere ausgesetzte Stelle wartet. Aber natürlich gibt es auch unterwegs wieder einen Rastplatz – der ehemalige Aussichtspunkt „Juche" 6 bietet zwar nicht mehr viel Aussicht, aber dafür eine Bank mitten im ruhigen Wald.

Auf dem Wurzbachsteig geht es nun bis zum Wurzbachweiher 7, wo ihr euch auf eine weitere einladende Rastmöglichkeit freuen könnt. Hier ist es richtig idyllisch, und wer möchte, hängt einfach die Füße ins Wasser, bevor ihr umkehrt und dem Forstweg mit dem und der 9 folgt.

Etwa 200 Meter nach dem Wurzbachweiher biegt ihr links auf den Pfad mit der Markierung „Ruine Wurzstein 0,5 km – Zainhammer 1,0 km" ab. Jetzt geht es durch einen lichten Buchenwald oberhalb des Wurzbachs weiter. Eine Infotafel deutet auf die Reste der ehemaligen Wurzbachbrücke 8, welche leider bei einem Hochwasser im Winter 1975 / 1976 zerstört wurde. Ein bisschen abenteuerlich führt der schmale Weg unterhalb von Felsen vorbei und bringt euch dann auf einen Pfad. Beim darauffolgenden Abzweig folgt ihr dann nicht mehr der Markierung , sondern wandert rechts weiter auf den unmarkierten Waldweg. Diesem folgt ihr nun bergab, bis ihr auf einen Schotterweg gelangt. Das Pfeiferhaus 9 solltet ihr rechter Hand schon erkennen können.

Der Weg führt euch nun auf der 10 oberhalb des Pfeiferhauses vorbei, und auch wenn es erneut etwas bergauf geht, so beginnt nun auf dem nachfolgenden Kilometer ein „gemütliches Auslaufen" der Tour. Dem Schotterweg folgt ihr nämlich so lange, bis ihr wieder an der kleinen Treppe mit dem Pfad vom Anfang angelangt. Da geht es dann wieder hinab zum Ausgangspunkt.

Wurzbachweiher

Der Wurzbachweiher wurde einst für die Flößerei, also das schwimmende Transportieren von Baumstämmen oder Brettern, angelegt und wird von 3 kleineren Bächen gespeist. Dem Mandleswiesenbachl, dem Langenstockbachl und dem Weißensteinbachl (Bachl ist die Niedlichkeitsform von Bach bzw. die Bezeichnung für einen kleinen Bach). Direkt am Wurzbachweiher wurde eine schöne Rastmöglichkeit für Wanderer und Radfahrer errichtet.

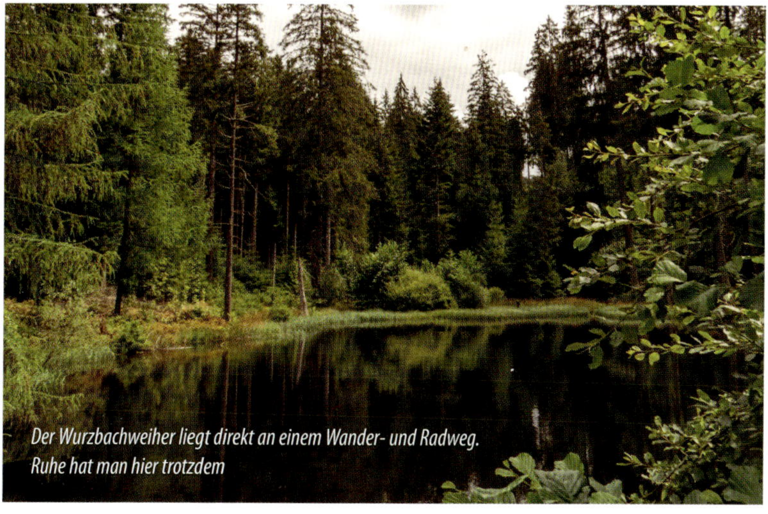

Der Wurzbachweiher liegt direkt an einem Wander- und Radweg. Ruhe hat man hier trotzdem

Kneippen-Tour

Erfrischung zwischen Warmensteinach und Hüttstadl

TOUR 07

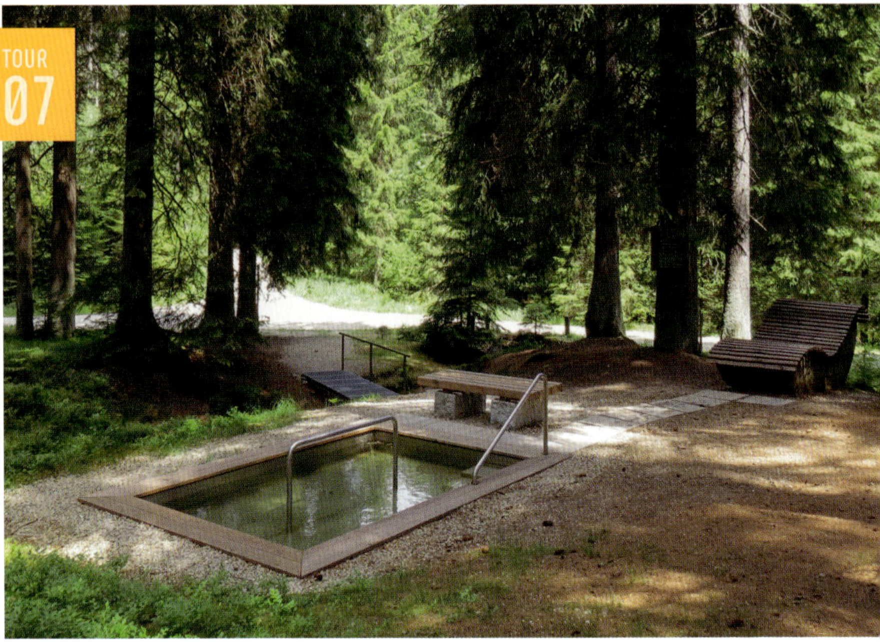

Parkplatz Wagenthal
Navi: Wagenthal 1, 95485 Warmensteinach
Koordinaten: 49°59'33.5"N 11°47'56.7"E
Zwischen 01. Oktober und 14. Mai besteht Schneekettenpflicht

Ausgangspunkt – Kneippbecken am Reisigbach – Kreuzstein – Kneippbecken Gesundheitsbrunnen – Kneippbecken im Mausbachtal – Ausgangspunkt

Kneipp-Fans aufgepasst! Auf dieser abwechslungsreichen Wanderung habt ihr die Möglichkeit, eure Füße durch drei wunderschön angelegte Kneippbecken im Storchenschritt gleiten zu lassen und dabei auch noch wundervolle Natur zu erleben. Packt ein Handtuch ein. Ich empfehle bei dieser Tour ein GPS-Gerät.

6 (RW 6) & ● (blauer Punkt);
S (Südweg); 1 (Brunnenweg) &
✚ (Seehausweg); ● (blauer Punkt)

Gaststätte Waldblick
Oberwarmensteinach 17,
95485 Warmensteinach
Tel. 09277 310
skilifte-devalkartbahn@gmx.de

Keine besonderen Ansprüche. Auch wenn immer wieder Wasserstellen verfügbar sind, so sollte dennoch genug Wasser eingepackt werden.

Tourist-Information Warmensteinach
Matthäus-Herrmann-Platz 307,
95485 Warmensteinach
Tel. 09277 1401
www.warmensteinach.de

 Foto: Blick auf das Kneipp-Becken im Mausbachtal

mittel | 10,3 km | 254 Hm | 3:00 h

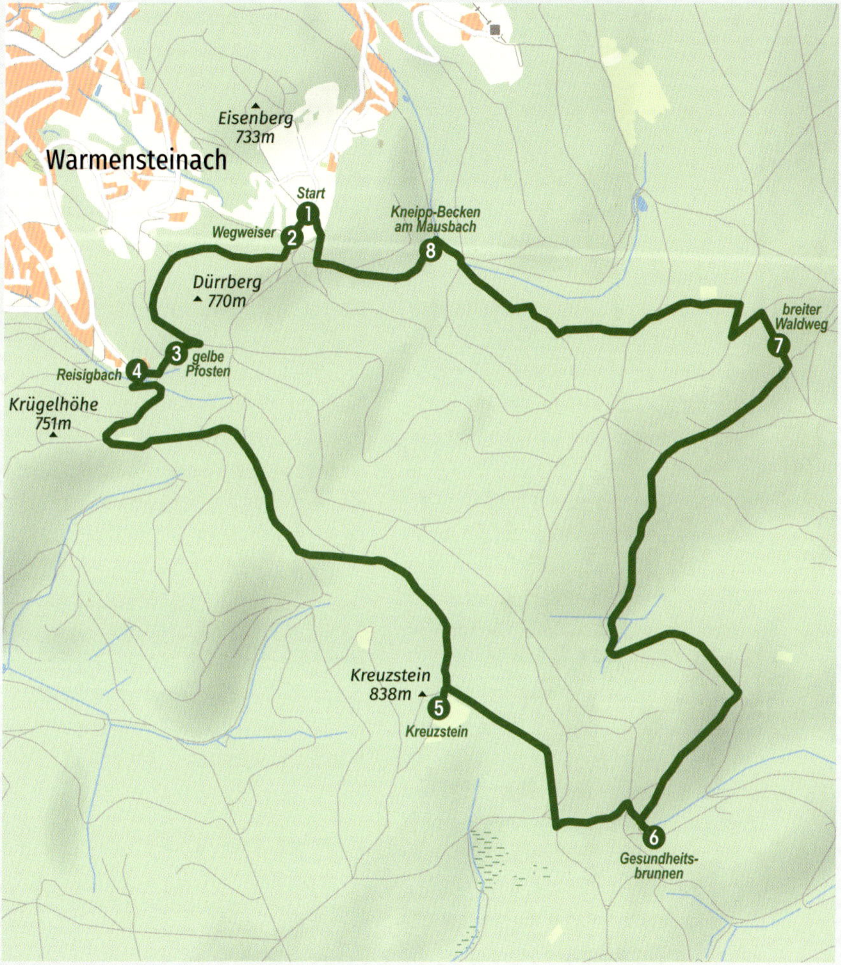

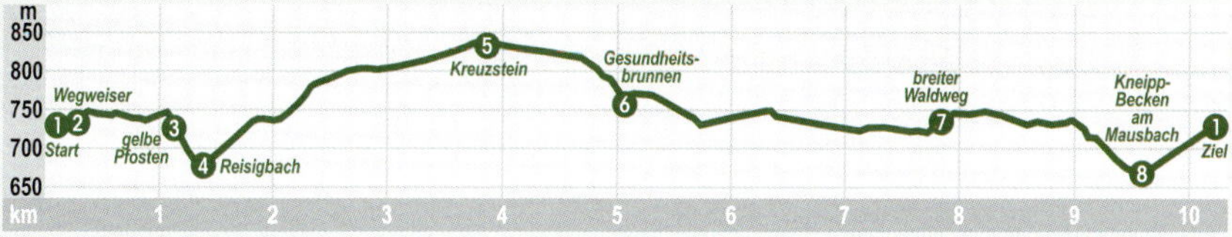

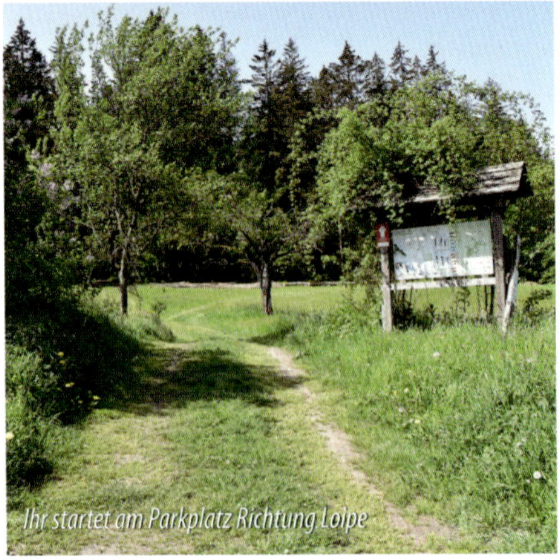

Ihr startet am Parkplatz Richtung Loipe

Ihr startet eure Wanderung vom Parkplatz ① aus in Richtung „Loipe". D. h., wenn ihr so steht, dass ihr ins Tal und zur Wagenthalhütte hinabschauen könnt, müsst ihr nach links in den Wald hinein. Wenn ein weiterer Wegweiser, mit der Aufschrift „Zum Wanderrastplatz Wolfgangsbrünnle" ② am Waldrand auf euch wartet, dann seid ihr richtig.

Nach etwa 100 Metern gelangt ihr zu einer Kreuzung. Hier müsst ihr nun rechts auf den breiten Weg abbiegen (Wagenthal Loipe). Die nächsten 700 Meter führen euch auf dem genannten Weg in einem Bogen um den Dürrberg herum (❻ & ●).

Kurz vor einer gut erkennbaren Kreuzung zweigt ein unmarkierter Weg in einer Spitzkehre nach rechts ab. Nun geht es auf diesem Weg bergab. Ihr könnt euch an den gelben Pfosten ③ etwas orientieren. Beim kleinen Reisigbach geht es rechts auf einen Pfad, welcher euch an einem kleinen Häuschen vorbei zum ersten Kneipp-Becken am Reisigbach ④ bringt. Die tolle Aussicht solltet ihr auf jeden Fall etwas genießen, und natürlich darf auch das Kneippbad nicht fehlen, bevor es über die kleine Metallbrücke und auf dem Pfad weitergeht.

Jetzt seid ihr auf einem breiten Schotterweg mit der Markierung **S**. Diesem folgt ihr nach links den Berg hinauf. Keine Angst, nach etwa 800 Metern wird der Südweg **S** zu einem schönen Wechsel aus Waldweg und Pfad, und ihr habt die Schotterpiste erst einmal hinter euch – auch das Bergauflaufen ist gleich vorbei.

Die Markierung **S** bleibt euer Begleiter, bis ihr auf die Kreuzung am Kreuzstein ⑤ stoßt. Der Kreuzstein (838 ü. NN) ist allerdings ziemlich unspektakulär. Eine Klimastation, eine Wellnessliege, eine Wiese, und das war's. Wenn ihr wollt, könnt ihr hier natürlich trotzdem eine kleine Pause einlegen, bevor ihr die nächsten 700 Meter auf dem **S** – und auch wieder etwas Schotter – beschreitet.

Dafür beginnt jetzt ein schöner Abschnitt. Während das **S** weiter geradeaus zum Bayreuther Haus führt, biegt ihr nun nach links auf einen Waldpfad mit den Markierungen ① & ✚ ab, welcher euch nun leicht bergab führt. Sobald ihr auf einen weiteren Schotterweg stoßt, überquert ihr diesen lediglich, folgt dem Hinweisschild „Gesundheitsbrunnen" und wandert weiter auf dem Pfad hinab, bis ihr zu einem überdachten Rastplatz gelangt. Ihr seid beim zweiten Kneipp-Becken, dem Gesundheitsbrunnen ⑥, angekommen. Ein Arm-Bad und herrliche Ruhe gibt es gratis dazu. Dieser Ort lädt einfach zum Verweilen ein und eignet sich bestens für die Einnahme der mitgebrachten Brotzeit.

Kneippen

Beim „Kneippen" handelt es sich um eine Form der Hydrotherapie, welche nach Sebastian Kneipp benannt wurde. Kneippen stärkt das Immunsystem, regt den Kreislauf an, fördert die Durchblutung und erfrischt die Füße. Der Effekt ist wissenschaftlich belegt. Die Anwendungen können vorbeugend oder behandelnd durchgeführt werden. Wie man richtig kneippt, wird euch bei den Kneippbecken erklärt.

Gestärkt und erfrischt geht es nun auf der ① und dem ✚ über einen schönen Waldweg leicht hinab auf einen geschotterten Forstweg. Hier haltet ihr euch links, wandert auf diesem Weg für 900 Meter und biegt dann rechts auf einen schmalen Pfad in den Wald ab. Die blaue 1 und das weiße Kreuz auf blauem Hintergrund sind auch hier eure Anhaltspunkte.

Der Pfad ist teils wurzlig und verläuft durch einen abwechslungsreichen Wald. Erneut stoßt ihr auf einen breiten, geschotterten Weg, welchen ihr lediglich überqueren müsst, um für die nächsten 600 Meter weiter auf dem schönen Pfad (① & ✚) zu bleiben. Nach besagten 600 Metern geht es im Wald links auf einen unmarkierten, etwas breiteren Waldweg ⑦. Solltet ihr auf einen Schotterweg stoßen, seid ihr zu weit gegangen – also aufpassen. Dem Waldweg folgt ihr ca. 200 Meter leicht bergan, bis ihr auf einen Forstweg kommt – hier haltet ihr euch links, anschließend geht es rechts. Wenn ihr richtig gelaufen seid, solltet ihr nun das Radweg-Schild Richtung Fichtelberg / Grünstein erkennen, und dem müsst ihr nun nach rechts für die nächsten 100 Meter folgen.

Bei nächster Gelegenheit verlasst ihr die Schotterpiste nach links auf einen weichen, unmarkierten Waldweg. Nun geht es einige Zeit durch den Wald ohne Markierungen, weshalb ich euch für diese Tour unbedingt ein GPS-Gerät empfehle. Auf dem Waldweg bleibt ihr für die nächsten ca. 300 Meter. Als dieser Weg auf einen weiteren Waldweg stößt, geht es auf diesem linker Hand weiter bis zur nächsten Weggabelung. Hier haltet ihr euch rechts und bei der nächsten Gabelung ebenfalls rechts. Jetzt geht's die nächsten 500 Meter bergab ins Mausbachtal.

Am Schotterweg angekommen, müsst ihr nur kurz rechts, bei der Kreuzung gleich wieder links und erkennt jetzt (wenn ihr richtig seid) die Markierung [●]. Dieser folgt ihr bis zur nächsten Kreuzung. Hier wartet auf der linken Seite der Mausbach mit seinem wunderschön angelegten Kneipp-Becken ⑧ auf euch. Also Schuhe aus und rein ins kühle Nass, denn gleich wartet noch ein letzter Anstieg auf euch. Mit dem Kneipp-Becken im Mausbachtal habt ihr alle 3 Kneipp-Becken auf dieser Tour erreicht.

Sind die Füße erholt und wieder trocken? Gut, dann könnt ihr ja den Endspurt antreten. Wieder auf dem Weg, müsst ihr mit der Markierung [●] links den Berg hinauf. Aber nur 500 Meter, denn dann verlasst ihr die Markierung nach rechts. Sobald ihr den Waldrand erreicht habt, solltet ihr auch schon die Mauerreste am Parkplatz, eurem Startpunkt, erkennen und habt es geschafft.

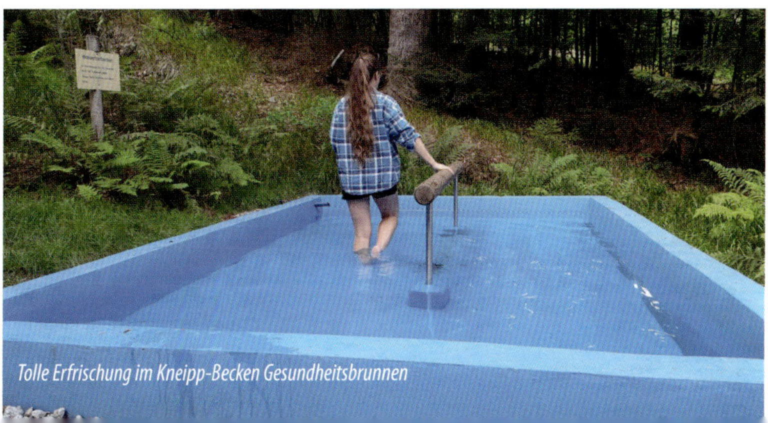

Tolle Erfrischung im Kneipp-Becken Gesundheitsbrunnen

Natur trifft Kultur

Über den Moosbachsteig zur Hellen Glocke

TOUR 08

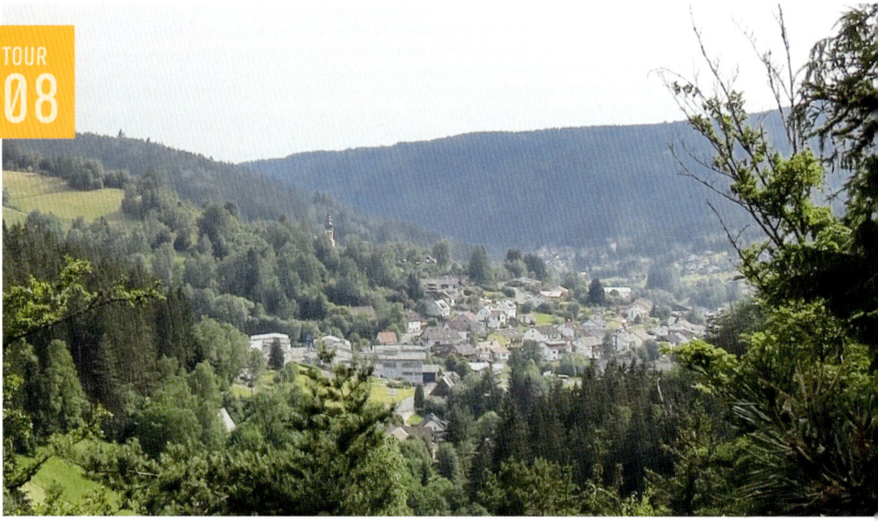

Start/Ziel

Wanderparkplatz Grassemann
Navi: Wanderparkplatz Grassemann, 95485 Warmensteinach
Koordinaten: 50°01'11.8"N 11°47'12.2"E

Ausgangspunkt – Moosbachsteig mit Gustavs Ruhe – Warmensteinach – Grenzhammer – Höllfelsen – Helle Glocke – Moorbad Fleckl – Grassemann mit Freilandmuseum – Ausgangspunkt

Wollt ihr lieber eine abenteuerliche Wanderung unternehmen, auf einer Wellnessliege auf 670 m ü. NN chillen, ein kühles Bad im Moor genießen oder ein mehr als 300 Jahre altes Freilandmuseum besuchen? Ihr könnt euch nicht entscheiden? Dann müsst ihr auf jeden Fall diese Wanderung machen, denn hier habt ihr die Möglichkeit, Natur und Kultur zu erleben.

2 (RW 2); 3 (RW 3); 4 (RW4); (weiß-blau); 4 (RW 4); (weiß-blau); 2 (RW 2)

Hotel-Restaurant Brigitte
Helle Glocke 76, 95485 Warmensteinach
Tel. 09277 470
info@hotel-restaurant-brigitte.de
www.hotel-restaurant-brigitte.de

Wirtshaus auf'm Grassemann
Grassemann 4, 95485 Warmensteinach
Tel. 09277 9759215
forelle_2000@yahoo.de
www.wirtshaus-grassemann.de

Keine besonderen Anforderungen; Wasser gibt es immer wieder, dennoch bitte genug Wasser mitnehmen. Im Natur-Moorbad Fleckl werden Hunde geduldet, jedoch dürfen die Vierbeiner nur mit ins Wasser, wenn kein anderer Badegast da ist. Hunde bitte am Moorbad anleinen.

Tourist-Information Warmensteinach
Matthäus-Herrmann-Platz 307,
95485 Warmensteinach
Tel. 09277 1401
www.warmensteinach.de

Foto: Blick auf Warmensteinach vom Höllfelsen aus

mittel | 8,4 km | 270 Hm | 2:45 h

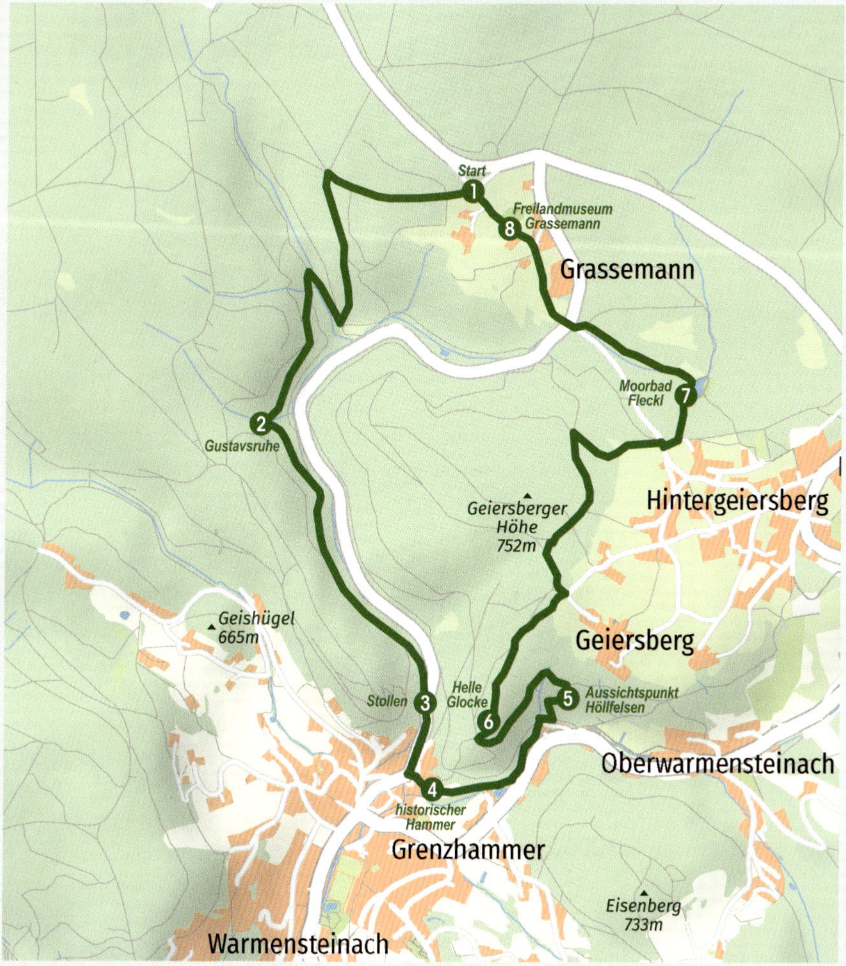

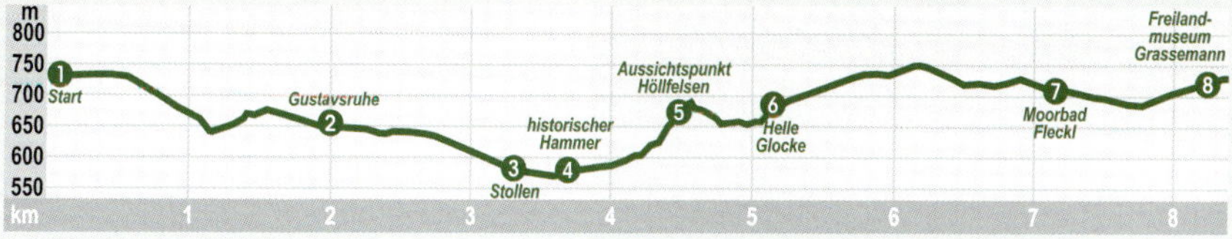

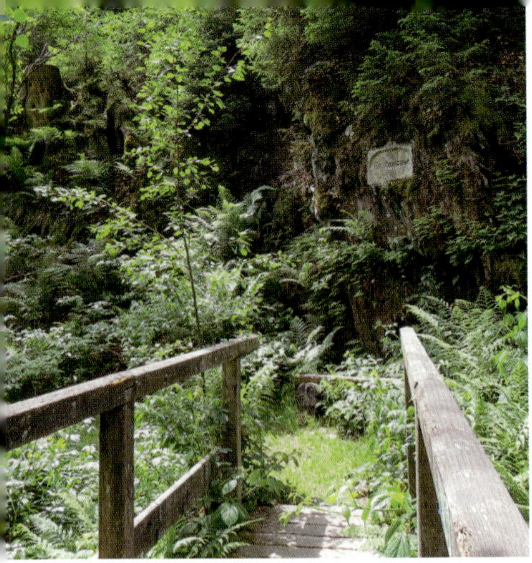

Ein magischer Ort ist die Gustavs Ruhe

Diese Wanderung, welche euch über den wunderschönen Moosbachsteig zur Hellen Glocke bringt, beginnt am Parkplatz des Freilandmuseums Grassemann ①. Von hier aus folgt ihr zuerst einmal dem langweiligen Schotterweg mit der Markierung ❷ in den Wald. Keine Angst, denn die ❷ verlasst ihr nach etwa 570 Metern mit einem scharfen Schlenkerer nach links (scharf abbiegen) auf einen unmarkierten Waldweg. Nun wandert ihr auf diesem Waldweg den Berg hinab. Unten stoßt ihr dann auf den Moosbach, welcher hier eher als Graben erscheint.
Dem kleinen Bach folgt ihr auf einem breiten Waldweg nach rechts „flussaufwärts", bis ihr die Möglichkeit habt, nach links auf einen anderen Waldweg abzubiegen. Hier geht es kurz bergauf, danach wird es wieder etwas ebener. Auf diesem gut erkennbaren Weg lauft ihr, bis ihr auf einen Pfad mit einer ❸ nach links abbiegen könnt. Jetzt seid ihr auf dem Moosbachsteig. Der schmale Steig schlängelt sich durch Heidelbeerbüsche am Hang entlang, und manchmal muss man aufpassen, dass man nicht abrutscht.
Nach ca. 400 Metern erreicht ihr dann eine kleine Holzbrücke. Eine Bank unterhalb eines Felsens lädt zu einer Pause ein – der Ort Gustavs Ruhe ② ist einfach ein schönes Fleckchen zum Verweilen, auch wenn die Aussicht eher rar ausfällt.
Es beginnen die letzten Meter auf dem Moosbachsteig. Immer noch auf dem Weg ❸ lauft ihr nun auf einem Waldweg in Richtung Erhardt-Thomas-Platz, bis ihr Warmensteinach erreicht. An der Straße angekommen, gibt es zu eurer Rechten einen alten Stollen ③. Eine Tafel erläutert zudem den Bergbau, welcher zu früherer Zeit hier große Bedeutung hatte.
Auf dem Gehsteig entlang der Löchleinstalstraße lauft ihr ein Stück in den Ort hinein und biegt nach dem Hotel-Restaurant Brigitte links auf die Straße Sonnensteig ab. Anschließend führt der Weg weiter auf der ❹. Nach etwa 100 Metern Richtung „Helle Glocke" könnt ihr auf der rechten Seite einen historischen Hammer ④ begutachten. Interessant zu wissen: Solche Hammer wurden früher zur Verarbeitung von Eisen genutzt. In den Hammerwerken haben zwei Wasserräder die schweren Eisenhammer angetrieben. Dreht doch mal an der Kurbel und schaut, was passiert?!
Nachdem ihr das kurze Asphaltstück geschafft habt, führt euch ein schöner Pfad linker Hand entlang der Warmen Steinach.
Rund 400 Meter lang ist der wundervolle Weg, bevor ihr dem Pfad weiter den Berg hinauf in Richtung „Fleckl über Höllfelsen" folgt. Es geht teils steil den Berg hinauf, bis ihr den Aussichtspunkt „Höllfelsen" ⑤ erreicht. Eine Bank

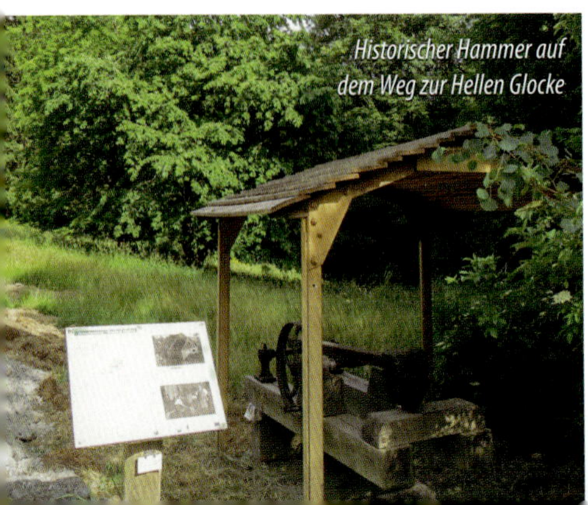

Historischer Hammer auf dem Weg zur Hellen Glocke

an besagtem Felsen sowie der Blick ins Tal entschädigen jedoch für den Aufstieg. Nun sind es nur noch wenige Meter bergan, bis ihr an eine Weggabelung gelangt. Zur Hellen Glocke geht es links, was euch der Wegweiser „Helle Glocke " aber auch nochmal zeigt. Ein leicht verwurzelter Pfad bringt euch nach einigen Metern auf einen breiten, ebenen Waldweg, welchem ihr jetzt ca. 300 Meter folgt.

Habt ihr euch ein bisschen vom Aufstieg erholt? Gut, denn jetzt geht es erneut bergauf. Rechter Hand solltet ihr eine kleine Natursteintreppe mit einer Bank erkennen. Auch ein erneuter Wegweiser mit der Aufschrift „ Helle Glocke 0,1 km" zeigt euch, dass ihr bis hier richtig gegangen seid. Über den Pfad kommt ihr nun zur Hellen Glocke 6 (723 m ü. NN). Unterhalb des Felsens findet ihr eine Wellnessliege, etwas oberhalb auf einer Felszunge gibt es eine Bank. Diese ist jedoch vom Weg aus nicht erkennbar und nur über einen schmalen Pfad erreichbar. Zeit für eine Pause.

Ab der Hellen Glocke folgt ihr noch etwa 300 Meter dem Pfad bergauf. Anschließend geht es leicht rechts auf der 4 weiter. Zuerst federt der weiche Waldboden eure Schritte noch ab, aber dann folgen 450 Meter auf einem Schotterweg. Immerhin geht es bergab, bis ihr die Schotterpiste nach rechts in Richtung „ Waldbad Fleckl" verlasst. Von nun an sind es nur noch 700 Meter bis zum Moorbad 7. Wenn ihr eure Badekleidung eingepackt habt, gönnt euch doch eine Erfrischung. Hunde sind allerdings im Wasser nur erlaubt, wenn keine anderen Badegäste vor Ort sind. Sanitäranlagen sowie kalte (!) Duschen gibt es hier auch.

Am See geht es bis etwa zur Hälfte linker Hand vorbei. Ziemlich unscheinbar zweigt bergab ein schmaler Pfad in den Wald ab. Knapp 500 Meter später steht ihr an der Straße zwischen Warmensteinach und Grassemann, welche ihr nur überqueren müsst. Eine wenig befahrene Straße bringt euch auf der 2 zum Freilandmuseum Grassemann 8. Wer das Innere des Museums nicht betreten möchte oder kann (weil es z. B. gerade geschlossen hat), der kann sich hier noch etwas auf dem Außengelände umschauen oder einfach die letzten 200 Meter zum Ausgangspunkt antreten.

Glasmuseum Warmensteinach
1980 wurde das Glasmuseum im Freizeithaus in Warmensteinach eröffnet. Hier können Interessierte mittwochs von 15–17 Uhr (oder nach Vereinbarung) mehr über die Entwicklung des Glasmacherhandwerks der vergangenen Jahrhunderte anhand der Werkzeuge und Produkte erfahren.

Freilandmuseum Grassemann
Ein Besuch im Freilandmuseum Grassemann ist von März bis April (So 14–16 Uhr) und Mai bis Oktober (Do bis So 11–16 Uhr) gegen einen geringen Eintrittspreis möglich. Ein im Außenbereich angelegter Wanderweg, welcher 17 Stationen umfasst, ist ganzjährig und kostenfrei zugänglich. Die Stationen erklären euch die Kulturlandschaftselemente und die Geschichte der Rodungsinsel Grassemann.

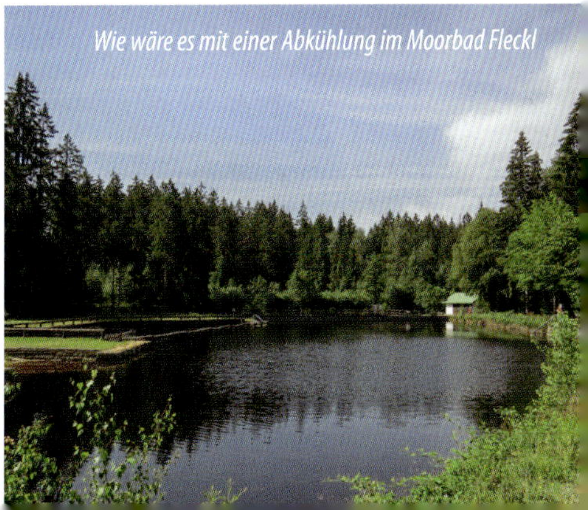
Wie wäre es mit einer Abkühlung im Moorbad Fleckl

Wolfsjagd

In den Wäldern zwischen Wülfersreuth und dem Wetzstein

TOUR 09

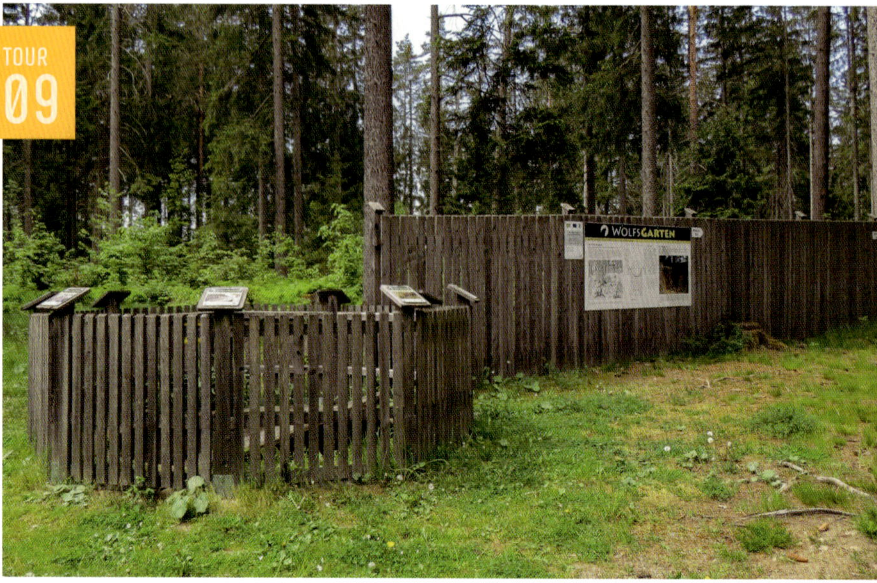

Parkplatz an der Straße St2464 zwischen Hirschhaid und Gottmannsberg, 95493 Bischofsgrün
Koordinaten: 50°03'44.3"N 11°46'27.2"E

Ausgangspunkt – Schweinsbach – Wülfersreuth – Wolfsgarten – Ausgangspunkt

Die Erlebnistour für die ganze Familie. Einst trieben sich in den Wäldern zwischen Wülfersreuth und dem Wetzstein Wölfe herum und wahrscheinlich tun sie dies auch heute wieder. Haltet doch einfach die Augen offen. Am Ende der Wanderung könnt ihr im Wolfsgarten sehen, wie hier im Wald einst Wölfe gefangen wurden.

(Jean-Paul-Weg) & (Markgrafenrunde); (Markgrafenrunde) & (3) (RW 3); (weiß-blau-weiß); (3) (RW 3) & (Markgrafenrunde); (3) (RW 3) & (Panoramaweg Wülfersreuth); (Wolfsgartenweg); (Markgrafenrunde) & (Wolfsgartenweg)

Waldgasthof Schweinsbach
Schweinsbach 46, 95482 Gefrees
Tel. 09254 246
waldgasthof.schweinsbach@gmail.com

Keine besonderen Anforderungen; Wasser gibt es ziemlich in der Mitte am Köhlersgrundbach (dieser ist eher ein Rinnsal) und beim Waldgasthof Schweinsbach bzw. kurz danach nochmal im Wald an einem kleinen Bach, also bitte unbedingt trotzdem Wasser mitnehmen.

Kur- und Tourist-Information Bischofsgrün
Jägerstraße 9, 95493 Bischofsgrün
Tel. 09276 1292
www.bischofsgruen.de

Foto: Rekonstruierter Zaun und Fallgrube am Wolfsgarten

WOLFSJAGD – TOUR 09

leicht | 7,1 km | 135 Hm | 2:00 h

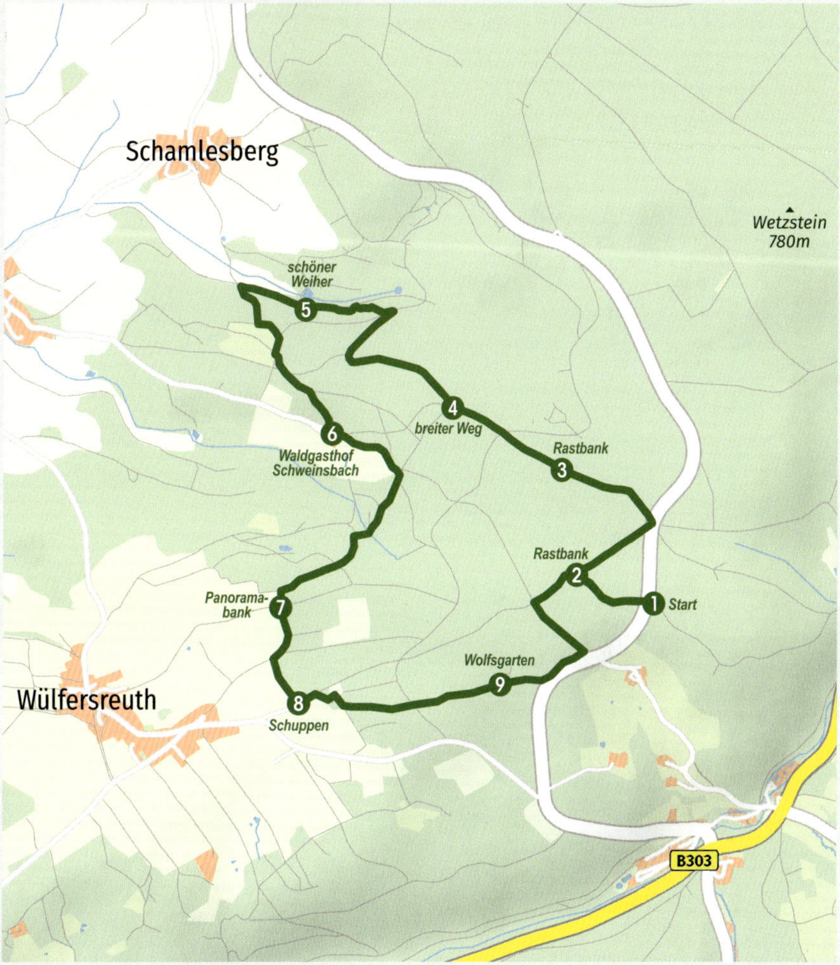

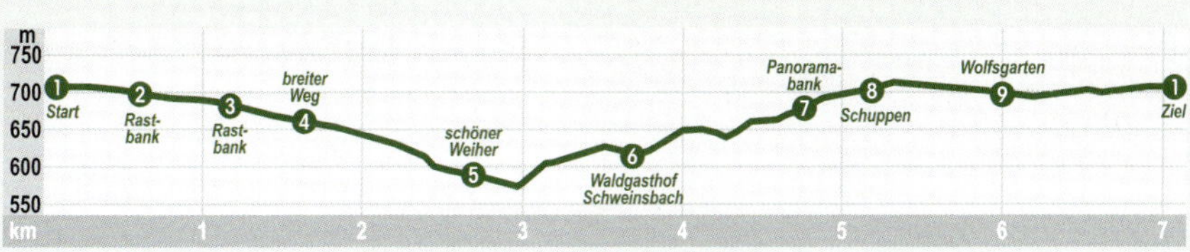

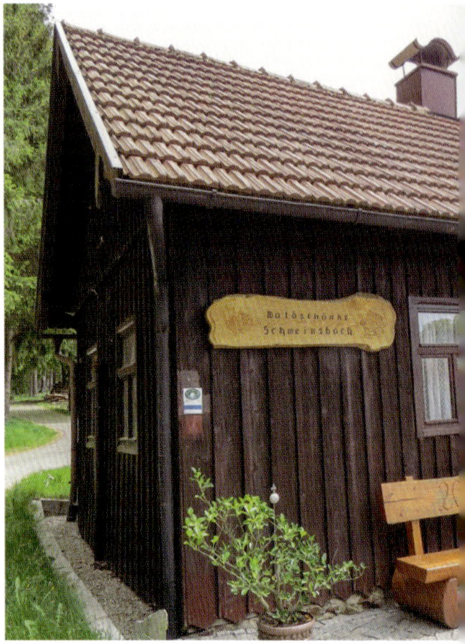

Bankerl am Waldgasthof Schweinsbach

Vom Parkplatz 1 aus überquert ihr zuerst einmal die Straße, und dann geht es auch schon auf einem unmarkierten Waldweg in den Wald hinein. Dem wenig anspruchsvollen Weg folgt ihr etwa 370 Meter, bis ihr auf einen querenden Waldweg stoßt – dort befindet sich auch eine Bank 2. Hier geht es nun rechts mit den Markierungen & weiter bis zur Straße. Keine Angst, ihr müsst diese nicht überqueren, sondern euch links halten und weiter dem Waldweg mit den Markierungen & ③ folgen.
Ihr gelangt nun erneut zu einer Bank 3, nur hier findet ihr einen Wegweiser Richtung Waldgasthof Schweinsbach – da müsst ihr lang, während ihr weiterhin den beiden o.g. Markierungen nachwandert.
Nach etwa 550 Metern trefft ihr auf einen Schotterweg. Jenen überquert ihr nur schnell, und weiter geht's Richtung Schweinsbach – teils auch auf schönen Pfaden. Erst wenn ihr auf den nächsten breiten Waldweg trefft, verlasst ihr den Weg mit den beiden Markierungen und wandert nun auf diesem unmarkierten, breiten Weg 4 weiter. Es folgt eine Linkskurve und dann geht es zuerst einmal auf dem Schotterweg leicht bergab. Erneut folgt eine Kurve, wo ihr rechts bleibt, und bei der übernächsten Spitzkehre geht es links den Berg Richtung Bach hinunter, bis ihr auf einen ebenen Weg stoßt – genau da müsst ihr nun links gehen. Nach etwa 200 Metern ist auf der rechten Seite ein schöner Weiher 5. Ihr folgt dem Weg weiter, jetzt am Waldrand entlang, bis ihr auf einen Pfad stoßt, der euch links durch den Wald den Berg hinauf zu einer Wiese bringt.
Hier würde sich definitiv ein Picknick anbieten, oder ihr folgt dem noch etwa 500 Meter durch den Wald bis zum Waldgasthof Schweinsbach 6, wo ihr natürlich auch einkehren könnt. Frisch gestärkt geht es dann vom Waldgasthof aus den Schotterweg am Waldrand hinauf. Oben angekommen, folgt ihr nun den Beschilderungen

Eine Tafel des Jean-Paul-Weges am Waldrand

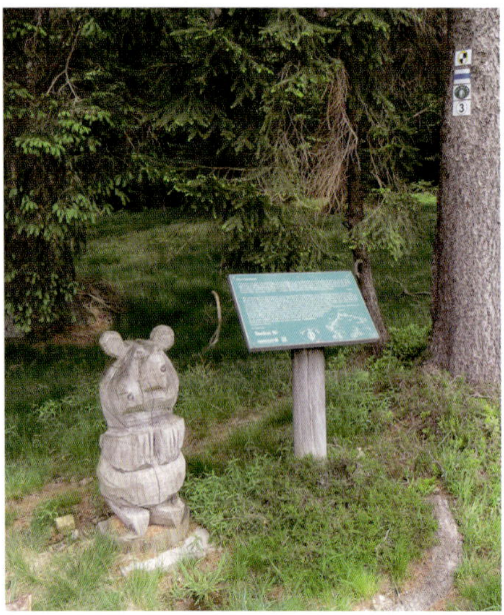

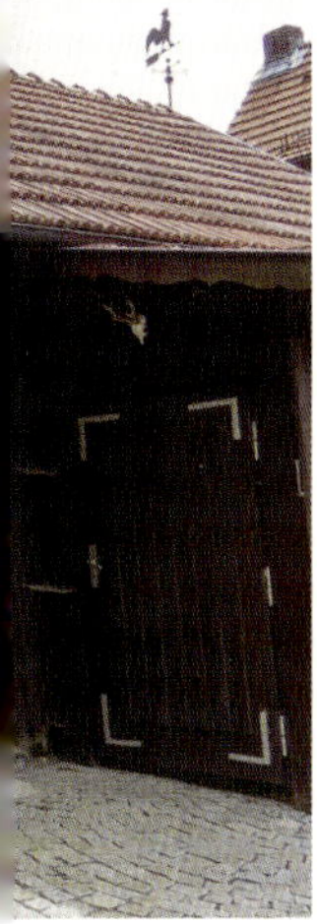

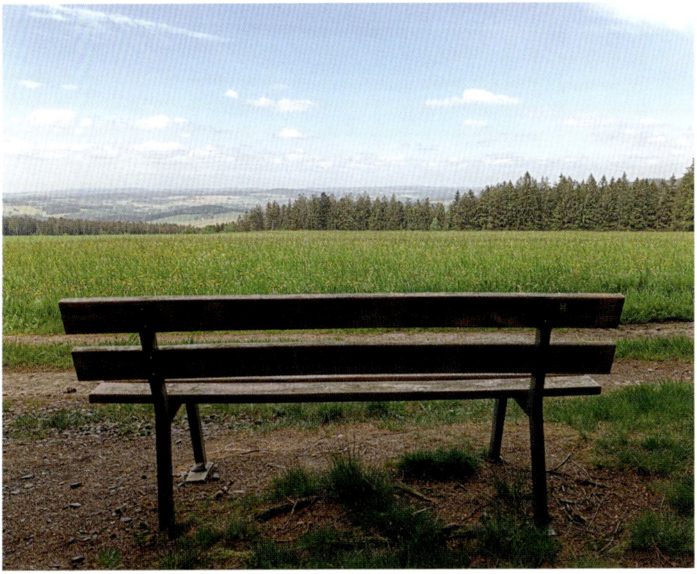

Bank mit Aussicht am Waldrand bei Wülfersreuth

③ & nach rechts auf einen Waldweg, welcher nach etwa 250 Metern zu einem schönen Pfad wird. Den kleinen Bach könnt ihr mit einem Satz überqueren, und schon geht es weiter. Der Pfad durch den Wald schlängelt sich leicht nach oben, wodurch die Steigung nicht allzu schlimm ist. Als es wieder eben wird, trefft ihr auf eine Beschilderung auf dem Weg.

Zu der ③, welcher ihr weiter folgt, gesellt sich nun ein , während die nach unten führt. Dem Markierungsduo ③ & folgt ihr bis zum Waldrand, wo es den Hügel hinauf in Richtung Kellerhaus geht. Wer jetzt eine Pause braucht, kann auf der Panoramabank 7 die Aussicht genießen, bevor es weitergeht.

Am Ende des Weges gelangt ihr zu einem Schuppen 8, wo es dann links auf dem Schotterweg Richtung Wolfsgarten geht – ihr müsst nur bei der nächsten „Kreuzung" nach rechts der Markierung folgen. Hierzu geht ihr beim Wasserhaus erneut rechts und dann nach links in den Wald hinein. Der schöne Waldweg bringt euch dann direkt zum Wolfsgarten 9. Interessierte können sich in dem dort aufgestellten Pavillon die Infos durchlesen oder auch die verschiedenen „Stationen" rund um die Fallgrube via QR-Code anschauen. Natürlich könnt ihr auch einfach eine Pause einlegen, denn die schöne Sitzgelegenheit lädt förmlich dazu ein.

Erholt und / oder mit neuen Informationen rund um die Wolfsjagd ausgestattet geht es dann weiter. Ihr folgt dem Weg, welcher zu einem tollen Pfad entlang der Straße wird, bis ihr auf einen Schotterweg kommt. Nun folgt ihr nach links den Markierungen & für etwa 260 Meter, bis ihr zu einer Kreuzung kommt. Jetzt geht es rechts Richtung Markgrafenrunde, Gefreeser Straße, Rangen, etc. 200 Meter später erreicht ihr wieder den unmarkierten Waldweg, welcher euch zum Ausgangspunkt zurückbringt.

Die Sage „Der Wolfsstein“

1.

Am Fuße des Schneebergs lag einst bei Voitsumra eine große Steinplatte, auf der ein Kreuz und ein Wolfskopf eingehauen waren. Dort war es nicht geheuer, Flämmchen tanzten da. Der Stein erinnerte daran, dass einst der Teufel hier sein Spiel getrieben hat.

2.

Auf dieser Wiese hütete der Schäfer des Gutes seine Schafe, doch eines Frühjahrs raubte mehrmals ein riesiger Wolf ein Lamm. Selbst der scharfe Schäferhund konnte nichts gegen das Untier ausrichten. So legte sich der Gutsherr, ein ausgezeichneter Jäger, auf die Lauer.

3.

Als der Gutsherr auf den Wolf schoss, zeigte die Kugel keinerlei Wirkung. Da erkannte der Jäger den Hexenspuk und lud eine Holundermarkkugel. Am Hinterbein getroffen ließ der Wolf seine Beute fallen und floh jaulend in den Wald. Die Bestie war gezeichnet!

4.

Tags darauf traf der Schäfer die alte Trüpfhäuserin, die sich mit schmerzverzerrtem Gesicht auf einen Krückstock stützte. Auf seine mitfühlenden Worte reagierte sie äußerst gereizt. Da erkannte er, dass sie die Hexe sein musste, und zeigte sie beim Landrichter an.

5.

Nach der Untersuchung wollte die Alte nicht mitteilen, woher sie sich die Schusswunde am Oberschenkel zugezogen hatte. Daher ließ der Richter sie einsperren, um sie am folgenden Tag peinlich befragen zu lassen. In der Nacht verschwand sie spurlos aus dem Gefängnis.

6.

Der Richter ließ das Trüpfhaus bewachen, doch kehrte die Hexe nicht zurück. Nur eine Fledermaus flatterte um das offene Giebelfenster. Bis zum Herbst blieb es ruhig, dann fiel der Wolf den Schäfer an. Seine Hilferufe vernahm der Gutsherr und eilte herbei.

7.

Mit seinem geweihten Hirschfänger gelang dem Gutsherrn der tödliche Stoß in die Brust des Wolfes, der sich zurück in die Trüpfhäuserin verwandelte. Fluchend röchelte sie ihr Leben aus. Um den bösen Zauber zu bannen, wurde sie tief begraben und auf die Stelle die Steinplatte mit dem Kreuz gesetzt. Um an die Geschichte zu erinnern, fügte man später noch den Wolfskopf dazu.

(Siehe Infotafel am Wolfsgarten, nach „Sagen aus Bayerns Nordostgebieten" von Andreas Reichold)

Zeugen vergangener Zeit

Natur pur und ein historischer Friedhof zwischen Kornbach und Gefrees

TOUR 10

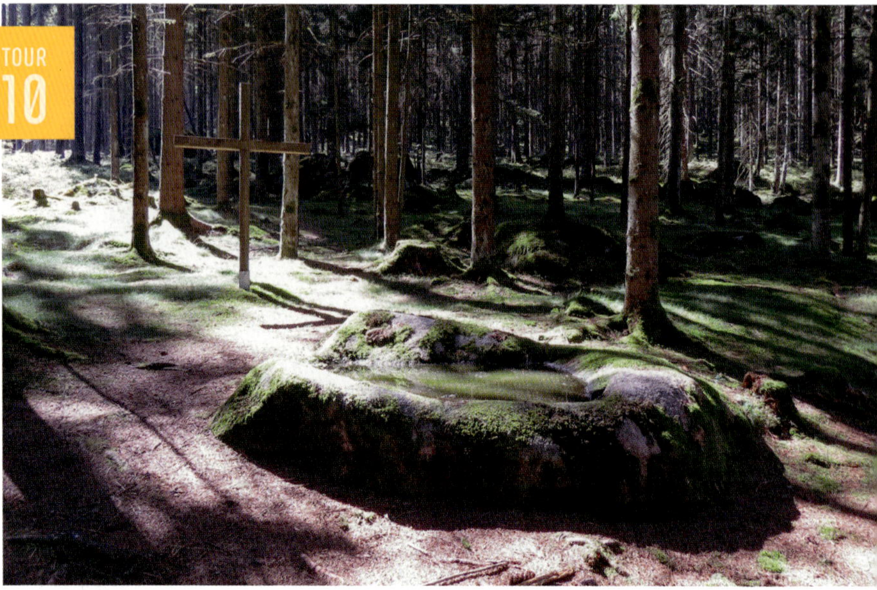

Start/Ziel: Parkplatz gegenüber der Freiwilligen Feuerwehr
Navi: Kornbach 42, 95482 Gefrees
Koordinaten: 50°05'44.3"N 11°47'23.4"E

Ausgangspunkt – Steinhauer-Denkmal – Hohe Reuth – Jesusbrunnen – Pestilenzgarten – Ausgangspunkt

Stillgelegte Granit-Steinbrüche, alte Gemäuer und ziemlich unberührte Natur bieten auf der Hohen Reuth (713 m) bei Gefrees seltenen Tieren und Pflanzen einen Lebensraum der besonderen Art. Der Pestilenzgarten nahe Kornbach erinnert an den „schwarzen Tod", welcher auch in dieser Gegend im Mittelalter zahlreiche Opfer forderte, und der Druidenschüssel werden Unheil voraussagende Kräfte unterstellt. Ich empfehle bei dieser Tour ein GPS-Gerät.

(blauer Punkt in weißem Kreis); (2) (RW 2); (Weidenberg – Königskron) & (3) (RW 3); (blauer Punkt in weißem Kreis)

Gasthof Kornbachtal
Kornbach 12, 95482 Gefrees
Tel. 09254 8423
info@kornbachtal.de

Wer sich zu den Steinbruchseen aufmacht, der sollte darauf achten, dass der Hund nicht zu nah an die Kanten geht, Absturzgefahr. Unbedingt Wasser mitnehmen. Es gibt nur zu Beginn und am Ende am Bach und am Jesusbrunnen (Quelle) Wasser.

Stadtverwaltung Abteilung Stadtmarketing Gefrees
Hauptstraße 22, 95482 Gefrees
Tel. 09254 96318
www.gefrees.de

Foto: Die Druidenschüssel im Pestilenzgarten

leicht | 7,3 km | 140 Hm | 2:00 h

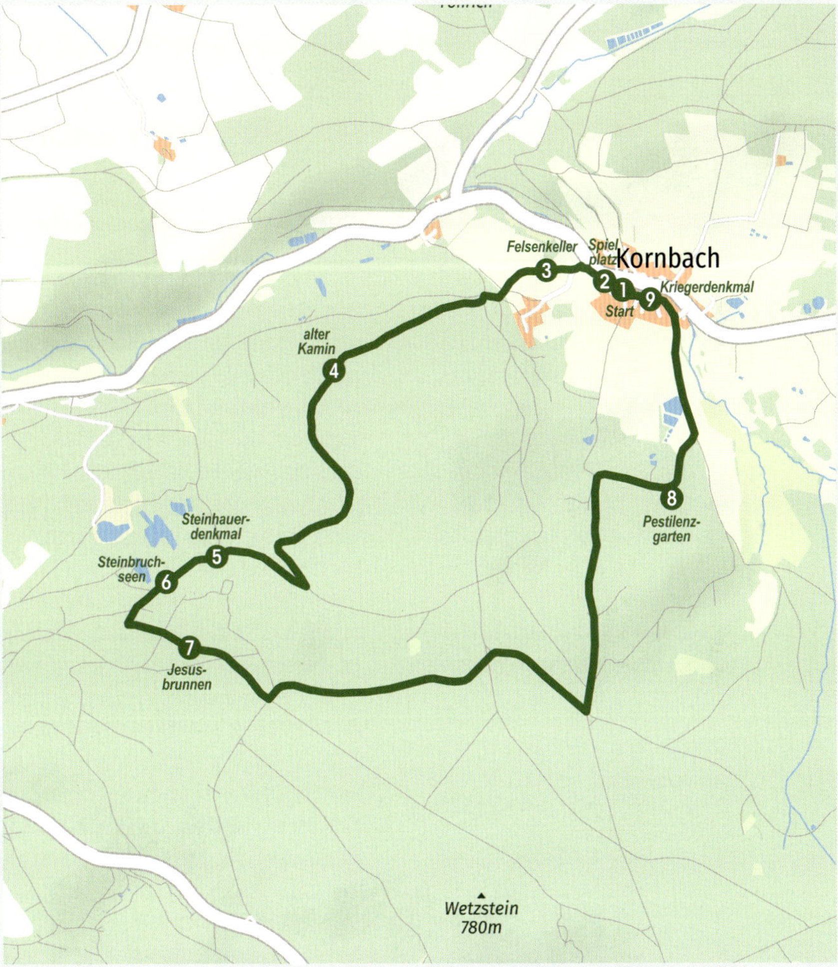

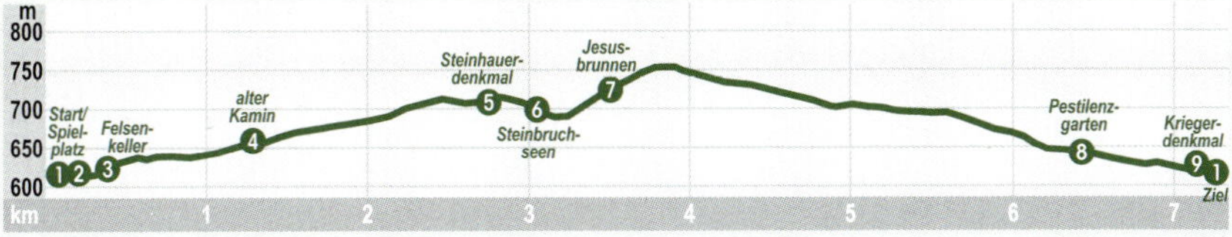

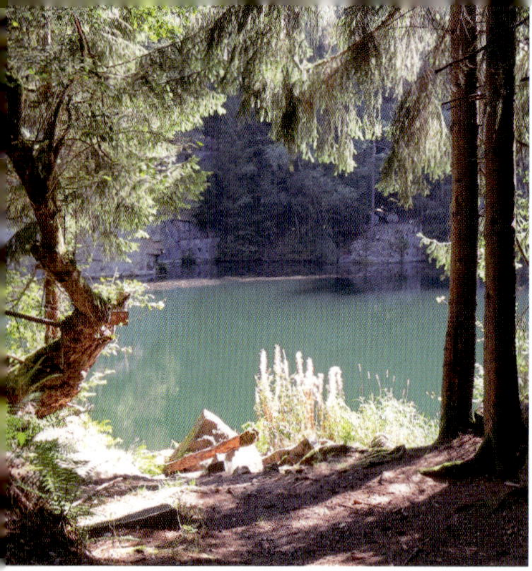

Einer der vier Steinbruchseen auf der Hohen Reuth

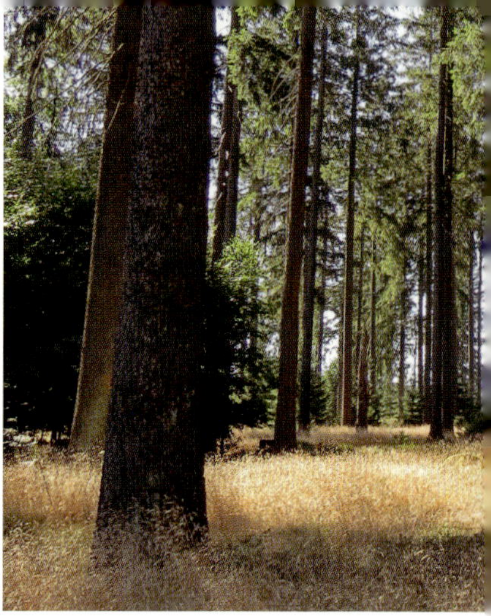

Wenn ihr am Parkplatz 1 mit dem Rücken zum Feuerwehrhaus steht, dann folgt ihr nach links der Markierung ◉ am Bach entlang, sodass ihr an einem Spielplatz 2 vorbeikommt. Der Weg bringt euch dann über eine Wiese zu einer Teerstraße, welche ihr nur überquert, wobei ihr dem ◉ folgt und weiter auf einem Wiesenweg an alten Felsenkellern 3 vorbei wandert, bis ihr am Waldrand oberhalb von Kornbach steht.

An der ersten Kreuzung vor dem Wald geht es geradeaus. Im Wald haltet ihr euch dann zuerst rechts, bei nächster Gelegenheit links und sogleich nochmal rechts. Wenn ihr euch bis hierher nicht verlaufen habt, solltet ihr nun auf einem Forstweg mit der Markierung ② gelandet sein. Diesem folgt ihr nun rund 1,7 Kilometer. Dabei wird euch auch nicht langweilig, denn der Wald links und rechts bietet viel zu entdecken. Kleine Bachläufe lassen winzige Oasen mit Farnen entstehen, moosbewachsene Felsbrocken erscheinen in teils bizarren Formen, der Baumbestand ist abwechslungsreich, und zudem geht es stetig leicht bergauf – warmlaufen ist angesagt. Nach etwa 700 Metern steht am linken Wegrand ein alter Kamin 4. Kein Gebäude weit und breit, eine Erklärung findet sich auch nicht. Hm, rätseln und grübeln…

Nach der Linkskurve habt ihr die Schotterpiste dann erst einmal hinter euch, denn dann biegt ihr auf einen schönen weichen Waldweg ab. Die ② bleibt auch jetzt noch weiterhin euer Begleiter. Der Weg bringt euch zum Steinhauer-Denkmal 5, welches sich auf der linken Seite befindet. Während der Ort zuvor lediglich ein kaum erkennbarer, zugewucherter Felsbrocken war, wurde das Areal um das Denkmal neu angelegt, und die Bank lädt zu einer kurzen Pause ein. Von hier hat man auch einen schönen Ausblick ins Tal.

Steinhauerdenkmal

Inschrift: „ZUM ANDENKEN DER ALTEN STEINHAUER VON GEFREES 1885."

Bedeutung: Johann Heinrich Gareis aus Gefrees hatte eine Woche lang an dem Granitbrocken gearbeitet. Weil er kurz vor der Fertigstellung ein Stück zu viel abgeschlagen hatte, bekam er keinen Lohn. Vor lauter Wut entsorgte er den „Stein des Anstoßes" im Wald. Als die Wut nachließ, errichtete er aus dem Felsbrocken mit Hilfe von zwei Freunden (Johann Blechschmidt und Johann Schöffel) ein Denkmal. Gareis hat die Inschrift mit Eisen und Faust in den Stein gehauen.

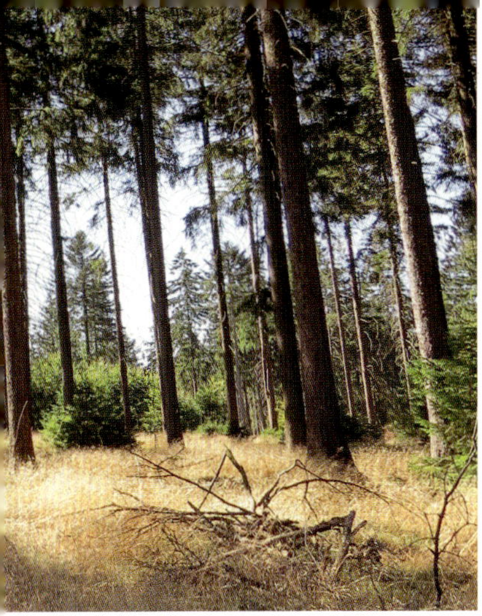

Wald-Blick in der Nähe des Jesusbrunnens

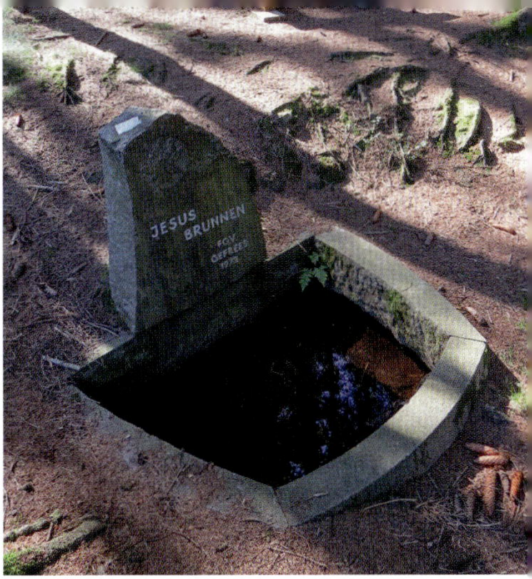

Der Jesusbrunnen

Vom Steinhauer-Denkmal aus geht es nun noch rund 450 Meter weiter auf der ②, welche zu einem schönen Pfad wechselt und stets geradeaus führt. Nach kurzer Zeit befindet ihr euch oberhalb der alten Steinbruchseen ❻. Teilweise führen Pfade / Wege auch direkt zu den alten Steinbrüchen und Gebäuden. Diese sind jedoch in Firmenbesitz und nicht offiziell begehbar, weshalb diese Wanderung auf dem Wanderweg an den Steinbrüchen vorbeiführt.

Steinbruchseen und Lost Place

Ab 1758 wurde auf der Hohen Reuth viele Jahre Granit abgebaut. Danach hatte die Natur jahrzehntelang die Möglichkeit sich zurückzuerobern, was Sprengungen und Abbau damals zerstört hatten. Hinweis: Die alten Steinbrüche befinden sich in Firmenbesitz, und seit 2018 ist eine Wiederaufnahme des Abbaus im Gespräch. Die mit Grundwasser gefüllten Steinbruchseen auf der Hohen Reuth haben sich zu einem schützenswerten Geotop und Biotop entwickelt, weshalb Bürger und Naturschützer sich bis heute (Stand Okt. 2023) erfolgreich gegen einen erneuten Abbau wehren. In naher Zukunft wird hier wohl nicht gesprengt, gearbeitet und abtransportiert, sodass Wanderbegeisterte noch Ruhe und Erholung finden.

Der Pfad wird zu einem Waldweg und teilt sich dann. Rechter Hand ginge es mit der ② weiter, ihr haltet euch jedoch links und seid nun auf einem schönen, unmarkierten Waldweg. Zuerst geht es geradeaus, dann macht der Weg eine Linkskurve und führt etwas bergauf. Geradewegs steuert ihr auf einen Schotterweg zu. Aber keine Angst, denn diesen überquert ihr nur kurz und folgt weiter geradeaus dem Wegweiser in Richtung „Jesusbrunnen 0,2 km, Wetzstein 2,0 km, Hohe Heide 3,5 km & ③".
Auf einem angenehmen Pfad geht es nun zum Jesusbrunnen ❼. Neben der gefassten Quelle gibt es hier auch mehrere Bänke, um die Ruhe etwas zu genießen oder sich seine mitgebrachte Brotzeit schmecken zu lassen. Ausgeruht und frisch gestärkt geht es nun weiter auf dem schönen Pfad, bis ihr dann zu einer Kreuzung mit

Jesusbrunnen

Beim Jesusbrunnen handelt sich um eine schön eingefasste Quelle am Nordwest-Hang des Wetzsteins. Seinen Namen hat der Jesusbrunnen einer Sage zu verdanken, welche auch auf einem Schild vor Ort geschrieben steht.
Ein paar Bänke laden zu einer Rast ein.

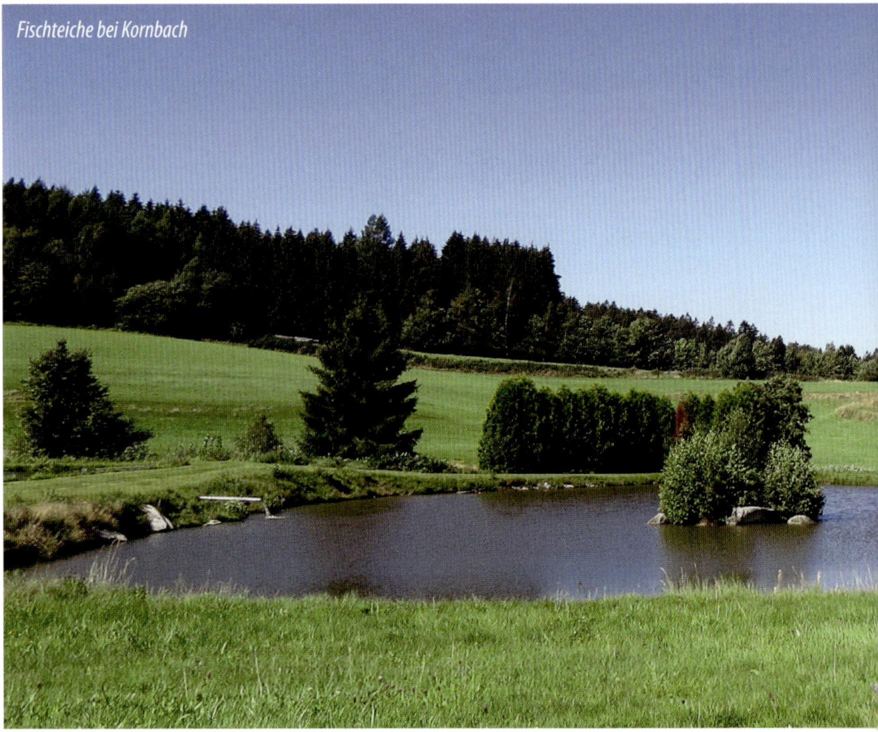

mehreren Schotterwegen kommt. Genau da müsst ihr nun leicht links abbiegen und dem Forstweg ohne Markierung für etwa 900 Meter bis zur nächsten Kreuzung folgen.

Links würde es nun bereits nach Kornbach gehen, aber das ignoriert ihr einfach und lauft geradeaus weiter bis zur nächsten Kreuzung. Jetzt weist euch ein einfacher Wegweiser darauf hin, dass es hier ebenfalls nach Kornbach geht. Die Schotterpiste wird zu einem abwechslungsreichen Weg, und links und rechts befinden sich schattenspendende Buchen. Eine Markierung sucht ihr vergebens, aber so richtig verlaufen könnt ihr euch hier nicht. Ihr wandert einfach immer geradeaus. Als der Wald wieder mehr Nadelbäume zeigt und der Weg nach rechts zweigt, haltet ihr euch auch rechts.

300 Meter später lässt sich schon von Weitem ein weißes Schild erkennen. Rechts geht es zum Pestilenzgarten 8. Schaut ihr genau hin, könnt

Pestilenzgarten

Der Pestilenzgarten bei Kornbach ist ein ehemaliger Friedhof. Genauer gesagt wurden hier einst die Opfer der Pest begraben. Bei genauer Betrachtung erkennt man sogar noch die Friedhofsmauer. Das große Holzkreuz ist hingegen nicht zu übersehen. Im Pestilenzgarten befindet sich außerdem die Druidenschüssel. Sie soll magische Kräfte besitzen und den 1. und 2. Weltkrieg vorausgesagt haben. Bei beiden Kriegen soll die Schüssel (die Vertiefung im Stein) vorher ohne Wasser gewesen sein. In der Schüssel soll sich sonst immer Wasser befinden, auch bei großer Trockenheit, und selbst als alles Wasser abgeschöpft wurde, war die Schüssel am nächsten Tag wieder gefüllt. Obwohl es keinen natürlichen Zu- bzw. Ablauf gibt. Nur vor den beiden großen Kriegen blieb sie trocken…

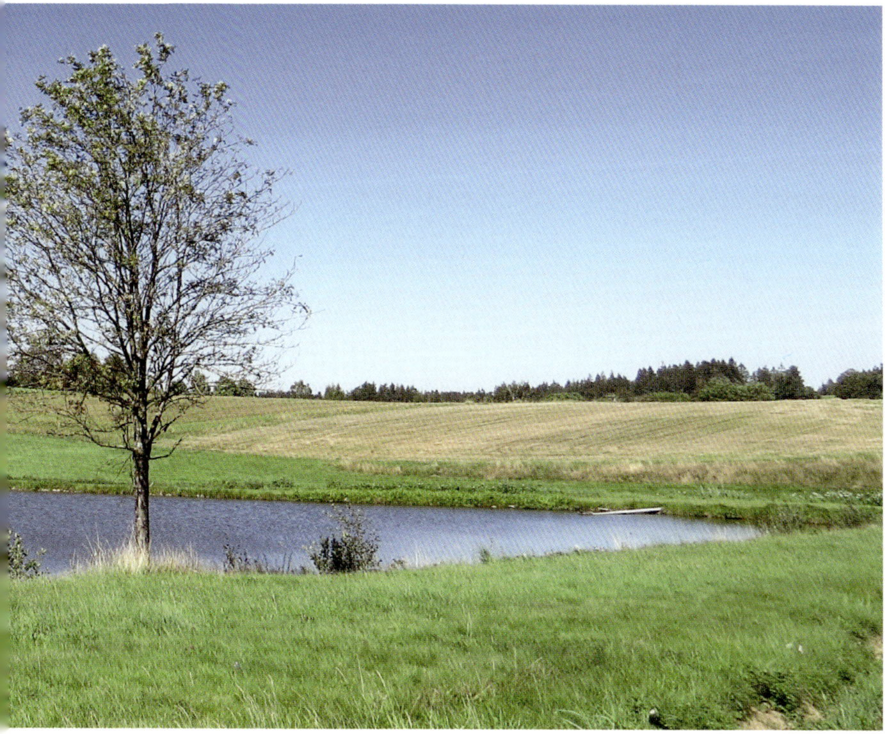

ihr am „Eingang" und rundherum ein paar niedrige Mauerreste erkennen. Und seid ihr zur richtigen Zeit hier, dann sorgt die Sonne für ein richtig mystisches Szenario, wenn das Holzkreuz und die Druidenschüssel mitten im Moosteppich erstrahlen. Ein kleiner Schauder läuft hier wahrscheinlich jedem über den Rücken, wenn man bedenkt, welche Geschichte sich hinter dem Pestilenzgarten und der Druidenschüssel verbirgt.

Wieder zurück auf dem Weg geht es nun mit Blick auf ein paar Fischteiche aus dem Wald heraus. Am Waldrand haltet ihr euch links und wandert nun kurzerhand, der Markierung ◉ folgend, zurück nach Kornbach. Im Ortsinneren erinnern ein Denkmal und eine Glocke an die Kriegsopfer 9, bevor ihr dann auch schon wieder am Ausgangspunkt angelangt seid.

Wer möchte, kann sich nun mit ein paar Extra-Metern mit einer entspannten Einkehr im Gasthof Kornbachtal belohnen. Meine Erlaubnis habt ihr!

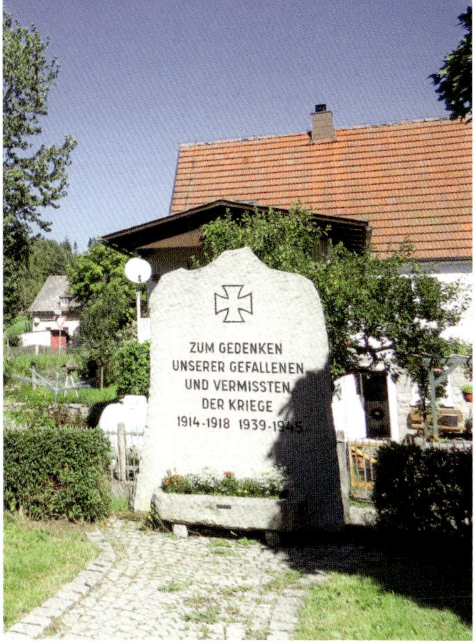

Glocke und Kriegs-Denkmal in Kornbach

Das Unwesen von Mähring

Von Fichtelberg zur Mähring

TOUR 11

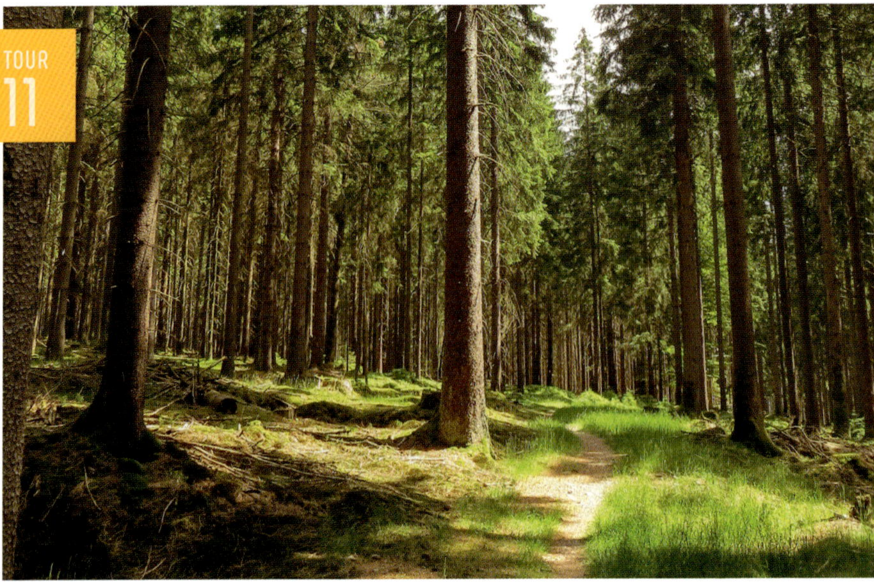

Parkplatz Festplatz Fichtelberg
Navi: Hennenlohweg 1, 95686 Fichtelberg
Koordinaten: 49°59'55.0"N 11°50'47.2"E

Ausgangspunkt – Mähring – Mähringweiher – Neugrün – Thaddäus-Kapelle – Fichtelberg – Ausgangspunkt

Ein bisschen Gruseln gefällig … Geister sollen einst die Einöde Mähring aufgesucht haben. Nach langem Leerstand ist das Häuschen am Waldrand bei Warmensteinach heute wieder bewohnt. Ob die Leute vom „Unwesen von Mähring" wissen?

1 (RW 1, Brunnenweg); ● (blauer Punkt); + (weißes Kreuz); + (weißes Kreuz) & 1 (RW 1, Brunnenweg); 1 (RW 1, Brunnenweg)

Restaurant Mueso
Nagler Weg 10 b, 95686 Fichtelberg
Tel. 09272 9658955
info@museo-restaurant.de

Gasthof-Pension „Zum Loisl"
Neugrün 5, 95694 Mehlmeisel
Tel. 09272 6138
loisl-fichtelgebirge@t-online.de

Eiscafé „Lust auf Eis & mehr"
Poststraße 2 a, 95686 Fichtelberg

Keine besonderen Anforderungen. Wasser gibt es ziemlich zu Beginn in Form eines kleinen Grabens. Später dann am Mähringweiher und dann erst wieder in Fichtelberg, deshalb unbedingt Wasser mitnehmen.

Gästeinformation Fichtelberg
Gablonzer Straße 11, 95686 Fichtelberg
Tel. 09272 97032
www.fichtelberg.de

Foto: Schöner Pfad durch den Wald

leicht | 9,8 km | 160 Hm | 2:30 h

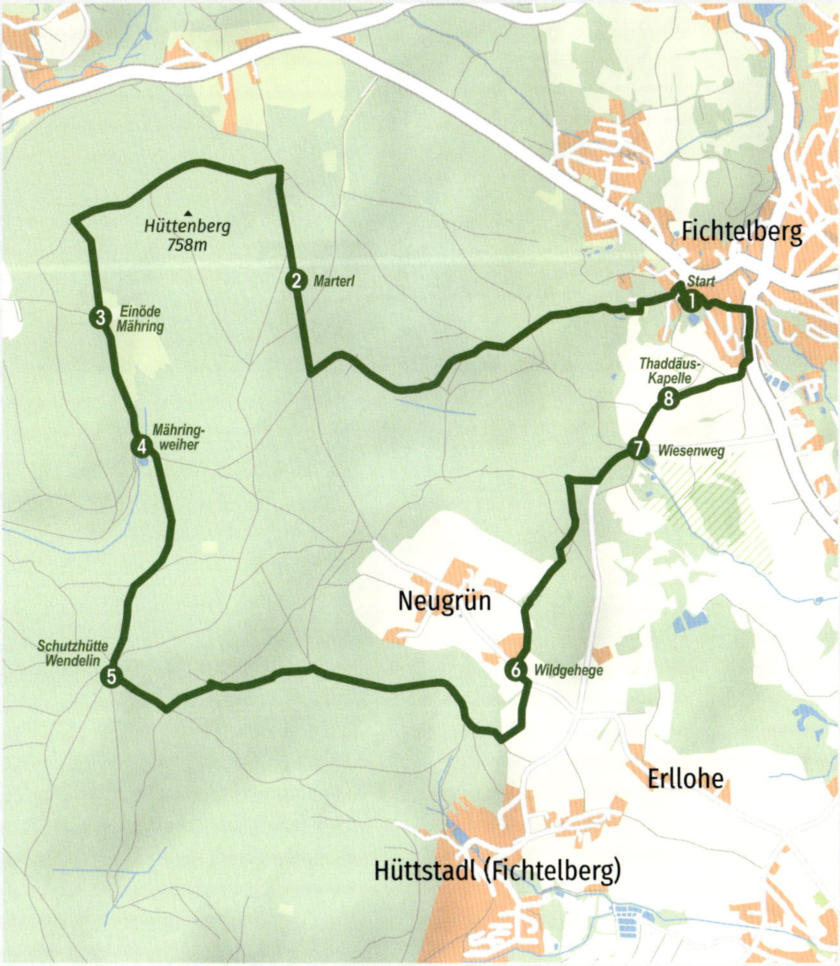

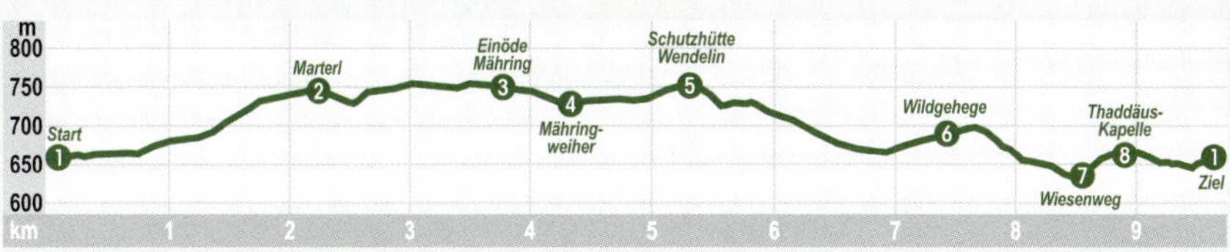

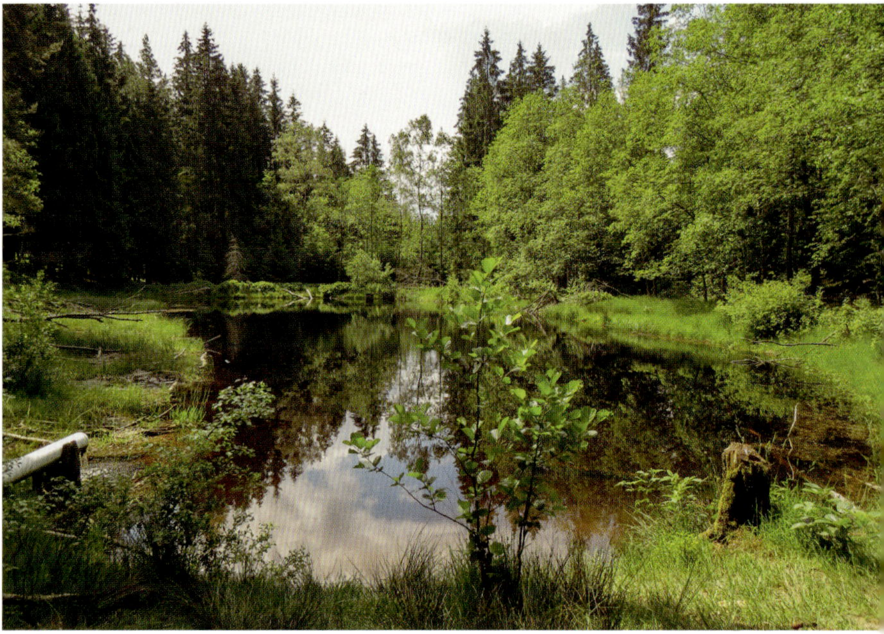

Der Mähringsweiher ist ein toller Platz für eine Brotzeit

Am Parkplatz ① steht eine Tafel. Wenn ihr vor dieser Tafel steht, müsst ihr links auf den Weg und der [1] am E-Werk vorbei folgen. Ein Pfad bringt euch in den Wald, welcher an einem Graben entlang bis zu einem Schotterweg führt. Diesen überquert ihr aber nur kurz, und es geht weiter geradeaus auf dem Pfad – diesmal leicht bergauf.

Die [1] zweigt nach links ab, ihr folgt nun aber weiter dem oberen Pfad mit der Markierung [●], bis ihr auf einen unmarkierten Schotterweg stoßt. Hier müsst ihr euch nun rechts halten und wandert ein Stück auf dem Themenweg „Biene & Wald".

Nach 200 Metern kommt ihr zu einer Kreuzung, wo ihr geradeaus auf einem unmarkierten Waldweg weiterwandert. Mitten im Wald steht ein Marterl ② zum Gedenken an Katharina Popp, welche hier am 26. Juli 1918 verunglückte. Dem Waldweg folgt ihr immer der Nase nach, bis ihr wieder auf einen Schotterweg stoßt. An diesem haltet ihr euch nun links. Es geht weiter ohne Markierung. Erst leicht bergauf, dann wieder leicht bergab. Dann etwas steiler bergauf, der Schotterweg teilt sich, wobei ihr geradeaus weitergeht, bis es dann flacher wird. Etwas unscheinbar führt ein breiterer, unmarkierter Pfad in den Wald hinein, und nach 400 Metern steht ihr vor dem Haus der Einöde Mähring ③. So schön es hier aussehen mag – wer jetzt an die Sage denkt, dem läuft es vielleicht kalt den Rücken hinunter. Bei mir war das zumindest so.

Nach dem Schaudermoment geht es geradewegs an Mähring vorbei und weiter auf einem Pfad sachte bergab am Waldrand entlang. Der Pfad wird zu einem etwas breiteren Weg, und an der kommenden Gabelung biegt ihr nach links ab. 20 Meter später könnt ihr nach rechts zum Mähringweiher ④ abbiegen und dort bei der Sitzgruppe eine kurze Pause einlegen. Vielleicht habt ihr ja Glück und könnt die Biber beobachten, welche hier zu Hause sind. Nagespuren sowie eine Biberburg gibt es ohnehin zu betrachten. Anschließend geht es dann noch für knapp 100 Meter weiter auf dem Schotterweg [●].

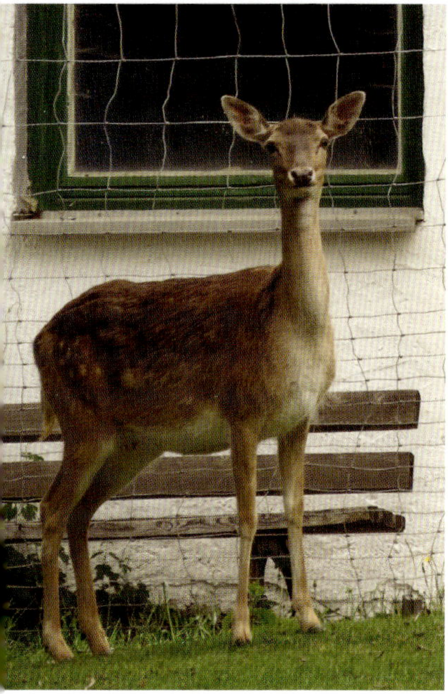

Rotwild im Wildgehege Neugrün

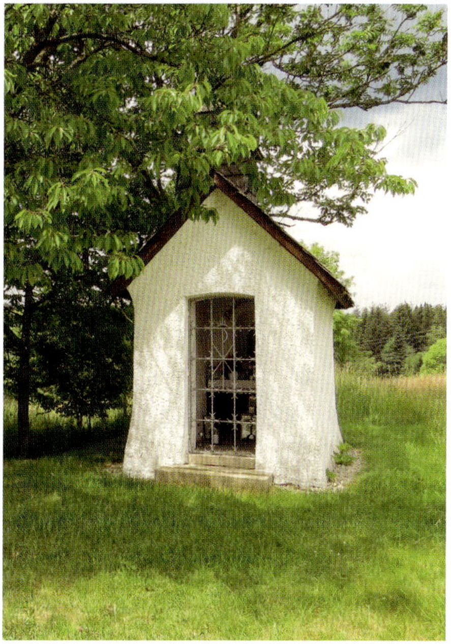

Die Thaddäus-Kapelle kurz vor Fichtelberg

Nach den 100 Metern verlasst ihr die Schotterpiste und folgt dem unmarkierten Weg nach rechts in den Wald hinein. Erst rechts halten, dann links halten und dann immer geradeaus – schon steht ihr vor einer kleinen Schutzhütte 5, welche eher einem Pavillon gleicht – dem Wendelin.
Wenn ihr nun vor der Hütte Wendelin steht, müsst ihr die zweite Abzweigung nach links nehmen, und es geht den Berg auf einem unmarkierten Schotterweg hinab. Etwa 250 Meter später stoßt ihr auf folgende Markierungen ✚ & 1.
Hier macht ihr einen Schlenkerer nach links und wandert auf einem schönen Pfad, den ihr aber nach ca. 230 Metern links liegen lasst und mitten im Wald nach rechts abbiegt.
Es geht weiter auf einem unmarkierten, etwas breiteren Waldweg, hinunter bis zu einem Schotterweg. Genau da müsst ihr dann wieder rechts abbiegen, nur um nach knapp einem Kilometer zweimal links zu gehen, die 1 zu sehen (dieser bitte folgen) und dann, nach der Überquerung einer Wiese, vor einer Straße zu stehen.

An dieser Straße müsst ihr links, und noch bevor es in den Ort Neugrün geht, führt der Wanderweg 1 vor dem Wildgehege 6 nach rechts. Wer will, kann hier auch beim „Zum Loisl“ einkehren. Es geht weiter auf der 1, welche zu einem Mix aus Waldweg und Pfad wird, und dann schlussendlich, als es rechts geht, wird die 1 ein Forstweg und bringt euch zu einer Straße. Dieser geht ihr nach links nach, bis euch nach 200 Metern die Markierung 1 erneut nach links auf einen Wiesenweg bringt (gegenüber ist ein Weiher 7 am Straßenrand). Es geht leicht bergauf, und am linken Rand steht die kleine Thaddäus-Kapelle 8.
Hier könnt ihr sicher noch einen Moment rasten, bevor euch die 1 auf dem Feldweg vor an die Straße nach Fichtelberg bringt. Hier biegt ihr nun nach links in den Ort ab. Die Poststraße verlasst ihr anschließend und biegt links auf die Straße Gottesgab ab. Am Haus mit der Nr. 12 geht es rechts und anschließend wieder links, dann steht ihr auch schon wieder am anfänglichen Startpunkt.

Die Sage „Das Unwesen von Mähring"

Viele Jahre galt Mähring als ein Ort, der von Geistern heimgesucht wurde. Sowohl das Haus wie auch die Bewohner wurden gemieden. Alle Fremden, die im Haus übernachteten, sollen von einem Unwesen verschleppt und gar getötet worden sein.

Wieder einmal kamen an einem kalten und regnerischen Novemberabend zwei Handwerksburschen auf ihrer Wanderschaft nach Mähring. Es war schon spät, und sie klopften an die Tür und baten den Mähringbauern um ein Nachtquartier. Der gewährte ihnen ihre Bitte, machte sie aber aufmerksam: „Iich sogs enk gleii, im Hauhs gaiiht a Unwesn immananna. Manchmohl vaschleppt`s d`Leit, as anna Mohl bringt´s as imm." (Und für alle, die das nicht verstehen – „Ich sage es euch gleich, im Haus geht ein Unwesen umher. Manchmal verschleppt es die Leute, das andere Mal bringt es sie um.")

Die beiden jungen Burschen jedoch lachten nur darüber und blieben.

Nachdem sie ihr Abendbrot verzehrt hatten, die Bäuerin trug ihnen dazu noch eine Schüssel Milch auf, gingen die Hausleute schlafen. Auch die Handwerksburschen richteten sich ihr Nachtlager. Dazu holten sie sich aus ihrem Marschgepäck einen Sack, schnitten ihn unten auf und legten ihn auf die Ofenbank. Ihren Packen rückten sie sich als Kopfkissen zurecht. Nun schlüpften sie von beiden Seiten mit den Beinen in den Sack und waren bald eingeschlafen.

Plötzlich, mitten in der Nacht, wurde einer der Burschen wach. Eine Beklemmung überkam ihn, und es wurde ihm richtig gruselig zumute. Er weckte seinen Kameraden und erzählte ihm davon.

Auf einmal ging die Stubentüre auf, und ein kleines, graues Wesen kam herein. Dieses schlich sich zur Ofenbank und betastete die beiden Handwerksburschen immer wieder von Kopf bis Fuß. Dabei murmelte es ständig vor sich hin: „Ei, ei! Ist das ein schöner ‚Bembidibem', zwei Köpfe und kein Fuß. Jetzt sehe ich Mähring schon dreimal zu Feld und dreimal zu Wald und hab noch keinen solchen schönen ‚Bembidibem' gesehn. Da muß ich gleich mein Urahnerle holen, damit es mir abnagen hilft."

Mit diesen Worten huschte das kleine Männchen zur Türe hinaus und verschwand.

Die zwei Handwerksburschen hatten ihren Schrecken bald überwunden und wurden neugierig. Sie schlüpften aus ihrem Sack und versteckten sich hinter dem großen Kachelofen.

Ihre Neugierde wurde auf keine lange Probe gestellt. Es ging nämlich bald die Türe auf, und das Unwesen kam mit einem uralten Männchen mit langem, grauem Bart zurück.

Wieder und wieder betasteten sie die Ofenbank. Das alte Männchen fragte ein ums andere Mal, zuerst neugierig, dann immer zorniger: „Wo lag´s?" „Da lag´s", war immer die Antwort. „Es liegt aber nicht mehr dort", stellte der bärtige Alte fest.

Da fingen sie an zu raufen. Polternd fielen die Stühle im Zimmer um. Die Handwerksburschen hörten noch die Türe ins Schloss fallen, dann war Ruhe im Haus.

Als sie am anderen Morgen die ungastliche Stätte verließen, sahen sie mit Schaudern überall Blutspritzer an den Wänden.

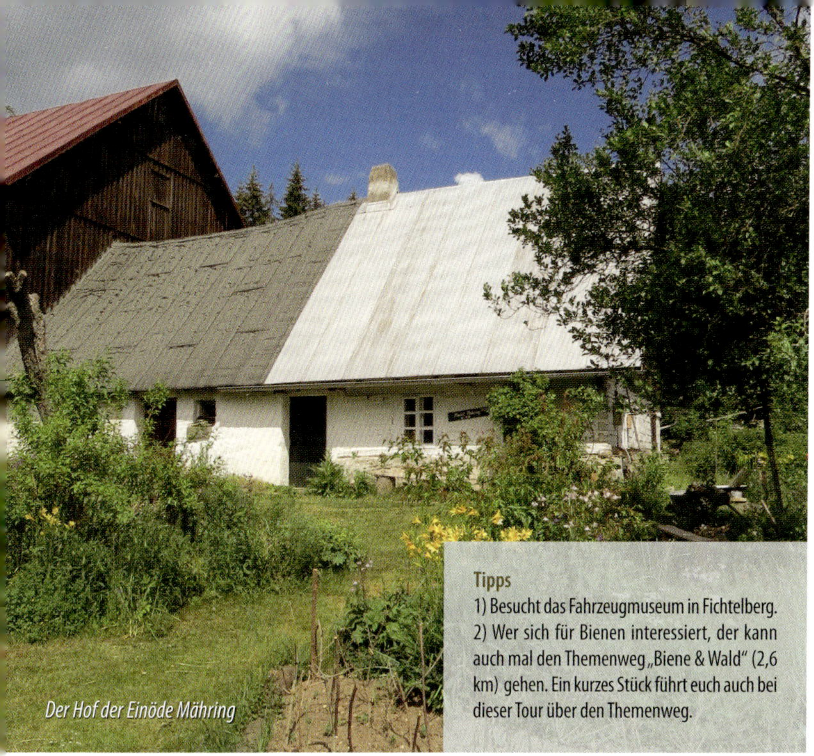

Der Hof der Einöde Mähring

Tipps

1) Besucht das Fahrzeugmuseum in Fichtelberg.
2) Wer sich für Bienen interessiert, der kann auch mal den Themenweg „Biene & Wald" (2,6 km) gehen. Ein kurzes Stück führt euch auch bei dieser Tour über den Themenweg.

1, 2, 3 – Ochs am Berg

Willkommen auf dem Ochsenkopf

TOUR 12

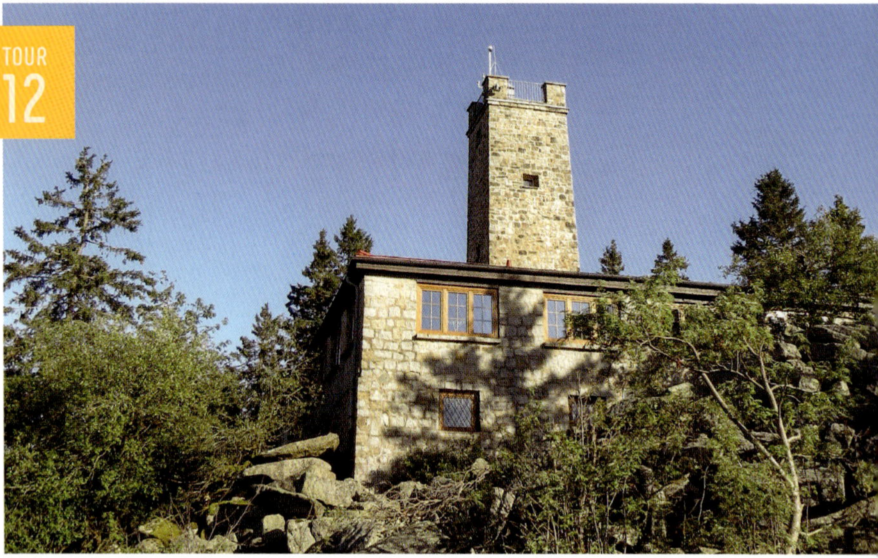

Start/Ziel: Parkplatz am Meilerplatz
Navi: Heinz-Brunner-Weg 3,
95686 Fichtelberg / Neubau
ca. 50 Meter weiter (kostenpflichtig)
alternativ: Bleaml Alm (kostenpflichtig)
Koordinaten: 50°00'35.1"N 11°50'24.9"E

Ausgangspunkt – Bleaml Alm – Kalter Brunnen – Goethefelsen – Ochsenkopf / Asenturm – Ochsenkopf Wahrzeichen – Proterobas-Steinbrüche – Bocksgrabenweg – Schaubergwerk Gleißinger Fels – Ausgangspunkt

Der Ochsenkopf ist sicher einer der bekanntesten und beliebtesten Gipfel im Fichtelgebirge. Ich empfehle bei dieser Tour ein GPS-Gerät.

(2) (RW 2); ● (blauer Punkt); (Brunnen- und Quellenweg); (Fränkischer Gebirgsweg) & (Weißmain-Ochsenkopf-Steig); ● (blauer Punkt); (Glaswanderweg) & (Bocksgrabenweg)

Bleaml Alm
Heinz-Brunner-Weg 1,
95686 Fichtelberg / Neubau
Tel: 09272 9655460
hajo.kuefner@gmx.net
www.bleaml-alm.de

Asenturm (Anfahrt mit PKW nicht möglich)
auf dem Gipfel des Ochsenkopfes auf 1024 m
Tel. 09276 252
info@asenturm.de
www.asenturm.de

Wasser mitnehmen. Kreuzottergebiet. Keine Mitnahme von Hunden ins Bergwerk.

Gästeinformation Fichtelberg
Gablonzer Straße 11, 95686 Fichtelberg
Tel. 09272 97032
www.fichtelberg.de

Foto: Der Asenturm. Aussichtsturm und Restaurant

mittel 10,4 km 287 Hm 3:00 h

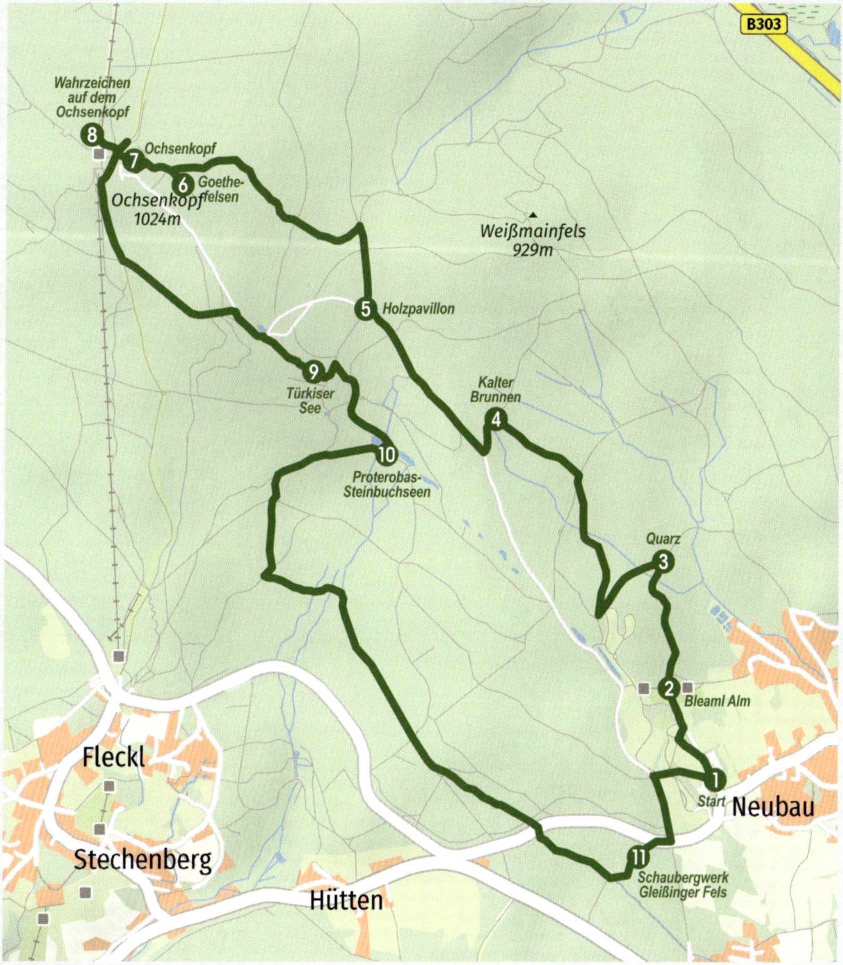

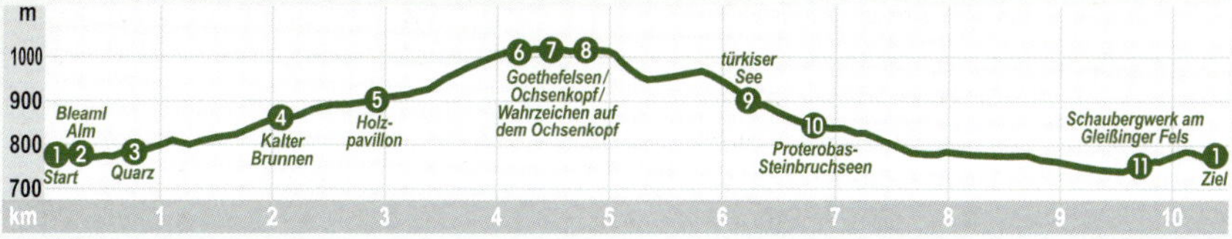

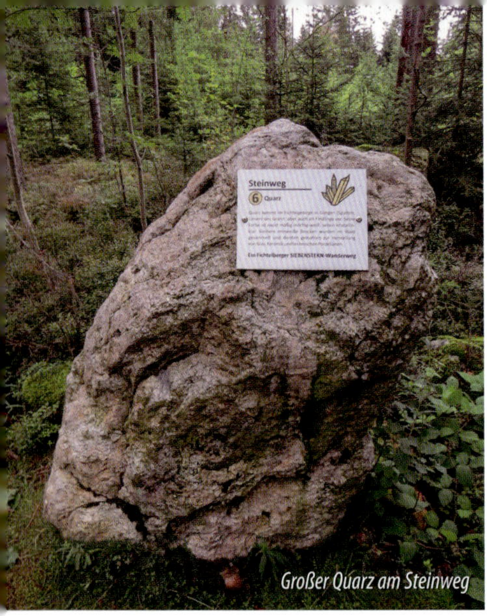

Großer Quarz am Steinweg

Egal ob ihr vorn am Meilerplatz ① oder unterhalb der Rollerbahn geparkt habt, zuerst müsst ihr zur Bleaml Alm ②. Dafür folgt ihr einfach dem asphaltierten Weg von der Straße weg. Ab der Bleaml Alm geht es mit der Markierung ② auf einen Waldweg, welcher dann eher zu einem Pfad wird. Am Quarz ③, das ist ein großer Stein am Wegrand mit einem Schild des Steinwegs, endet der Pfad auf einer Forststraße, und hier biegt ihr links auf den unmarkierten Forstweg ab.

Nach ca. 350 Metern führt nach rechts ein unscheinbarer Waldweg ab. Ja, genau. Das ist eure Richtung, die ihr einschlagen müsst. Bei der Gabelung im Wald haltet ihr euch links und nach kurzer Zeit stoßt ihr auf einen Schotterweg. Hier müsst ihr rechts und gleich wieder links, sodass ihr auf der Verbindungsloipe Neubau unterwegs seid. Die Verbindungsloipe führt bei der nächsten Forststraße rechts weiter, aber ihr biegt links ab. Ein blauer Punkt ● ist jetzt erstmal euer nächster Wegbegleiter und bringt euch zum Kalten Brunnen ④. Eine Quelle am Wegrand, eine Bank lädt zudem zu einer kurzen Rast ein. Anschließend wandert ihr noch ein Stück auf der Forststraße weiter und biegt dann bei nächster Möglichkeit rechts Richtung „Ochsenkopf 2,0 km" ab. Die nächsten 700 Meter bieten nicht allzu viel Abwechslung, was den Untergrund betrifft. Ihr habt allerdings die Möglichkeit, einen kurzen Abstecher zur Quelle der Warmen Steinach zu machen. Da müsst ihr dann jedoch wieder zurück auf den Weg, und auch wenn sie ganz nett ist, so verpasst ihr auch nichts, wenn ihr einfach dran vorbeigeht.

Der blaue Punkt führt nach der Steinachquelle nach links weg. Ihr bleibt jedoch auf dem Forstweg und orientiert euch nun noch bis zur nächsten Kreuzung, bei welcher auch ein Holzpavillon ⑤ vorzufinden ist, am Brunnen- und Quellenweg.

An besagter Kreuzung mit besagtem Pavillon haltet ihr euch rechts. Jetzt geht es Richtung „Bischofsgrün 4,2 km". Bei der nächsten gut erkennbaren Kreuzung müsst ihr geradeaus weiter, und dann ist der Weg nahe, der euch von der Schotterpiste erlöst. Nach ca. 100 Metern biegt ihr links auf einen Weg mit dem Wegweiser „Ochsenkopf 1,1 km" ab. Stets die Markierungen & im Blick, geht es nun auf einem verblockten Pfad mit großen Schritten am Goethefelsen ⑥ vorbei, natürlich könnt ihr auch die 100 Meter zum Goethefelsen gehen, aber passt auf

Goethefelsen

Im Jahr 1785 besuchte Johann Wolfgang von Goethe den Ochsenkopf und fertigte anschließend ein Gemälde des Ochsenkopfgebiets an. Auf dem Gemälde war auch der Goethefelsen zu erkennen. Erst im Jahr 1986 erkannte Anton Böhm den Felsen wieder – nur wenige Hundert Meter vom Asenturm entfernt.

Rund um den Goethefelsen erstreckt sich ein Kreuzottergebiet. Bitte achtet auf den Weg – nicht nur zum Wohle der Tiere.

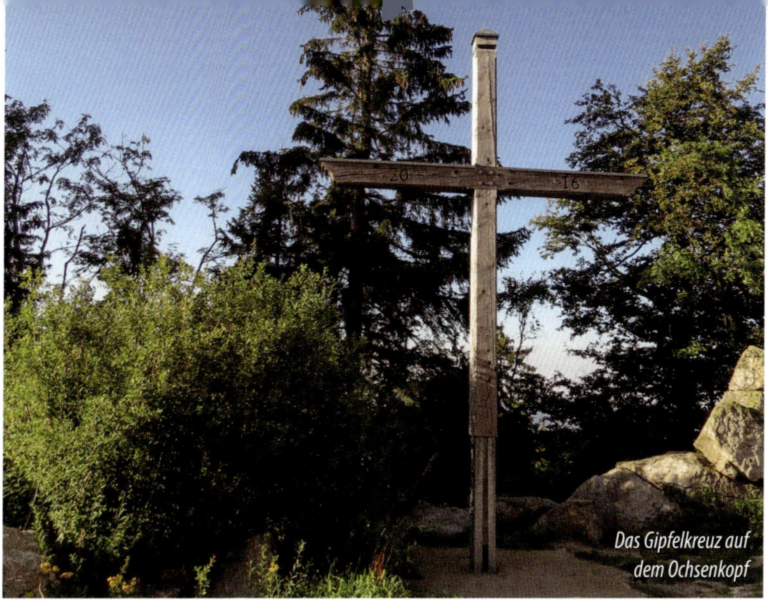

Das Gipfelkreuz auf dem Ochsenkopf

die Kreuzottern auf, und dann weiter hinauf zum Gipfel des Ochsenkopfes 7.

Der Gipfelbereich bietet für jeden was. Wer ausgehungert und durstig ist, kann sich im Restaurant Asenturm stärken. Der gleichnamige Aussichtsturm kann bestiegen werden und zeigt eine traumhafte Fernsicht. Gipfelkreuz-Jäger können sich mit dem Gipfelkreuz am Ochsenkopf ablichten, und dann ist da ja noch das Wahrzeichen 8 auf dem Ochsenkopf. Der kurze Umweg dorthin lohnt sich, bevor es dann wieder über die Südabfahrt abwärts geht. Während ihr die Skipiste bis zur nächsten Forststraße hinuntergeht, solltet ihr am besten auf der linken Seite gehen, denn ab und an brettern Mountainbiker den Berg hinab, und beim kommenden Forstweg müsst ihr dann sowieso links.

Dem Schotterweg folgt ihr nun, bis dieser auf einer weiteren Forststraße endet. Hier geht ihr rechts, und in der nächsten Kurve führt fast geradeaus ein Pfad in den Wald hinein. Es geht ziemlich bergab, und aufgrund der vielen Wurzeln kann es hier bei Nässe richtig rutschig sein, also Vorsicht bitte. Am Rand des Pfads ist ein kleiner, also wirklich kleiner See 9 mit türkisfarbenem Wasser. Seid ihr soweit problemlos den Berg

Ochsenkopf

Der Ochsenkopf hat eine Höhe von 1024 Metern. Damit ist er der zweithöchste Berg im Fichtelgebirge. Auf dem Gipfel gibt es mehr zu entdecken. Da ist z. B. der Asenturm, ein Aussichtsturm, welcher gegen eine Spende bestiegen werden kann, und es besteht die Möglichkeit, in der gleichnamigen Gaststätte einzukehren. Der knapp 200 m hohe Fernsehturm ist weit sichtbar, jedoch nicht zugänglich. Das Gipfelkreuz unweit des Asenturms ist auch ein gern angesteuertes Ziel, und auf dem Weg zum Wahrzeichen kommt ihr da eh fast dran vorbei. Das Wahrzeichen vom Ochsenkopf zeigt die Form eines Stierkopfes, welche in Granit gemeißelt wurde. Der Felsen mit dem Wahrzeichen befindet sich etwas abseits auf einem Haufen aus Granit auf dem Weg zum Schneeloch. Im Zweiten Weltkrieg hatte der Ochsenkopf auch militärisch einen Nutzen. Der Gipfel des Ochsenkopfes ist auch über mehrere Seilbahnen erreichbar, aber zu Fuß ist es am schönsten.

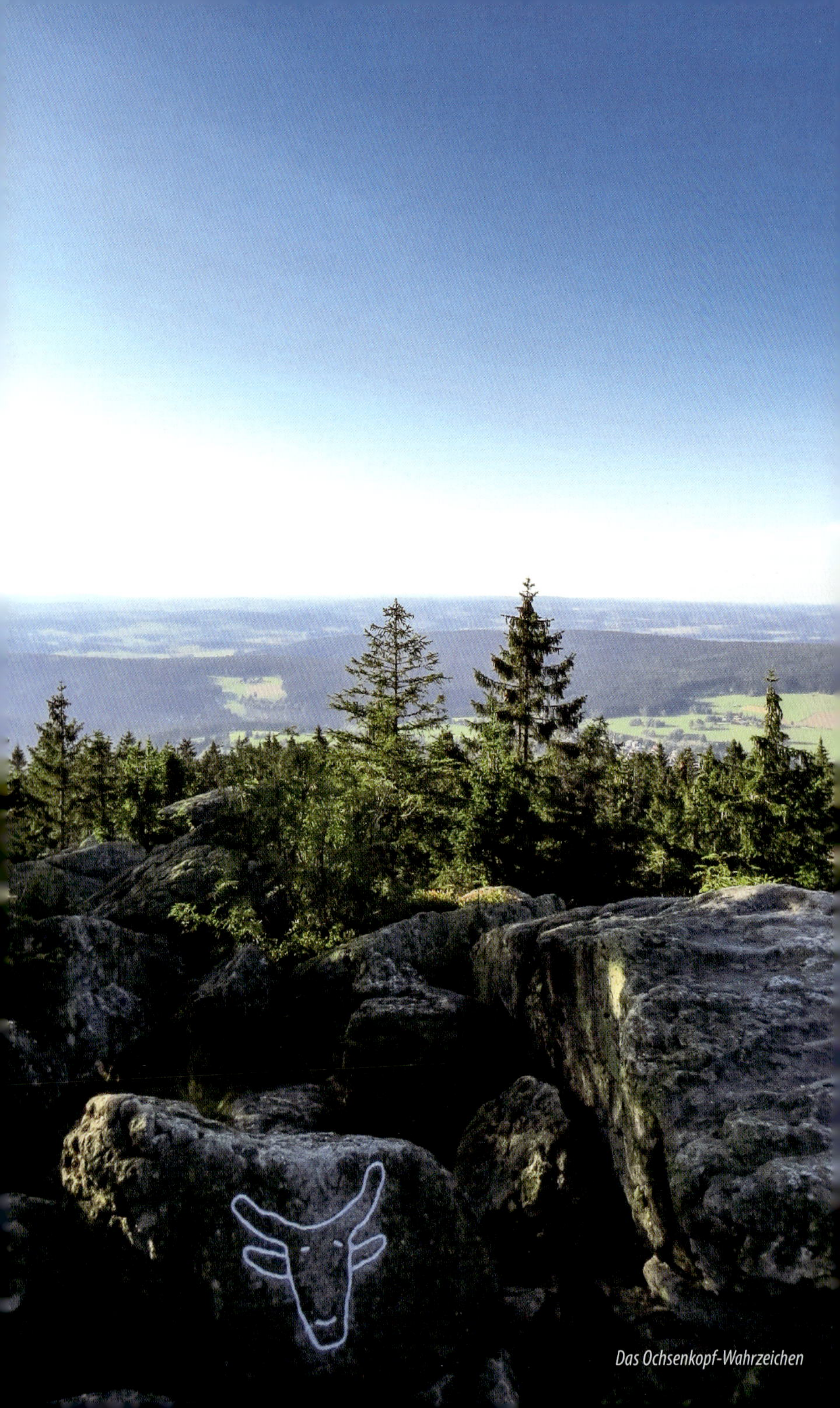
Das Ochsenkopf-Wahrzeichen

hinab gekommen, so endet der Pfad auf einem Forstweg. Bitte einmal links und sogleich wieder rechts, und schon seid ihr wieder auf einem Pfad. Nach kurzer Zeit haltet ihr euch leicht rechts. Die Markierung [●] ist für wenige Meter euer Begleiter, bis ihr diese bei nächster Gelegenheit von dannen ziehen lasst und stattdessen dem „Winterwanderweg Ochsenkopf – Fleckl" folgt. Etwa 5 Minuten später und ein paar Meter weiter unten steht ihr zwischen zwei Seen. Es handelt sich um die alten Proterobas-Steinbruchseen 10. Am linken See findet ihr noch historische Gerätschaften des Bergbaus, außerdem gibt es etwas weiter hinten eine kleine Sitzbank. Der rechte See hat je nach Sonneneinstrahlung eine interessante, grünlich-türkise Färbung. An diesem See führt auch euer Weg weiter. Hierfür geht ihr einfach dem „Winterwanderweg Richtung Fleckl 1,5 km" nach. Ab und zu seht ihr auch wieder die Markierung [●]. Auch wenn es verführerisch aussieht und ihr wahrscheinlich am liebsten geradeaus dem Pfad weiter folgen möchtet, ihr müsst links der „Nordic Walking Strecke Warmensteinach Ochsenkopf – Westrunde" und dem Waldweg nach.

Jetzt geht es geradewegs bergab. Die erste kreuzende Forststraße überquert ihr einfach und wandert weiter auf dem Waldweg bzw. Pfad bis

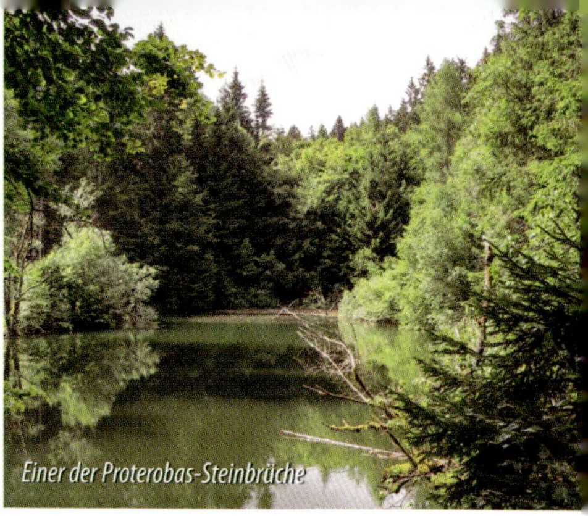

Einer der Proterobas-Steinbrüche

zur nächsten Schotterpiste. An dieser haltet ihr euch kurz rechts, biegt dann aber nach 50 Metern wieder links ab. Jetzt geht es mit den Markierungen [⚒] & [+] auf dem Bocksgrabensteig Richtung Fichtelberg. Wer will, kann hier auch etwas die Füße kühlen oder einfach ein bisschen das Geplätscher des Bocksgrabens auf sich wirken lassen. Nach insgesamt 1,9 Kilometern auf dem Bocksgrabenweg verlasst ihr diesen nach links und gelangt so zum Schaubergwerk Gleißinger Fels 11. Das ist aber erst, nachdem ihr die Straße überquert habt. Wenn ihr Glück habt und ohne Vierbeiner unterwegs seid, könnt ihr euch einer Führung ins Innere des Stollens anschließen oder auch die Ausstellung besuchen.

Ab jetzt ist es nicht mehr weit. Ihr überquert erneut die Straße und wandert ab jetzt einfach immer Richtung „Meilerplatz". So gelangt ihr direkt zum Ausgangspunkt zurück.

Proterobas-Steinbrüche

Das Hartgestein „grüner Ochsenkopf-Proterobas" wurde einst in den Proterobas-Steinbrüchen zwischen dem Gipfel und dem Ort Neubau abgebaut. Proterobas, auch Grünstein genannt, wurde u. a. im Bauwesen als Wandplatten und im Dritten Reich für Steinbildhauerarbeiten verwendet. Seit dem 15. Jahrhundert wurde er in sogenannten Glashütten geschmolzen und zu Glasknöpfen, Glasperlen und Hohlgläsern verarbeitet.

Tipp

Besucht das Schaubergwerk Gleißinger Fels. Zum Ende der Tour erwartet euch das Besucherbergwerk Gleißinger Fels. Hier habt ihr die Möglichkeit, bei einer Führung in die Unterwelt einzutauchen. Infos sowie Führungs- und Öffnungszeiten unter:
Gleißinger Fels 1, 95686 Fichtelberg
Tel. 09272 848
info@besucherbergwerk-fichtelberg.de
www.besucherbergwerk-fichtelberg.de

Expedition ins Moor

Wollgras und Sonnentau am Fichtelsee

TOUR 13

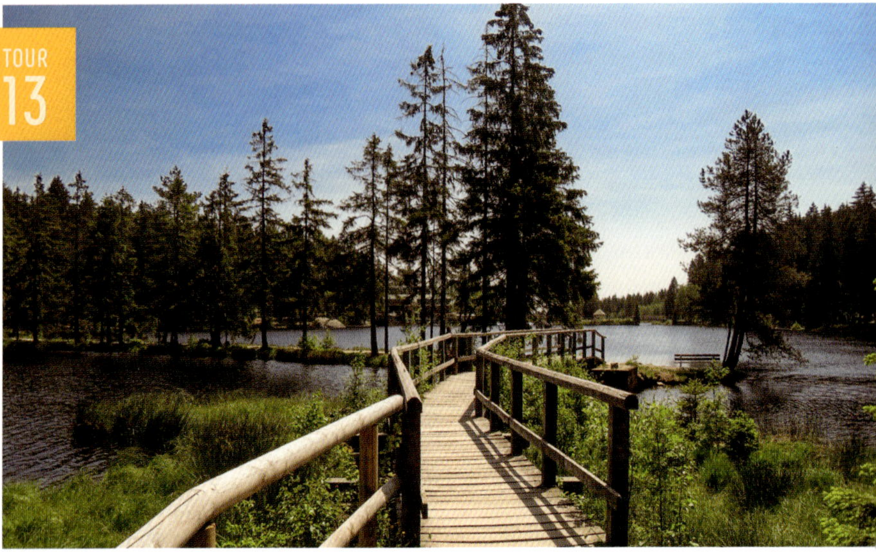

Start/Ziel

Parkplatz Fichtelberg an der St2981,
95686 Fichtelberg
Koordinaten: 50°00'28.6"N 11°51'40.0"E

Ausgangspunkt – Hasenberg (Lug ins Land & Sachsen-Ruh) – Fichtelsee – Ausgangspunkt

Auch wenn sich an den Wochenenden und an schönen Tagen die Leute teils „stapeln" – ruhige Ecken findet ihr in den Wäldern rund ums Naturwaldreservat Fichtelseemoor trotzdem. Mit etwas Glück könnt ihr am Seeufer Wollgras oder Sonnentau bestaunen, aber auch Eidechsen und Kreuzottern lieben diesen Ort. Packt Badekleidung ein und nehmt ein Bad im schönen Fichtelsee. Baden im Moorwasser soll ja gesund sein.

(blauer Querstrich) & 1 (RW 1); 2 (RW 2) & (Fichtelseesteig); 2 (RW 2); 2 (RW 2) & (Fichtelseesteig); (blauer Punkt); Q (Quellenweg) & (Jean-Paul-Weg); 1 (RW 1) oder (blauer Querstrich); 1 (RW 1) & (blauer Querstrich)

Waldhotel am Fichtelsee
Am Fichtelsee 1, 95686 Fichtelberg
Tel. 09272 964000
info@am-fichtelsee.de
www.hotel-am-fichtelsee.de

Keine besonderen Anforderungen; Gittertreppen auf den Felsen Lug ins Land; Bademöglichkeit für den Vierbeiner am Fichtelsee (bitte keine Hunde am Sandstrand), genug Trinkwasser mitnehmen; bitte mit den Hunden nicht über den Barfußpfad laufen, sondern den Alternativ-Weg wählen; Naturschutzgebiet Fichtelseemoor – Leinenpflicht beachten.

Gästeinformation Fichtelberg
Gablonzer Straße 11, 95686 Fichtelberg
Tel. 09272 97032
www.fichtelberg.de

Foto: Die Brücke am Fichtelsee

leicht | 8,1 km | 105 Hm | 2:15 h

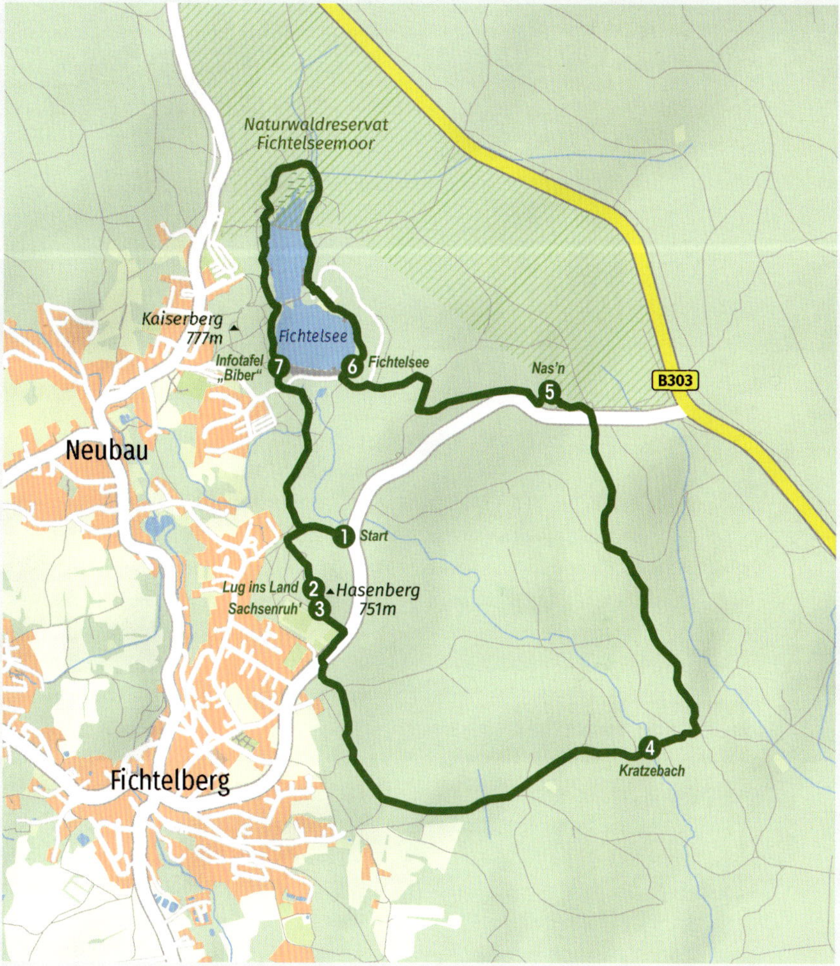

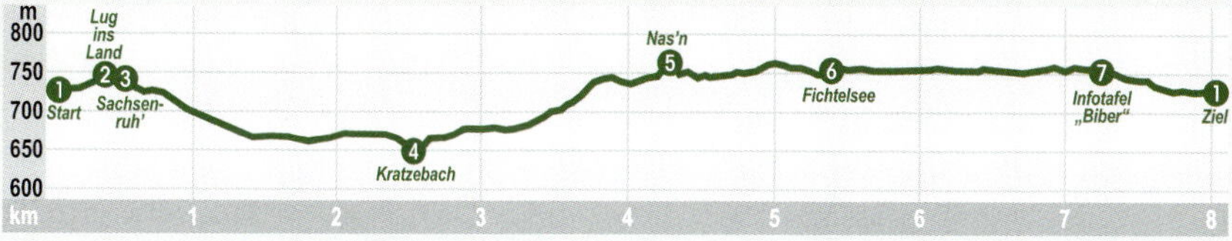

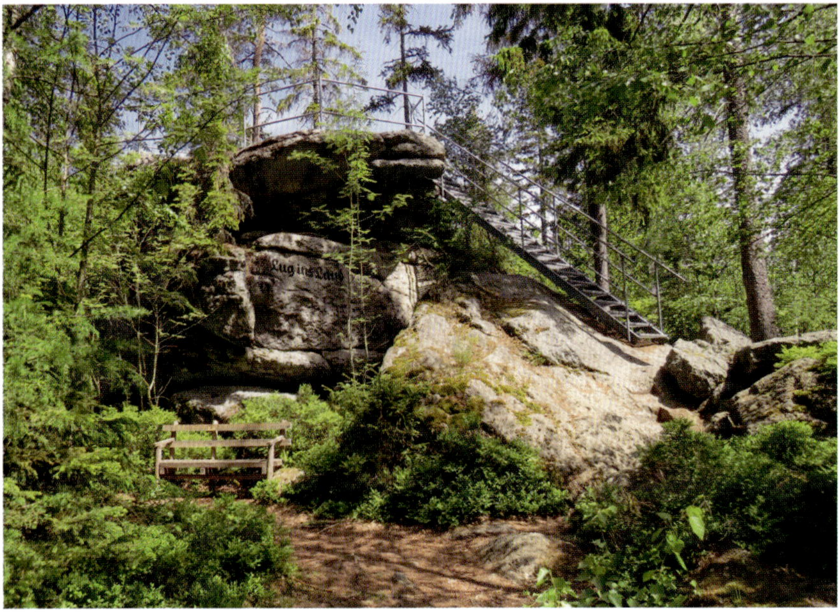

Naja, viel Lug ins Land hat man hier nicht, aber der Ort ist trotzdem schön

Zu Beginn 1 flüchtet ihr auf dem Schotterweg vor der Straße und biegt nach etwa 150 Metern auf einen Pfad mit den Markierungen [/] & [1] nach links ab. Bei nächster Gelegenheit geht es dann wieder links über den Weg [2] & [▼] weiter in den Wald hinein, und nach kurzer Zeit steht ihr vor dem Felsen „Lug ins Land" 2. Naja, so richtig viel erkennt man von dort oben nicht, aber ein schönes Plätzchen ist es allemal. Auch der darauffolgene Steinbrocken mit der Bezeichnung „Sachsen-Ruh" 3 bietet außer einer Bank nicht viel Spannendes. Schön anzusehen sind die beiden Felsen dennoch, und der Weg dorthin ist auch schön.

Beim Rastplatz nach dem Felsen „Sachsen-Ruh" folgt ihr dem Pfad nach links Richtung Fichtelberg, überquert die Straße und wandert jetzt leicht bergab weiter auf einem Pfad mit der Markierung [2]. Den darauffolgenden Schotterweg müsst ihr auch nur kurz überqueren, denn es geht noch weiter auf dem Waldweg, bis ihr den nächsten Forstweg erreicht. Nun geht's nach links, die beiden Markierungen [2] & [▼] sind noch eure Begleiter, bis diese in einer unscheinbaren Linkskurve geradeaus auf einen Pfad führen. Hier müsst ihr euch nun aber links halten und leider noch 500 Meter auf dem Kiesweg latschen.

Nach besagten 500 Metern geht es links Richtung Silberhaus [●] auf einen schöneren Waldweg. Der Markierung [●] lauft ihr einfach nach. Ihr erreicht dann den Kratzebach 4, welchen ihr dank einer Betonbrücke leicht überqueren könnt, bevor es dann etwas bergauf geht. Ihr erreicht erneut einen Schotterweg, welchem ihr ganz kurz nach rechts folgt und dann aber sofort wieder nach links auf den schöneren Waldweg mit den Markierungen [Q] & [●] abbiegt. Der Weg führt euch nun durch einen offenen, sehr schönen Wald. Auch den nächsten Kiesweg beschreitet ihr nur wenige Meter, bis es erneut auf einen Pfad in Richtung Fichtelsee geht. Die Straße überquert ihr mit Vorsicht und haltet euch danach links. Die [1] sowie [/] begleiten euch jetzt. Während die Markierung [/] euch zur „Nas´n" 5 – einer Felsgruppe mit einer schönen Bank – hoch bringt, verläuft die [1] auf dem Pfad unterhalb vorbei. Beide Wege führen jedoch nach kurzer Zeit wieder zusammen, sodass ihr die Qual der Wahl habt.

Der teils schmale Pfad bringt euch fast direkt zum Fichtelsee. Ihr müsst nur bei der nächsten Gabelung ein kurzes Stück auf dem Schotterweg zurücklegen, dann links auf den Steinzeitweg abbiegen, um kurz danach wieder links auf einen Pfad zu gelangen. Bei der Teerstraße geht es ein weiteres Mal nach links, und am Waldrand bringt euch rechts ein Pfad „hinauf" zum Fichtelsee 6. Diesen umrundet ihr nun fast einmal komplett gegen den Uhrzeigersinn. Wer meinem Tipp Folge geleistet und seine Badekleidung eingepackt hat, der kann sich natürlich auch ein Bad im See gönnen – auch Hunde dürfen hier an einigen Stellen baden gehen. Oder vielleicht steht eher ein kühles Getränk, ein Eis oder etwas zu essen auf dem Plan? Dann lädt eine Einkehr im Hotel am Fichtelsee ein. Egal wofür ich euch entscheidet, der Weg führt euch am Seeufer weiter.

Wer keine Lust hat, den kompletten See zu umrunden, der kann eine der beiden Brücken nutzen. Allerdings verpasst ihr dann den schönen Bohlenweg am hinteren Teil des Sees, und auch das Wollgras ist hier am meisten vertreten.

Auch auf der anderen Seeseite geht es am Ufer entlang, und zwar bis zu der Tafel mit den Biber-Infos 7. Hier geht es dann nach rechts. Nach bzw. bei der Schranke verläuft die Route nun auf dem Barfußpfad nach links weiter. Ihr überquert einen kleinen Bachlauf und folgt diesem auf einem Pfad ca. 150 Metern bis ihr auf einen breiten Forstweg trefft. Dieser bringt euch mit den Markierungen 1 & / direkt wieder auf den Weg zurück zum Ausgangspunkt.

Wer mit Hund wandert, der sollte bei der Schranke lieber geradeaus und gleich auf dem breiten Weg weitergehen, welcher euch zum Ausgangspunkt bringt, damit es mit den Barfüßlern keinen Ärger gibt. Wer möchte schon in die Hinterlassenschaften der Vierbeiner treten?!

Auch Hunde dürfen an einigen Stellen im Fichtelsee baden

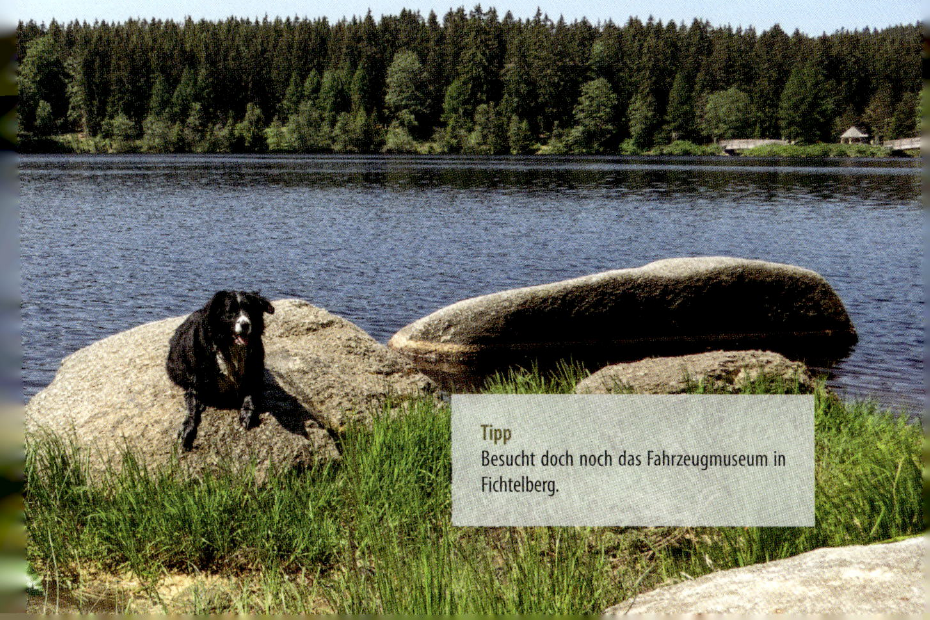

Tipp
Besucht doch noch das Fahrzeugmuseum in Fichtelberg.

Im Zeichen des Weißen Main

Felsen, Quelle, Fluss

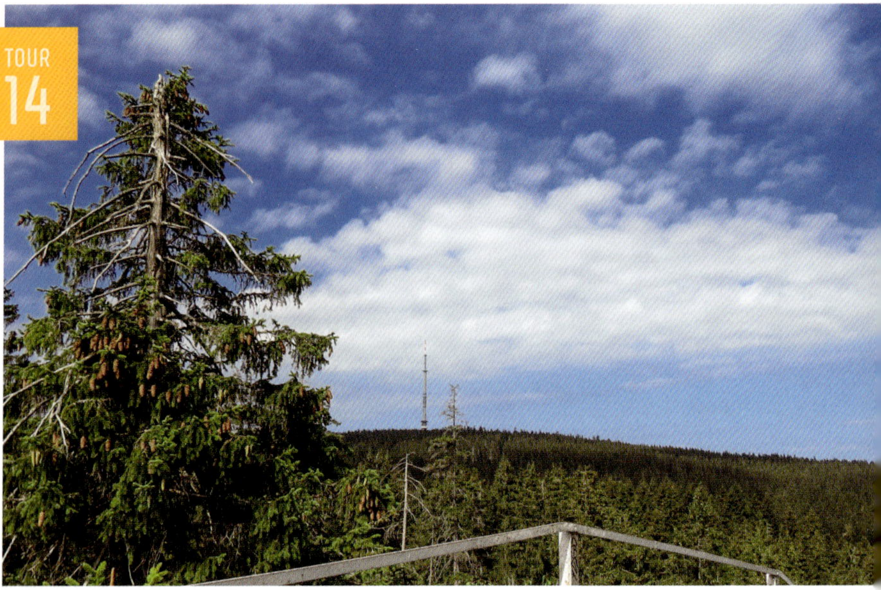

TOUR 14

Start/Ziel: Wanderparkplatz Karches
Navi: Karches 2, 95493 Bischofsgrün
Koordinaten: 50°02'15.2"N 11°50'21.9"E

Ausgangspunkt – Rupprechtsbrünnlein – Goetheweg – Weißmainfelsen – Weißmainquelle – Hügelfelsen – Naturpfad Oberes Weißmaintal – Ausgangspunkt

Wandert auf facettenreichen Wegen über den Weißmainfelsen zur Weißmainquelle. Am Ende folgt ihr einem wildromantischen Pfad am jungen Weißen Main entlang.

(Goetheweg); (Goetheweg) & (Weißmain-Ochsenkopf-Steig); (Weißmain-Ochsenkopf-Steig); (Goetheweg); Q (Quellenweg) & (Jean-Paul-Weg); (Weißmain-Ochsenkopf-Steig) & (Panoramaweg); (Naturpfad „Oberes Weißmaintal"), (Panoramaweg) & (Weißmain-Ochsenkopf-Steig); (Naturpfad „Oberes Weißmaintal")

Maria Alm Imbiss
Fröbershammer 8, 95493 Bischofsgrün
Tel. 09276 310

Waldrasthaus Karches
Karches 2, 95493 Bischofsgrün
Tel. 09276 218
info@waldrasthaus-karches.de
www.waldrasthaus-karches.de

Absturzgefahr am Weißmainfelsen und Hügelfelsen. Gitterbrücke über den Weißen Main; seitlich befinden sich Bretter. Bitte ausreichend Wasser mitnehmen.

Kur- und Tourist-Information Bischofsgrün
Jägerstraße 9, 95493 Bischofsgrün
Tel. 09276 1292
www.bischofsgruen.de

Foto: Auf der Aussichtsplattform auf dem Weißmainfelsen

mittel | 10,7 km | 379 Hm | 3:15 h

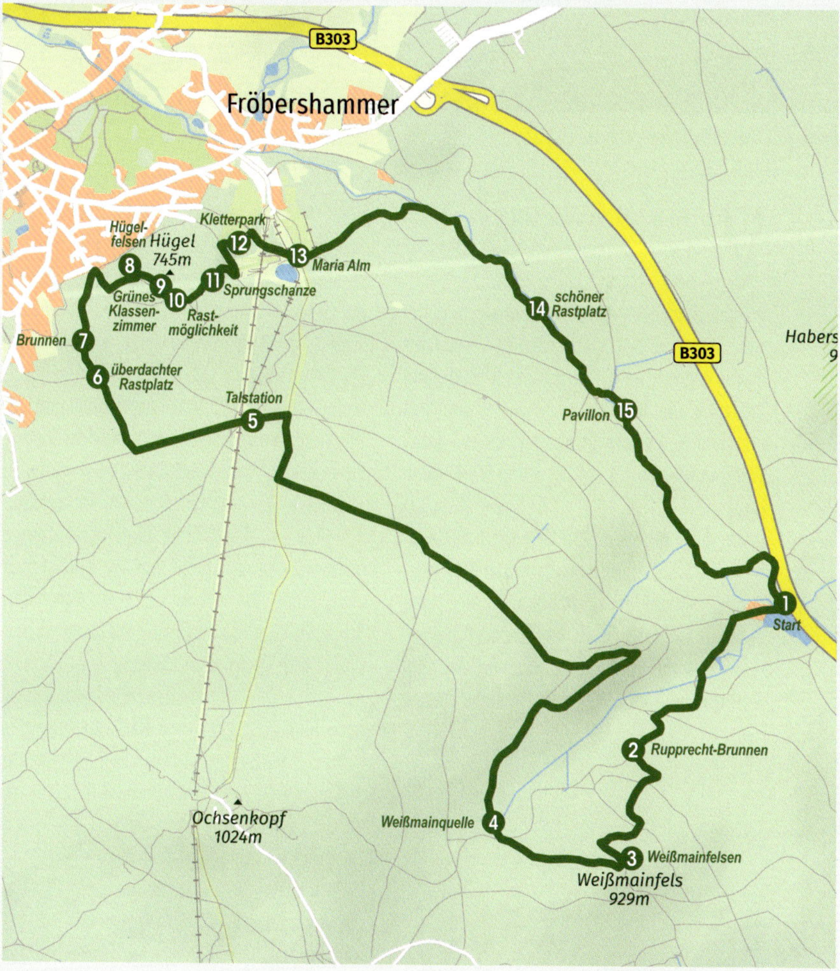

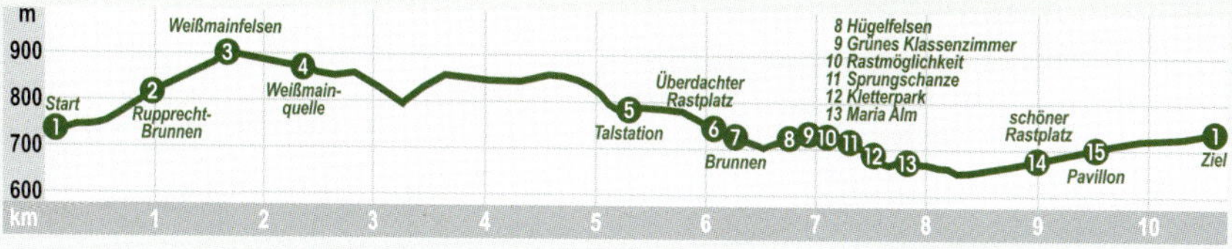

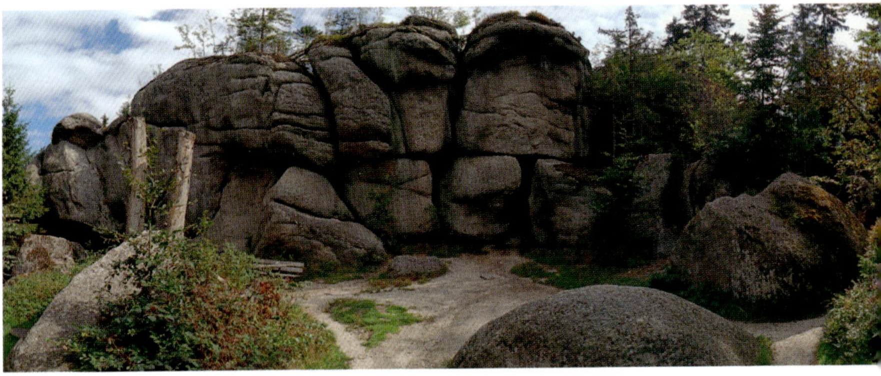

Der bzw. die Weißmainfelsen (929 m) als Panorama

Vom Parkplatz ① aus startet ihr erstmal zum Karchesweiher und haltet euch hier rechts Richtung Waldrasthaus. Dort geht ihr einfach vorbei – einkehren könnt ihr nach der Tour, jetzt wird erstmal gewandert – und lauft immer der Nase nach, also geradeaus bis zu einer Kreuzung. Hier biegt ihr nach links ab und folgt nun dem Wegweiser Richtung „Goetheweg und Weißmainfelsen 1,3 km", bzw. der Markierung .

Während ihr die ersten 250 Meter noch auf langweiligem Schotter zurücklegt, wird der Weg spannender, sobald ihr nach links auf den Pfad abbiegt. Sogleich müsst ihr den noch jungen Weißen Main überqueren. Eine Brücke oder ähnliches gibt es nicht, also entweder mitten durch oder sich eine etwas engere Stelle suchen und mit einem großen Sprung drüber. Wenn ihr diese Hürde gemeistert habt, folgt ein Anstieg auf abwechslungsreichen Wegen hinauf zum Weißmainfelsen. Hierfür folgt ihr weiter der Markierung & , wandert bis zum Rupprechtsbrünnlein ② mal auf Pfaden, mal auf Schotterpisten und anschließend auf dem Goetheweg, einem wunderschönen, aber ziemlich anspruchsvollen Weg, hinauf zum Weißmainfelsen ③ (929 m). Dank einer angelegten Treppe gelangt ihr bis nach oben. Vom Plateau hat man eine schöne Aussicht auf den Ochsenkopf, den Schneeberg, die Bischofsgrüner Höhenklinik und umliegende Ortschaften. Bei Nässe oder Glätte ist der Aufstieg jedoch nicht ganz ohne, weshalb ihr euch hier besser für eine Rast am Fuße des Felsens entscheiden solltet. Zwei aufgestellte Picknickbänke sorgen dafür, dass ihr nicht im Dreck sitzen müsst.

Anschließend folgt ihr dem kleinen Holzsteg Richtung „Weißmain-Ochsenkopfsteig 10,4 km , Weißmainquelle 0,6 km, Ochsenkopf 1,9 km" und biegt gleich danach wieder rechts auf den „Goetheweg" ab. Linker Hand steht auf einem großen Felsbrocken auch „Goetheweg", sodass ihr wisst, dass ihr richtig seid. Bis zur Weißmainquelle ④ sind es etwa 600 Meter. Diese führen über einen sehr schönen Waldpfad, sodass euch die Strecke sicher kürzer vorkommt. Wenn ihr pausieren

Karchesweiher
Der Karchesweiher ist ein künstlich angelegter Stausee, welcher in früherer Zeit sowohl der Holzflößerei wie auch einem Hammerwerk zur Verarbeitung von Eisenglimmer und Erz diente. Der Weiße Main speist den See.

Goetheweg
Der Goetheweg wurde schon 1923 angelegt und führt von Karches hinauf zum Weißmainfelsen und weiter auf den Ochsenkopf. Namensgeber für den Weg ist Johann Wolfgang von Goethe, welcher am 01. Juli 1785 den Gipfel des Ochsenkopfs besucht hatte.

wollt, so könnt ihr dies bei der Schutzhütte kurz vor der Weißmainquelle tun oder direkt bei der Quelle eine der Bänke nutzen. Egal ob ausgiebiges Picknick, nur eine kurze Pause oder sich ein bisschen über die Geschichte der Weißmainquelle schlau machen. Das Örtchen lädt auf jeden Fall zum Verweilen ein. Aber bitte nicht zu lang, ihr habt ja noch was vor euch.

Nach der Erfrischung an der Weißmainquelle folgt ihr dem Pfad mit den Markierungen Q & . Der Pfad wird zu einem Waldweg, führt etwas bergab, und dann biegt ihr scharf links auf einen unmarkierten Waldweg ab, welcher wieder bergauf geht und euch zu einem Schotterweg bringt. Hier müsst ihr euch jetzt rechts halten. Dem Schotterweg ohne Markierung folgt ihr ca. 800 Meter geradeaus. Nach einigen Metern lohnt sich mal ein Blick nach rechts, denn hier schaut ihr direkt zum Schneeberg hinüber.

Auch als die Forststraße zu einem weicheren Waldweg und anschließend einem eher weniger erkennbaren Weg wird, lauft ihr stets geradeaus weiter, denn ihr gelangt dann auf die Skipiste. Bei der Nordabfahrt (die erkennt ihr am Lift an der Seite) haltet ihr euch jetzt rechts und wandert auf einer Art Wiesenpfad flott bergab bis zum nächsten Schotterweg. Da müsst ihr dann links weiter und an der neuen Talstation 5 vorbei.

Weißmainfelsen
Sie befinden sich am Osthang des Ochsenkopfes und bestehen aus mehreren Granitfelsen. Wer sich über die 1878 erbauten schmalen Treppen aus Stein und Holz, und auf den 929 m hohen Felsen traut, wird mit einer schönen Aussicht in (fast) alle Richtungen belohnt. Namensgebend ist die nahegelegene Weißmainquelle.

Weißmainquelle
Ursprünglich hieß die Weißmainquelle Fürstenbrunnen. Erst durch die zweite Quelleinfassung von 1827 wurde die Quelle zur Weißmainquelle und seither selbst von Johann Wolfgang von Goethe, Wilhelm Heinrich Wackenroder und Ludwig Tiek besucht.

Mit leichtem Gefälle und relativ unspektakulär führen die nächsten 400 Meter geradeaus, aber dann müsst ihr unbedingt die Augen aufhalten. Denn dann führt nach rechts ein unmarkierter, versteckter Pfad in den Wald. Dieser bringt euch zackig den Berg hinunter, und so landet ihr auf einem Schotterweg bei einem überdachten Rastplatz 6. An diesem haltet ihr euch links und dann gleich wieder rechts. Auch jetzt geht es bergab, allerdings müsst ihr bei dem Kies jetzt schon eher aufpassen, dass ihr nicht ausrutscht. Der Brunnen 7 am Wegrand plätschert so schön,

Die Weißmainquelle bietet neben einer Bank mit Tisch auch weitere Sitzbänke

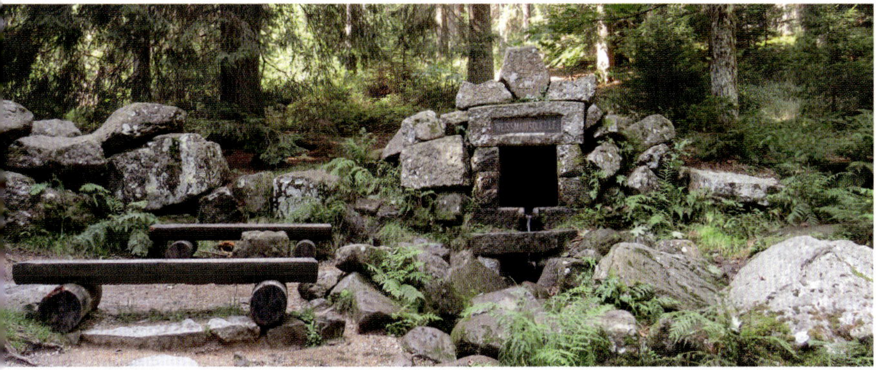

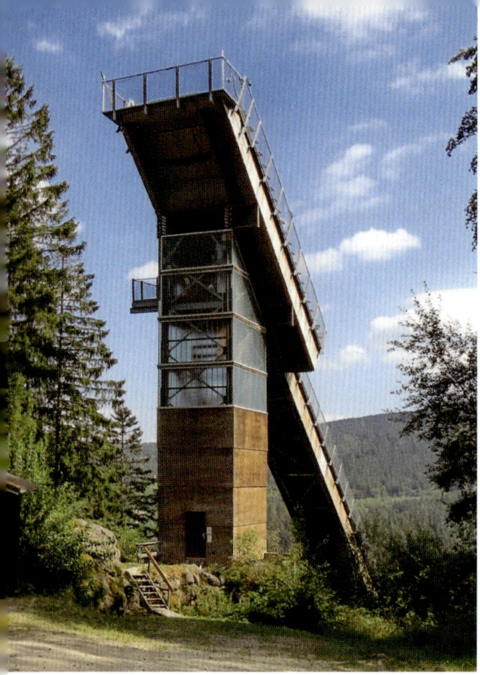

Skisprungschanze in der Ochsenkopf-Schanzenarena Bischofsgrün

Hügelfelsen
Der Hügelfelsen (745 m ü. NN) ist vom Bayerischen Landesamt für Umwelt als wertvolles Geotop (Geotop-Nr: 472R003) ausgewiesen. Er besteht aus Granit, wobei die Wollsackverwitterung hier besonders gut erkennbar ist. Von der Aussichtsplattform hat man einen tollen Ausblick auf Bischofsgrün und die Hohe Haid.

Bischofsgrüner Sprungschanzen
Die genaue Bezeichnung lautet Ochsenkopf-Schanzenarena Bischofsgrün. 1909 wurde der örtliche Ski-Club gegründet. Die erste Schanze wurde 1933 eingeweiht. 1957 wurde hier die erste Mattenschanze der „westlichen Welt" gebaut. Und heute gibt es 3 Schanzen am Ochsenkopf bei Bischofsgrün.

dass man sich auf der Bank daneben glatt ein paar Minuten ausruhen sollte, bevor es weitergeht.
Sobald ihr bei den Häusern angekommen seid, müsst ihr euch leicht rechts halten und gleich wieder rechts. Und ja, wer runtergeht, muss auch wieder hoch. Und so folgt ihr bergan zuerst auf Schotter, dann auf einem breiten gekiesten Pfad den Markierungen & und dem Bischofsgrüner Märchenwanderweg.

Tipps
1) Über den Kletterpark könnt ihr euch bei der Kur- & Tourist-Information Bischofsgrün informieren (Tel. 09276 1292).
2) Für noch mehr Abenteuer sorgt der Alpine Coaster. Auf 1000 Metern Länge geht es mit einer Höhendifferenz von 140 Metern auf der Rodelbahn mit bis zu 40 km/h am Hang des Ochsenkopfes runter. Infos gibt es unter der Telefonnummer 09276 / 604 oder auf der Homepage: www.ochsenkopf.info/sommer/alpine-coaster

Nach etwa 120 Metern verlasst ihr die Markierungen und macht einen Abstecher nach links zum Aussichtspunkt Hügelfelsen 8. Von dort aus geht ihr ein kurzes Stück zurück und nehmt dann den linken Pfad weiter nach oben. Wenn ihr wollt, könnt ihr bei der Wellnessbank eine Verschnaufpause einlegen, bevor es weiter zum Grünen Klassenzimmer 9 und von dort aus wieder weiter auf einen Forstweg geht.
Links solltet ihr nach ein paar Schritten eine Rastmöglichkeit 10 sehen, an welcher ihr vorbeizieht – oder kurz rostet – nein, ich meine natürlich rastet –, um dann links auf einen Pfad in Richtung „Panoramaweg, Schanzenarena , Weißmain-Ochsenkopf-Steig, Seilbahn-Talstation " abzubiegen. Und jetzt kann ich es euch verraten. Es geht nämlich erstmal bergab. Den beiden Markierungen & folgt ihr hinab bis zur Sprungschanze 11. Unter der Schanze durch, weiter bergab, bis ihr auf eine querende Schotterpiste stoßt. Da müsst ihr links, wieder unter der Schanze durch und dann nach etwa 120 Metern

Naturpfad Oberes Weißmaintal
Zwischen Bischofsgrün und Karches liegt der Naturpfad Oberes Weißmaintal. Gekennzeichnet ist der Weg, welcher überwiegend direkt am Ufer des Weißen Main verläuft, mit einem grünen Kreis. Der Pfad verläuft fast ausschließlich über Wurzeln und Steine und wird nur geübten und trittsicheren Wanderern empfohlen. Bei Nässe oder Eis kann es hier extrem rutschig sein.

rechts auf einem Pfad durch den Kletterpark hinunter. Zur besseren Orientierung folgt ihr einfach den Wegweisern Richtung „Naturpfad Weißmaintal, Panoramaweg & Weißmain-Ochsenkopf-Steig".
Sobald ihr am „Häuschen" vom Kletterpark 12 angekommen seid, biegt ihr rechts ab, lauft einmal unter dem Coaster durch und quert geradewegs die Skipiste Richtung Maria Alm 13. Jetzt habt ihr euch eine Pause verdient. Also nur falls ihr wollt...
Ab der Maria Alm bringt euch ein Schotterweg zum Naturpfad „Oberes Weißmaintal". Um dort hinzukommen, folgt ihr einfach dem Wegweiser Richtung „Naturpfad Weißmaintal 6,0 km, Karches 2,9 km" und biegt nach 350 Metern links auf den ausgeschilderten Naturpfad ab. Jetzt geht's erst einmal runter zum Weißen Main. Das Wasser ist bernsteinfarben oder je nach Lichteinstrahlung gar rot gefärbt. Das liegt am hohen Eisengehalt.
Von nun an folgt ihr bis zum Ende der Wanderung flussaufwärts der Markierung, und ich verspreche euch, dass es ein krönender Abschluss dieser Wanderung wird. Vor euch liegt ein abwechslungsreicher, spannender Weg. Es geht über Stock und Stein, und Heidelbeerfreunde kommen auf ihre Kosten. Die leichte Steigung bemerkt ihr vor lauter Freude kaum. Auf dem Weg wartet ein schöner Rastplatz 14, welcher auch geschichtlich nicht zu vernachlässigen ist. Hier befand sich vor vielen Jahren eine alte Schneidmühle. Der Müller kam durch einen tragischen Unfall ums Leben. Er wurde vom Mühlenrad erdrückt.
Nach einiger Zeit überquert ihr den Weißen Main über eine Brücke. Wer hier beim Pavillon 15 lieber „aussteigen" will, der kann ab jetzt dem langweiligen Forstweg nach Karches folgen. Wer dabeibleiben will, biegt nach ein paar Metern wieder nach rechts auf den Naturpfad ab. Auf diesem Abschnitt warten großartige Holzwege und weitere aufregende Pfade auf euch, bevor ihr dann die letzten Meter zum Startpunkt zurücklegt.
Wer möchte, kann am Ende beim Waldrasthaus Karches einkehren und sich für die abenteuerliche Wanderung belohnen.

Das Wasser des Weißen Main ist rot gefärbt

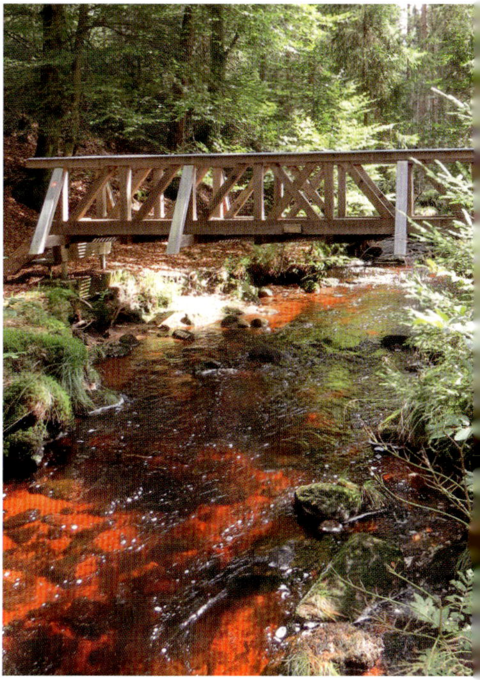

Rudolf und die Quelle der Eger

Zwischen Rudolfstein und Egerquelle

TOUR 15

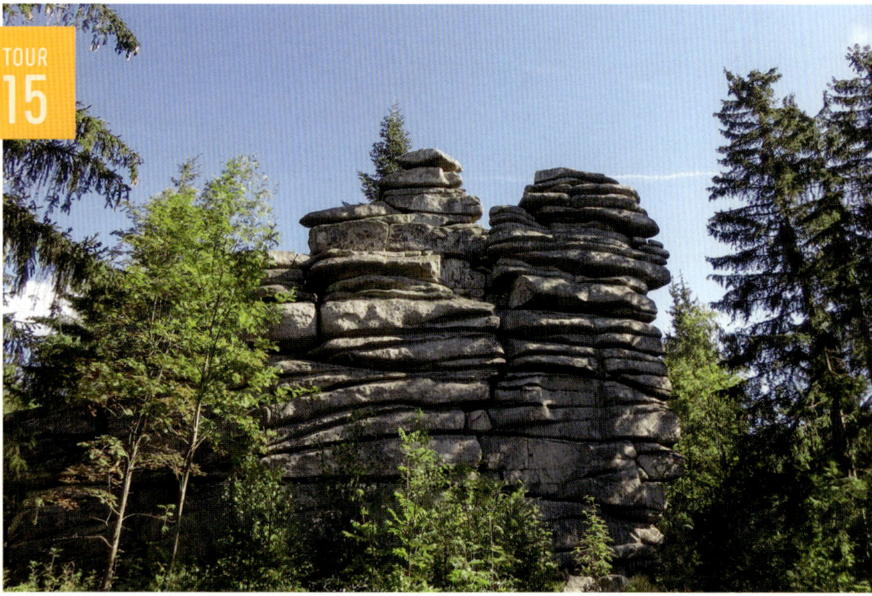

Start/Ziel: Wanderparkplatz an der Egerquelle
Navi: WUN1, Weißenstädter Forst-Süd, 95493 Weißenstadt
Koordinaten: 50°04'31.3"N 11°49'43.1"E

Ausgangspunkt – Drei-Brüder-Felsen – Rudolfstein – Kreuzfelsen – Weißenhaider Mühle / Soldatenberg – Egerquelle – Ausgangspunkt

Bekannt und imposant sind die Ziele dieser Wanderung. Der Rudolfstein und die Egerquelle. Während beide auf direktem Weg von nahegelegenen Parkplätzen erreichbar sind, lassen sie sich auch perfekt miteinander verbinden und zu einer traumhaften Wanderung kombinieren.

Q (Quellenweg); H (Höhenweg) & E3 (Europäischer Fernwanderweg E3); H (Höhenweg); (blau-weiß-blau) & (blauer Punkt); (blau-weiß-blau); 4 (RW 4); E (Egerweg); Q (Quellenweg)

Wirtshaus Birkenhof
Schönlind 29, 95163 Weißenstadt
Tel. 09253 9543424
heidenreich@wirtshaus-birkenhof.de
www.wirtshaus-birkenhof.de

Der Rudolfstein-Gipfel ist nur über eine Gittertreppe erreichbar; oben herrscht Absturzgefahr. Den Aufstieg auf den Kreuzfelsen würde ich nicht mit Hund empfehlen. Bitte unbedingt Wasser mitnehmen.

Kur- und Tourist-Information Bischofsgrün
Jägerstraße 9, 95493 Bischofsgrün
Tel. 09276 1292
www.bischofsgruen.de

Foto: Einer der Drei-Brüder-Felsen

RUDOLF UND DIE QUELLE DER EGER – TOUR 15

schwer | 13,6 km | 299 Hm | 3:45 h

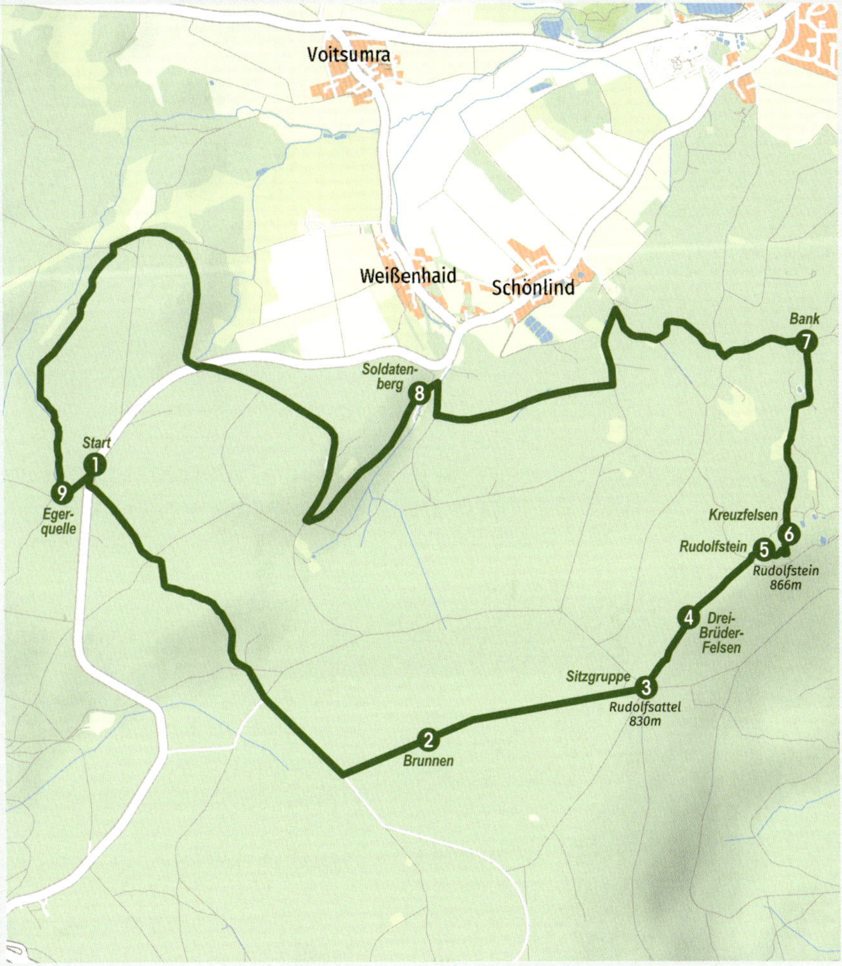

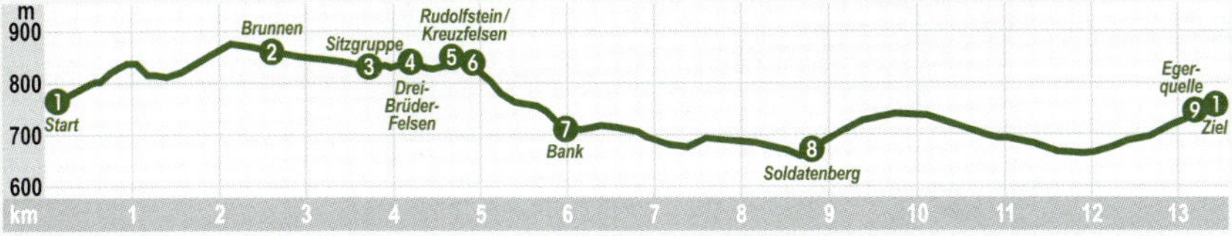

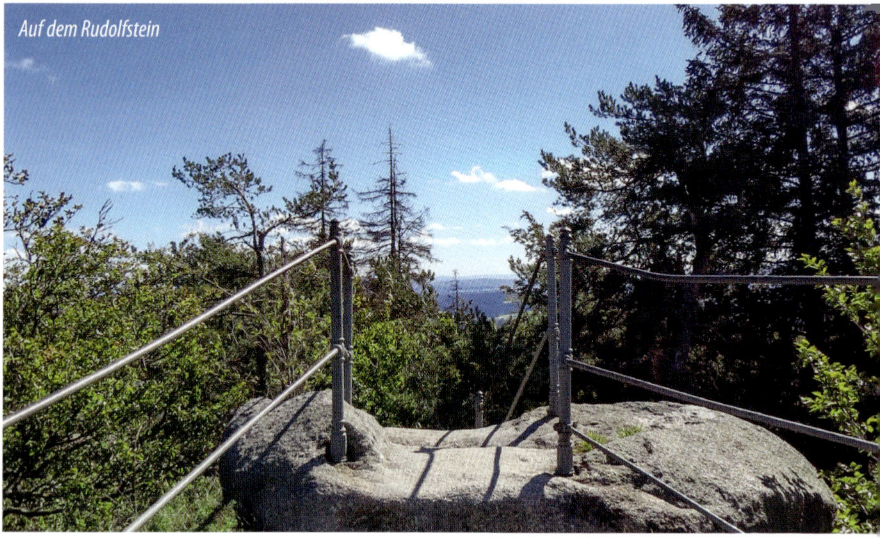

Auf dem Rudolfstein

Je nachdem, auf welcher Straßenseite ihr geparkt habt, folgt ihr entweder vom Parkplatz ① aus gleich links dem Pfad in den Wald Richtung „Q, Weißenhaider Eck, Karches, Weißmainquelle, Fichtelnaabquelle", oder ihr müsst erst die Straße überqueren und dann auf den Weg (wenn ihr auf der Seite der Egerquelle geparkt habt).

Der Quellenweg Q führt euch bergan durch den abwechslungsreichen Wald. Den Forstweg überquert ihr nur, und nach kurzer Zeit wird der Weg etwas flacher, der Pfad schmaler, die Sicht weiter, und ihr erblickt den Schneeberg. Sogleich führt euch der Weg wieder leicht bergab. Auch den nächsten Forstweg überquert ihr nur, wandert noch für etwa 150 Meter auf einem Pfad, bis ihr dann erneut auf eine Schotterpiste gelangt. Nun müsst ihr auf dem Forstweg geradeaus weiter.

Es geht wieder etwas bergauf – auf Schotter. Nach knapp 550 Metern hat die Quälerei erstmal ein Ende, denn dann biegt ihr nämlich links ab. Auch wenn es sich immer noch um einen Forstweg handelt, so ist der Weg ganz angenehm. Am Wegrand wartet ein Brunnen ② und lädt zu einer kurzen Verschnaufpause ein.

Der Weg bringt euch nach etwa 20 Minuten zu einer sternförmigen Kreuzung mit einer Sitzgruppe ③. Ihr müsst von hier aus dem zweiten linken Weg folgen. Um es etwas einfacher zu machen, orientiert ihr euch an den Markierungen H & E3 in Richtung Weißenstadt, Rudolfstein. Dabei handelt es sich nicht mehr um eine Forststraße, sondern einen ziemlich verblockten Pfad, der aber nach der Schotterpiste wieder richtig Spaß macht.

Schon nach etwa 500 Metern lassen sich mitten im Wald riesige Felstürme erspähen. Ihr seid bei

Drei-Brüder-Felsen

Die Drei-Brüder-Felsen sind eine interessante und imposante Felsformation auf 840 m ü. NN. Dabei handelt es sich um 3 Granitfelsen unweit vom Rudolfstein. Die Drei-Brüder-Felsen sind unter den 100 schönsten Geotopen Bayerns zu finden und tragen den Status Naturdenkmal. Die matratzenähnliche Wollsackverwitterung ist deutlich erkennbar. Eine errichtete Sitzmöglichkeit lädt zum Verweilen ein. Und natürlich gibt es auch für diesen zauberhaften Ort eine kurze Sage, welche wie folgt lautet: Die drei Felsen sind drei adlige Brüder. Sie wurden auf ihrer Flucht vor Raubrittern von einem bösen Geist versteinert.

den Drei-Brüder-Felsen 4 angekommen. Wer möchte, der kann die Picknickbank für eine Pause nutzen und den Ort einfach mal auf sich wirken lassen, bevor es weiter durch den Wald geht.
Zwischen den Drei Brüdern und dem Rudolfstein liegt nur ein halber Kilometer, der aber aufgrund der zahlreichen Felsbrocken auf dem Weg gar nicht so einfach ist. Zudem solltet ihr aufpassen, dass ihr nicht falsch abbiegt. Nach den Drei-Brüder-Felsen folgt ihr dem H bis zum Rudolfstein 5 (866 m). Das ist am einfachsten, und die Markierungen sind gut erkennbar.
Der Rudolfstein, ein mächtiger Felsturm mitten im Wald, lässt sich dank einer Steintreppe im unteren Teil und einer Metalltreppe mit Holzgeländer im oberen Teil besteigen. Wer Probleme mit der Höhe oder es nicht so mit der Trittsicherheit hat, der sollte lieber unten bleiben und es sich auf einer der vielen Bänke im Schatten gemütlich machen – aber selbst ich habe es gewagt, und die fantastischen Aussichten auf den Weißenstädter See sowie den Schneeberg lassen die Höhe schnell vergessen. Sobald ihr wieder heil unten angekommen seid, könnt ihr euch stärken, ausruhen oder auch gleich weitergehen. Das nächste Ziel ist nicht weit entfernt.
Eine Tafel mit der Aufschrift „Zum Kreuzfelsen“ weist euch den Weg zwischen den Bänken hindurch. Genau da müsst ihr lang und dem Pfad für 100 Meter folgen. Schon tut sich wieder ein großer Felsbrocken auf. Der Kreuzfelsen 6. Der beliebte Kletterfelsen lässt sich wohl von der Rückseite aus auch ohne Hilfsmittel besteigen. Probiert habe ich das aber noch nicht, eine Empfehlung kann ich also nicht aussprechen. Wandert ihr nun linker Hand, dem Pfad folgend, am Felsen vorbei und werft dann einen Blick zurück, so könnt ihr das Kreuz oben auf dem Felsen erkennen, bevor es weiter bergab geht. Ihr trefft wieder auf den Höhenweg H, welchem ihr noch für einen knappen Kilometer bergab auf eine Forststraße folgt. Unten angekommen, habt ihr die Möglichkeit euch auf einer Bank 7 auszuruhen, bevor es links auf dem Forstweg weitergeht.

Rudolfstein
Der 866 m hohe Granitfelsturm kann über Steintreppen im unteren und eine Gittertreppe im oberen Bereich bestiegen werden. Von oben hat man eine traumhafte Aussicht auf Weißenstadt und den Weißenstädter See, sowie den Schneeberg. Am Fuße der Felsgruppe, bei welcher der Rudolfstein(auch Rudolphstein) steht, laden zahlreiche Bänke zu einer Pause ein. Der Rudolfstein zeigt, wie viele andere Felstürme im Naturpark, die typische Wollsackverwitterung. Hier stand einst auch eine Befestigungsanlage, wovon aber leider nichts mehr zu sehen ist. Es handelt sich um ein Naturdenkmal.

Kreuzfelsen
Auch der Kreuzfelsen zeigt die typische Matratzenform der Felsen. Namensgebend ist das Kreuz oben,welches ein schönes Fotomotiv ist.

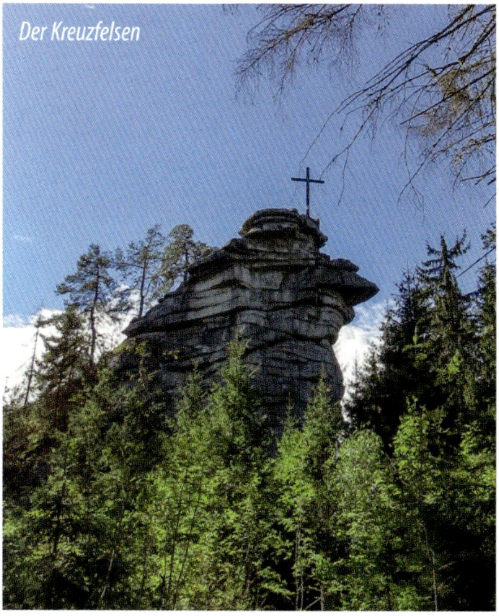
Der Kreuzfelsen

Egerquelle

Am Ende der Tour gelangt ihr zur Egerquelle. Die 1923 neu gefasste Egerquelle liegt auf 752 m ü. NN, am Nordwesthang des Schneebergs. Man erreicht sie u.a. auf direktem Weg vom Parkplatz an der Straße. Der Auftrag der neuen Quellfassung stammte aus der böhmischen Stadt Eger. 12 Granitsteine, wovon auf dem „Kopfstein" die Stadt Eger und das Stadtwappen abgebildet sind, bilden einen Kreis um die Quelle. Auf den übrigen 11 Steinen finden sich die Namen der Ortschaften, welche sich an der Finanzierung der neuen Fassung beteiligten. Neben einem großen Stein mit der Aufschrift „Egerquelle gefaßt 1923" und einem Text auf der anderen Seite steht unweit der Quelle noch ein Gedenkstein der sudetendeutschen Heimatvertriebenen. Die Eger endet nach mehr als 300 km in Tschechien in der Elbe.

Einkehrmöglichkeit: Wer möchte, kann von hier aus nach Schönlind wandern und im Gasthaus Birkenhof einkehren. Ihr müsst dann aber hierher wieder zurück.

Eine Markierung, nämlich eine an einen Baum gepinselte weiße 4, ist erst nach einigen Metern erkennbar. Ihr folgt also dem wenig anspruchsvollen Weg bis zur nächsten Gabelung. Hier haltet ihr euch rechts und dann biegt ihr anschließend wieder auf einen Waldweg ohne Markierung ab. Der Waldweg führt euch zu einer kleinen Wiese, an welcher ihr rechts weiter auf einem Schotterweg wandert und dann wieder zu einer Weggabelung gelangt. Hier biegt ihr jetzt links ab und folgt den Markierungen ▬ & ●. Es geht leicht bergauf, aber wirklich nur leicht.

Weißenhaider Mühle

Die Weißenhaider Mühle war einst eine beliebte Gaststätte und ist heute in Privatbesitz (Betreten verboten). Dennoch hat das Gebäude seine Geschichte, die ich euch nicht vorenthalten möchte. Schon 1681 wurde hier Eisen geschmolzen. 1787 wurde aus dem Gebäude eine Mahl- und Sägemühle, die Wasserräder wurden vom Zinnbach angetrieben, welcher durch das Tal fließt. 1921 wurde ein Ferienheim daraus, bevor es 1974 eine Gaststätte wurde.

Nach etwa 400 Metern zeigt ein Wegweiser nach rechts Richtung „Weißenhaider Mühle, Bischofsgrün ▬". Genau da geht es nun für einen knappen Kilometer weiter, bis ihr wieder rechts Richtung „Bischofsgrün" abbiegen müsst. Nun geht es leicht bergab, und ihr könnt sogar schon das Plätschern des Zinnbachs hören, welcher sich durch das Tal schlängelt.

Als ihr den Bach erreicht, biegt ihr links ab. Hierfür folgt ihr auch wieder der Markierung ▬, welche euch auf einen Pfad führt. Mit Blick auf die Weißenhaider Mühle geht es stramm den Soldatenberg 8 hinauf. Die Abwechslung tut den Füßen und dem Gemüt gut. Am Ende des Pfads, das ist so etwa nach 20 Minuten, haltet ihr euch dann zweimal rechts und lauft auf einer Forststraße weiter. Jetzt geht's auch gleich wieder leicht bergab, und nach einiger Zeit steht ihr vor der Straße zwischen Bischofsgrün und Schönlind, welche ihr überquert.

Auf der anderen Straßenseite angekommen, folgt ihr dem unmarkierten Forstweg. Nach kurzer Zeit gesellt sich die Markierung 4 hinzu, welche jedoch ziemlich schnell wieder in eine andere Richtung führt, während ihr geradeaus weiter der Markierung E hinterher müsst.

Mit den Markierungen E & Q im Blick und einem Mix aus Waldwegen und tollen Wurzelpfaden, die teils auch an der jungen Eger entlang führen,

geht es nun mit großen Schritten zur Egerquelle 9. Dort angekommen laden mehrere Bänke zum Verweilen ein, und weil es von hier aus nicht mehr weit ist, könnt ihr euch diese Pause auch wirklich gönnen und die Umgebung auf euch wirken lassen.
Ab der Egerquelle müsst ihr euch dann nur links halten und dem Forstweg für ca. 100 Meter folgen. Dann seid ihr auch schon wieder am Ausgangspunkt eurer Tour.

Tipp
Wie wäre es mit einer Alpaka-Wanderung mit den Rudolfstein-Alpakas? In Schönlind habt ihr die Möglichkeit, die flauschigen Wegbegleiter näher kennenzulernen und mit ihnen die Natur zu erleben.
Mehr dazu unter: www.rudolfstein-alpakas.de

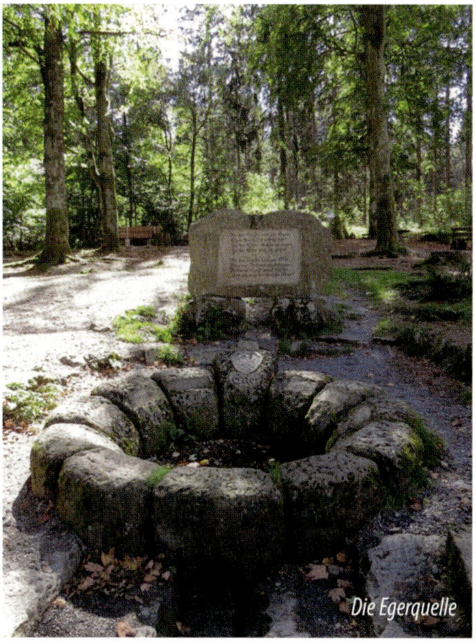
Die Egerquelle

Waldstein-Liebe

Unterwegs zwischen dem Großen Waldstein und der Zigeunermühle

TOUR 16

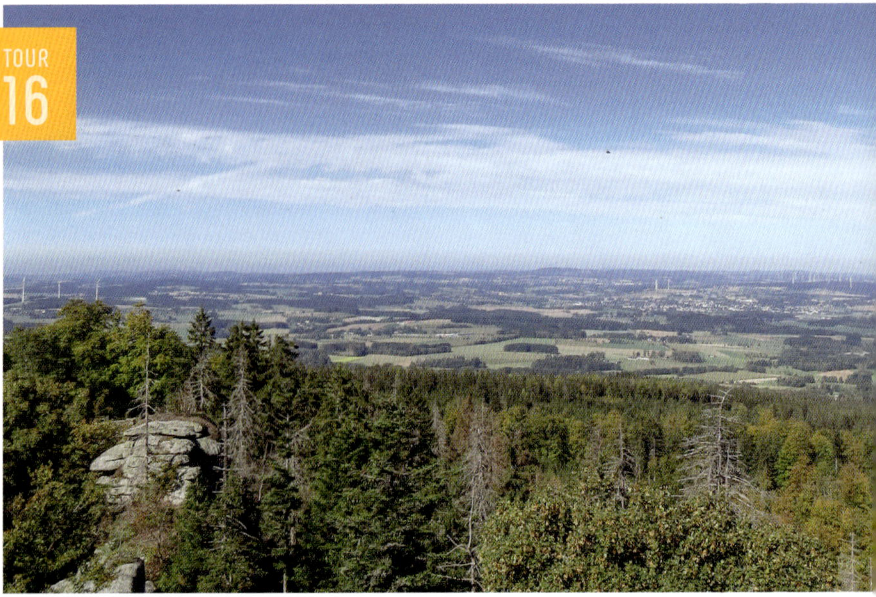

Wanderausgangspunkt auf dem Waldstein
Navi: Waldstein 1, 95239 Zell im Fichtelgebirge
Koordinaten: 50°07'46.1"N 11°51'03.1"E

Ausgangspunkt – Teufelstisch – Rotes Schloss – Schüssel – Naturfreundehaus Zigeunermühle – Felsgruppe Rondell – Wal vom Waldstein – Waldsteinhaus – Ausgangspunkt

Nachdem ihr die Ruine des Roten Schlosses erkundet habt, bringen euch ein schöner Weg und ein schmaler Grat hinauf zur Schüssel. Abwechslungsreich geht es weiter zum Naturfreundehaus Zigeunermühle, und auf dem Rückweg lernt ihr den Wal vom Waldstein kennen.

H (Höhenweg) & N (Nordweg); N (Nordweg); N (Naturfreundehaus); (Fränkischer Gebirgsweg); (Fränkischer Gebirgsweg) & ● (blauer Punkt); (Fränkischer Gebirgsweg)

Waldsteinhaus
Waldstein 1, 95239 Zell im Fichtelgebirge
Tel. 09257 264

Ansonsten gilt „Selbstverpflegung geht immer".

Die Schüssel auf dem Großen Waldstein kann nur über zwei Gittertreppen bestiegen werden. Zudem besteht Absturzgefahr auf dem Grat! Der gesamte Bereich um den Großen Waldstein ist Naturschutzgebiet, Hunde bitte anleinen. Bitte unbedingt genügend Wasser mitnehmen.

Kur- und Touristinformation
Wunsiedler Straße 4, 95163 Weißenstadt
Tel. 09253 95030
www.weissenstadt.de

Foto: Ausblick von der Schüssel

leicht | 7,3 km | 235 Hm | 2:15 h

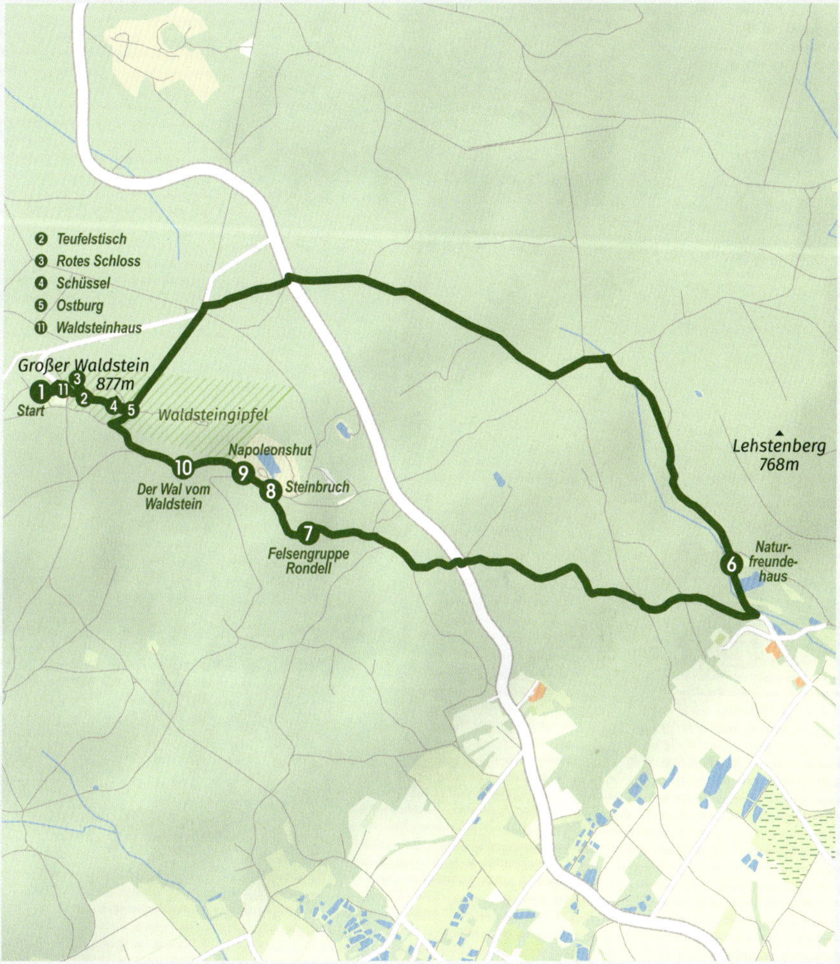

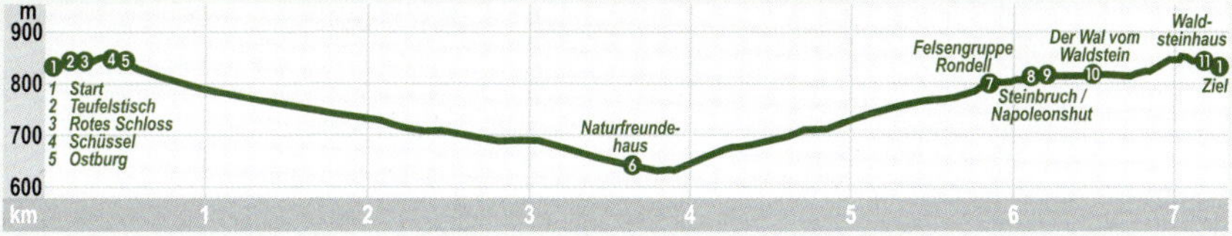

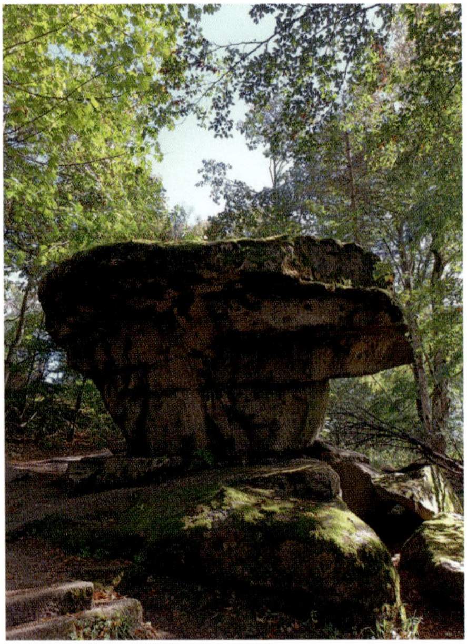

Der Teufelstisch am Großen Waldstein

Teufelstisch

Der Teufel am Waldstein. Einer Sage nach soll sich der Teufel mit Kobolden, Geistern und Verwunschenen um Mitternacht am Teufelstisch zum Spiel mit eisernen Karten treffen. Gespielt wird um rotes Gold. Dabei schmettern sie die eisernen Karten so sehr auf den „Tisch", dass wahrhaftig die Funken fliegen und sich tiefe Furchen im Fels bilden. Das rote Gold wechselt von Gewinner zu Gewinner, bis pünktlich um 1 Uhr der Spuk vorbei ist und die Spieler verschwunden sind. Vielleicht könnt ihr die Spieler noch hören? Auf der Tischplatte sollen bis heute die Kartenabdrücke sichtbar sein.

Eure Wanderung startet direkt am Wanderparkplatz 1 am Waldsteinhaus. Mit Blick auf das Waldsteinhaus haltet ihr euch links, ein Pfad unterhalb des großen Felsens bringt euch dann gleich zu einem Wegweiser Richtung „Rundweg Großer Waldstein", welchem ihr am Fuße des Felsens entlang folgt. Schon nach wenigen Metern steht ihr vor dem Teufelstisch 2, und links davon führen ein paar Naturtreppen hinauf zum Roten Schloss 3. Die Ruine kann kostenfrei und jederzeit besichtigt werden, und es lohnt sich auf jeden Fall, einen Blick ins Innere zu werfen.

Die nachfolgenden 200 Meter lassen euch sicher staunen. Ihr wandert auf einem schönen Pfad, über Stein- und Naturtreppen, während weitere Mauerreste der damaligen Burg sowie riesige Felsbrocken, die wie aufeinandergestapelte Wolken aussehen, auf eure neugierigen Blicke warten. Man fühlt sich hier ein bisschen wie in einer anderen Welt.

Rotes Schloss

Rotes Schloss, Waldsteinburg, Burgruine Waldstein, Westburg. Viele Namen, eine Burg(ruine). Im 14. Jahrhundert wurde die Felsburg auf dem Großen Waldstein von Sparnecker Rittern gebaut, um die nicht mehr wehrhafte Anlage der Ostburg zu ersetzen. Obwohl die Festung im Jahr 1523 von Truppen des Schwäbischen Bundes bis auf die Grundmauern niedergebrannt wurde und anschließend in Vergessenheit geriet, diente sie im Spanischen Erbfolgekrieg (1701–1714) nochmal als Lager. Der Name „Rotes Schloss" rührt daher, weil der Turm mit roten Ziegeln bedeckt wurde. 2007 stürzte ein Teil der Mauer hinunter. 2023 wurde die Ruine saniert. Auch von der Ostburg steht noch eine Mauer am Großen Waldstein. Die einstige Kapelle, welche zeitgleich mit der Ostburg gebaut wurde, wurde nach der Aufgabe der Ostburg noch etwa 200 Jahre lang gepflegt, verfiel dann aber trotzdem.

Großer Waldstein
Der 877 Meter hohe Große Waldstein liegt im Norden des Fichtelgebirges. Von unten sind sehr gut die Wollsackverwitterungen erkennbar. Der Grat des Gipfels ist in der Liste der Geotope vom Bayerischen Landesamt für Umwelt gelistet (475R009). Auf dem höchsten Punkt befindet sich die Schüssel. 1851 wurde hier ein stählerner Pavillon errichtet, welcher über einen schmalen Grat und über mehrere Treppen bestiegen werden kann und die namensgebende Vertiefung im Granitfelsen verdeckt. Von oben hat man eine wundervolle Sicht in alle Richtungen. Aber Vorsicht, bei Nässe, Schnee oder Eis kann der Aufstieg vor allem wegen der Steintreppen gefährlich sein.

Abenteuerlustige haben nun die Möglichkeit, über einen kurzen (wirklich kurzen) Anstieg über Wurzeln durch ein Felsloch hindurchzukraxeln, um von hinten zur Schüssel 4 hinaufzusteigen. Weniger Wagemutige folgen dem unteren Pfad bis zur Ostburg 5, wandern durch den Torbogen hindurch und steigen dann über die Steintreppen hinauf. Von oben könnt ihr auf den Weißenstädter See, weitere Gipfel wie Schneeberg und Ochsenkopf und umliegende Ortschaften blicken. Der kurze, aber anspruchsvolle Aufstieg und anschließende Abstieg lohnen sich also allemal. Nun geht es wieder hinab zu den Resten der Ostburg und zurück auf den Weg, auf welchem ihr euch links haltet, bis ihr an eine „Kreuzung" gelangt.
Hier wandert ihr nun links weiter auf dem Höhenweg H Richtung Hallerstein, Schwarzenbach und dem Nordweg N Richtung Epprechtstein, Kirchenlamitz weiter. Dieser schöne Pfad führt euch durch den Wald hinab auf eine schmale Teerstraße. Dieser folgt ihr geradeaus, aber nur für etwa 20 Meter, denn dann geht es unterhalb der geschotterten Forststraße weiter auf einem Pfad durch Wald und Heidelandschaft mit der Markierung N Richtung „Epprechtstein 6,6 km, Kirchenlamitz 8,5 km".
Schon 350 Meter später steht ihr an der Straße HO 18. Mit Vorsicht überquert ihr diese, um auf die andere Seite zu gelangen und dem Forstweg (Markierung N) weiter zu folgen. Auch wenn der Untergrund der folgenden 1,3 Kilometer wenig Abwechslung bietet, vergehen diese doch wie im Flug. Es gesellt sich nach einiger Zeit die Markierung des Naturfreundehauses N dazu, welche euch von nun an den weiteren Weg zeigt.
Am Lehstenbach angekommen, biegt ihr rechts zu den Naturfreunden ab, und der Weg wird wieder angenehmer. Ein schmaler Pfad führt mal mehr, mal weniger an dem kleinen Bach entlang, ihr überquert diesen dank einer Holzbrücke trockenen Fußes und marschiert anschließend

Über einen schmalen Grat geht es hinauf zur Schüssel

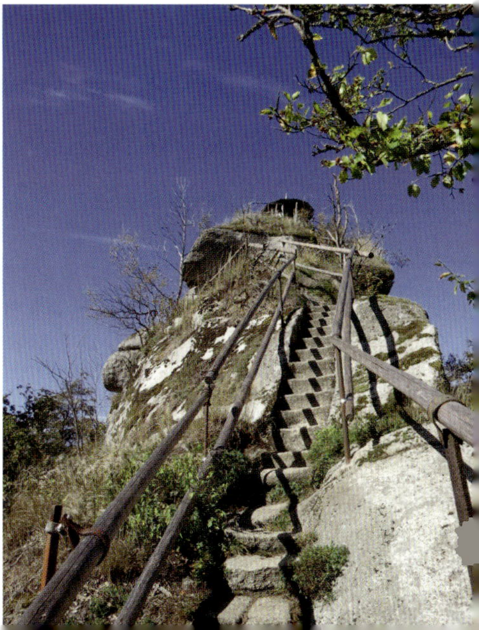

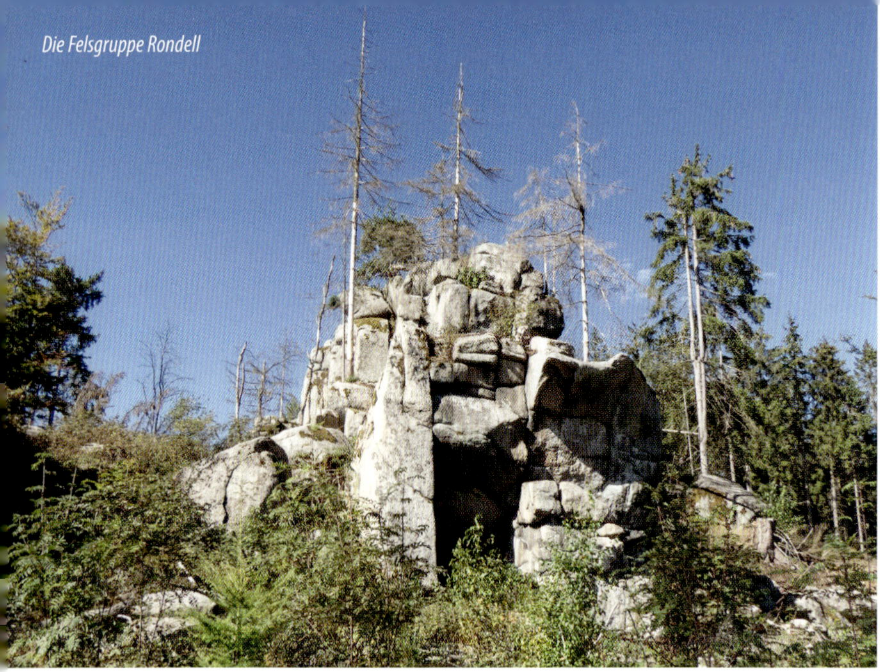

Die Felsgruppe Rondell

auf einem schönen Waldweg bis zum Naturfreundehaus 6. Das ruhige Platzerl mit zahlreichen Bänken und dem Naturfreundehaus lädt zu einer gemütlichen Pause ein. Ganz nebenbei könnt ihr die Schüssel vom Waldstein und das Backöfele auf dem Schneeberg im Miniaturformat auf dem Gelände bestaunen. Die beiden sehen ihren großen Vorbildern täuschend ähnlich. Ein paar Meter weiter, hinterm Gebüsch, befindet sich auch noch ein Weiher.

Naturfreundehaus Zigeunermühle
1950 wurde das Haus von Männern der Münchberger Naturfreunde erbaut. Es liegt im Lehstenbachtal, südöstlich vom Großen Waldstein nahe der Zigeunermühle. Hier kann auch übernachtet werden:
www.naturfreunde-muenchberg.de.

Felsgruppe Rondell
Hierbei handelt es sich um eine Ansammlung von Granitfelsen. Man könnte meinen, dass riesige Trolle sie einst gestapelt haben.

Nachdem ihr euch umgeschaut und ausgeruht oder mit eurer eingepackten Brotzeit gestärkt habt, geht es auf der Forststraße mit der Markierung weiter. Den breiten Weg verlasst ihr bereits 50 Meter nach der Brücke, indem ihr dem Fränkischen Gebirgsweg und scharf nach rechts auf einen Waldpfad folgt. Von nun an geht's bergauf. Denn wer A sagt, muss auch B sagen. Und wer bergab geht, der muss auch irgendwann wieder nach oben, also Augen zu und hoch…

Der Pfad endet an einem Forstweg, wo ihr euch erst rechts und dann wieder links haltet und weiter den Markierungen & folgt. Der Wald ist mal dichter, mal lichter, und manchmal ist hier nichts mehr, außer ein paar Baumstümpfen im Gras. Sobald ihr die Straße überquert und noch ein Stück auf einem schönen Waldweg zurückgelegt habt, solltet ihr eure Augen wieder mehr auf den Weg richten. Es geht nämlich rechts auf einen Pfad, welcher teils mit Wurzeln und Felsbrocken durchsetzt ist. Nach einem kurzen Anstieg erhebt sich auf der rechten Seite die Felsgruppe Rondell 7. Anschließend führt der Wanderweg weiter

hinauf auf einen geschotterten breiten Weg. Hinter dem Wall verbirgt sich der Steinbruch 8, in welchem auch heute noch abgebaut wird.
Ihr wandert nun links weiter Richtung „Waldsteinhaus 1,3 km". Damit euch die bevorstehenden 500 m auf der Schotterpiste nicht wie eine Ewigkeit vorkommen, sorgen die Felsformationen Napoleonshut 9 und der Wal vom Waldstein 10 am Wegrand für Abwechslung. Habt ihr den Wal erkannt?
Der Fränkische Gebirgsweg verlässt den breiten, geschotterten Weg nach rechts auf einen Pfad, und genau da müsst ihr auch lang. Es geht nochmal ein wenig bergauf, und dann habt ihr die Möglichkeit, entweder auf dem Pfad geradeaus bis zum Waldsteinhaus 11 zu wandern, dann seid ihr auch schon wieder am Parkplatz. Oder ihr biegt rechts ab, nehmt nochmal eine kurze, also wirklich kurze Steigung in Kauf, haltet euch anschließend wieder links und erlebt zum Abschluss nochmal die Felsenlandschaft am Waldstein, während ihr auf bekanntem Wege (so seid ihr zu Beginn der Wanderung auch gelaufen) zurück zum Ausgangspunkt wandert. Da beide Varianten ihren Reiz haben, habt ihr hier die Qual der Wahl.
Es lohnt sich, nach der Wanderung noch einen Abstecher zum Arnsteinfels zu machen. Auf dem Weg dorthin könnt ihr sogar noch den letzten erhaltenen Bärenfang, eine Anlage, mit welcher früher Bären gefangen wurden, anschauen.

Napoleonshut
Während eurer Wanderung begegnet ihr nahe dem Steinbruch am Waldstein dem Napoleonshut. Der Felsbrocken am Wegrand erinnert optisch an den Hut Napoleons.

Wal vom Waldstein
Würdet ihr den Wal vom Waldstein erkennen? Ich habe diese Wanderung absichtlich mit dem Uhrzeigersinn geplant, denn wenn ihr von der anderen Richtung kommt, erkennt man ihn nicht – wenn man nicht direkt davorsteht. Der Wal vom Waldstein ist ein Granitfelsblock, welcher tatsächlich wie ein Wal aussieht. Augen auf!

Bärenfang und Arnsteinfels
Legt doch noch ein paar Extra-Meter zurück und schaut euch den Bärenfang an, während ihr noch einen Abstecher zum Arnsteinfels macht. Beide sind vom Parkplatz aus erreichbar.
Der Bärenfang ist ein historisches und in seiner Art das letzte erhaltene Gebäude am Großen Waldstein, welches 1656 das erste Mal urkundlich erwähnt wurde. Hier wurden in den Jahren 1695–1735 nachweislich 14 Bären gefangen. Während im Inneren ein Köder lag, löste der Bär herabfallende Gitterstäbe aus, wenn er hineinging. Die Bären wurden anschließend nicht getötet, sondern lebend nach Bayreuth gebracht.
Der Arnsteinfels wurde schon im 17. Jahrhundert als beliebter Aussichtspunkt genutzt. Kein Wunder, denn auch heute genießt man von dem wollsackverwitterten Felssporn noch einen Ausblick, welcher sich von Zell im Fichtelgebirge, über den Haidberg nach Reinersreuth und bis Sparneck erstreckt. Bei guter Sicht sieht man bis Münchberg und Helmbrechts.

Bären aus Granit am Bärenfang am Waldstein

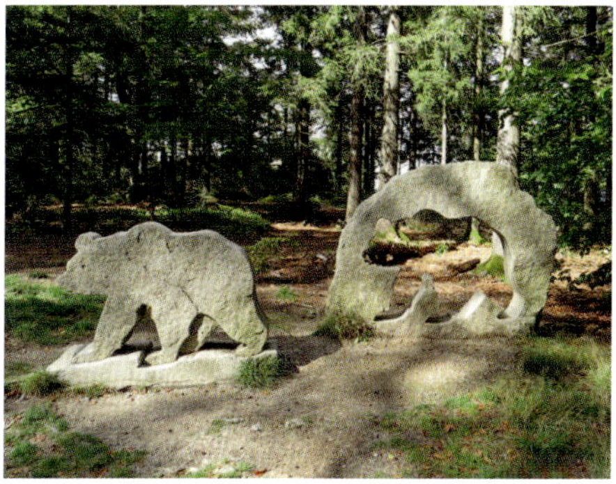

Höhlenforscher trifft Gipfelglück

Von Nagel über die Girgelhöhle auf die Hohe Matze

TOUR 17

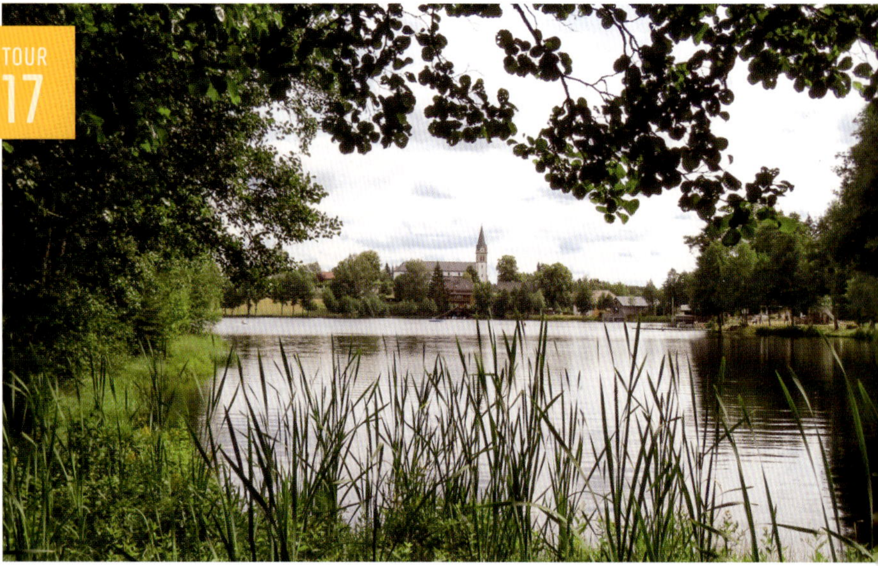

Parkplatz zum Nageler See
Navi: Parkplatz zum Nageler See, 95697 Nagel (zwischen den Straßen Seeblick und Zum See)
Koordinaten: 49°58'52.0"N 11°55'11.5"E

Ausgangspunkt – Nageler See – Girgelhöhle – Hinterer Ringberg – Vorderer Ringberg – Hohe Matze – Nageler See – Duft- & Schmetterlingsgarten – Ausgangspunkt

Badespaß im See, Höhlenabenteuer und ein wunderschönes, ruhiges Platzerl auf einem eher unbekannten Gipfel. Da ist garantiert für jeden was dabei. Ich empfehle bei dieser Tour ein GPS-Gerät. Packt die Badehose ein.

(Fränkischer Gebirgsweg) & Q (Quellenweg); Q (Quellenweg); H (Höhenweg); (Nageler Rundweg); (Fränkischer Gebirgsweg) & Q (Quellenweg)

Kiosk am Nageler See
Im Sommer hat man an schönen Tagen das Glück, dass der Kiosk von 14–18:30 Uhr geöffnet hat.

Wirtshaus zur Mauth (mit Anfahrt)
Wunsiedler Str. 21, 95697 Nagel
Tel. 09236 240
info@reithmeier.de
www.wirtshaus-zur-mauth.de

Die Treppe in der Girgelhöhle ist steil (kein Muss). Absturzgefahr auf den Felsen. Der Felsgipfel der Hohen Matze ist nur für geübte Hunde zu besteigen. Hunde am Nageler See bitte anleinen und nicht im See baden lassen. Genug Trinkwasser mitnehmen.

Gemeinde Nagel
Wunsiedler Straße 25, 95697 Nagel
Tel. 09236 98110
www.erholungsort-nagel.de

Foto: Blick über den Nageler See zur Kirche

mittel | 9,1 km | 231 Hm | 2:45 h

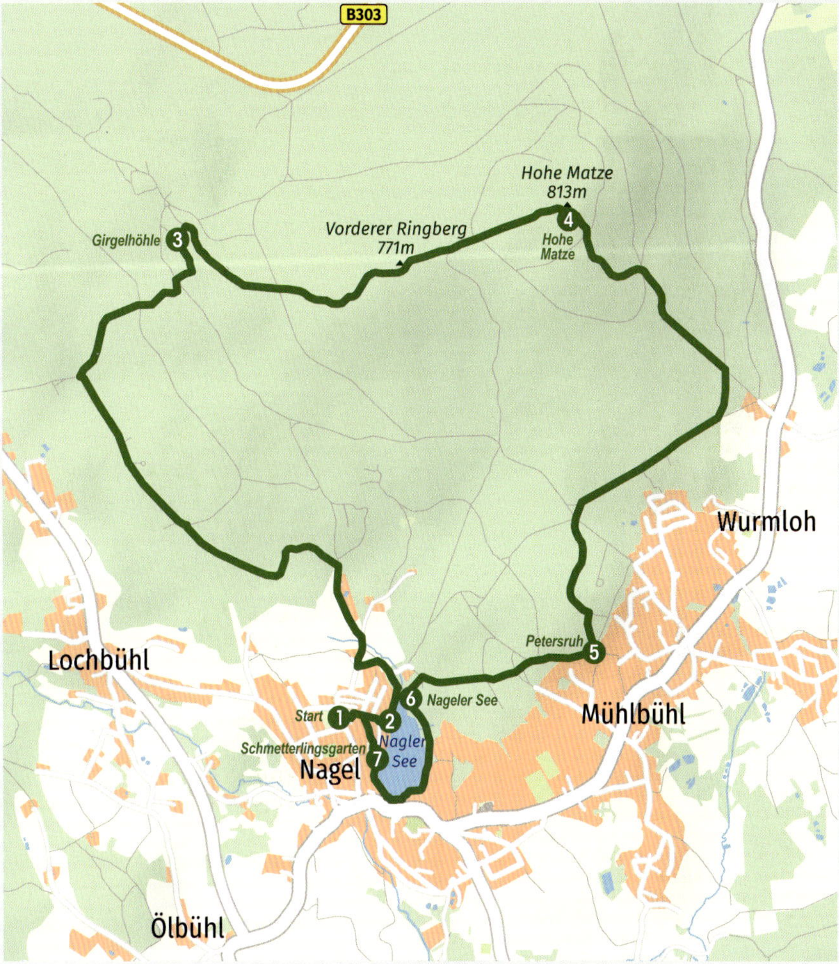

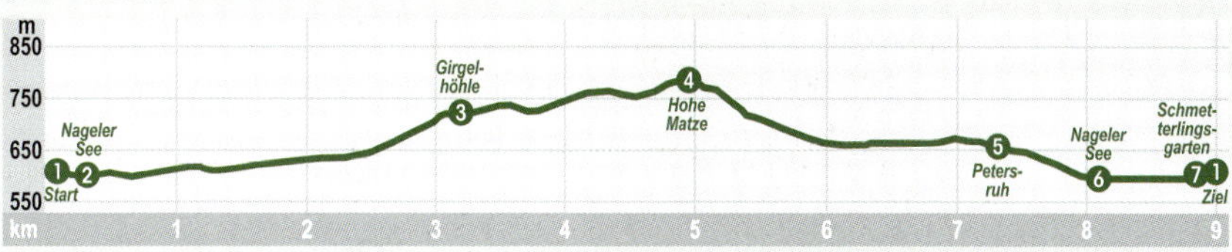

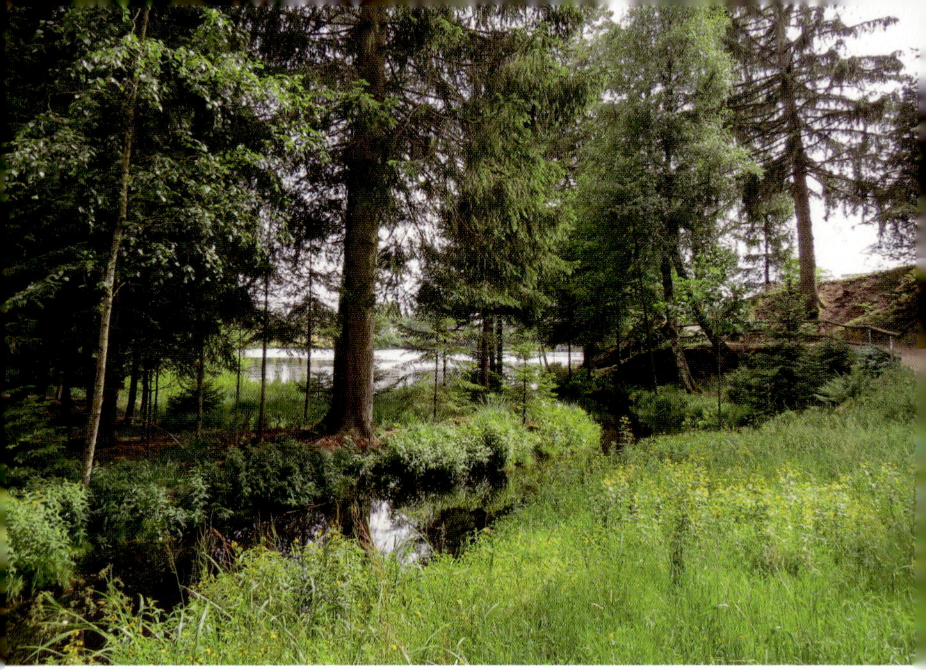

Der hintere Teil des Nageler Sees ist ein schönes Biotop

Von eurem Startpunkt 1 aus geht es zuerst runter zum Nageler See 2. Zu eurer Rechten ist der Duft- und Schmetterlingsgarten, welchen ich an eurer Stelle aber erst zum Ende der Tour besichtigen würde. Direkt am See geht es dann links zum hinteren Teil des Sees, wo ihr euch dann nochmal links haltet und kurz der Teerstraße und anschließend einem Pfad über die Wiese folgt. Gleich mehrere Markierungen weisen euch den Weg, u. a. der Fränkische Gebirgsweg und der Quellenweg Q. Diesen beiden folgt ihr so lange, bis ihr am Waldrand oben steht, wo sich nun der Fränkische Gebirgsweg vom Quellenweg trennt.

Für euch geht es links mit dem Q weiter Richtung Ochsenkopf, Fichtelberg und Fichtelsee. Der schöne Waldpfad Q ist angenehm für die Füße, auch wenn es ab und an ein paar Wurzeln und Steinchen zu überwinden gilt. Der Pfad wird breiter und zu einem schönen Waldweg, welcher euch zu einer geschotterten Forststraße bringt. Diesem Schotterweg, welcher weiterhin mit dem Q markiert ist, folgt ihr nun – Schnappatmung einstellen – knapp 700 Meter, bis ihr dann nach rechts auf einen unmarkierten Waldweg abbiegt. Nach ca. 400 Metern und ein paar Höhenmetern erreicht ihr eine Schotterpiste. Die müsst ihr aber

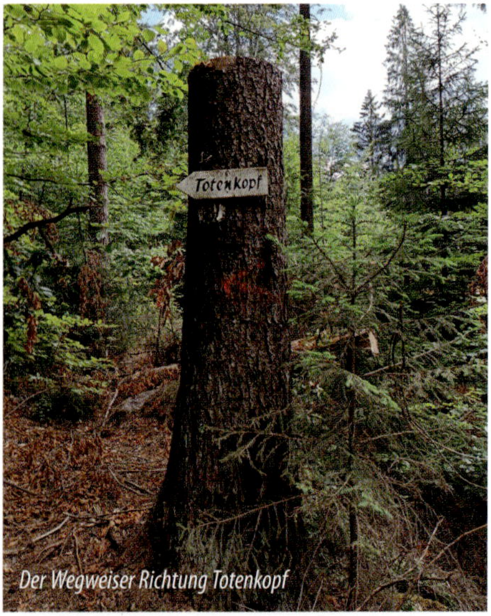

Der Wegweiser Richtung Totenkopf

nur kurz überqueren und geradeaus auf dem Pfad ohne Markierung weiter bergauf gehen, bis ihr wieder auf eine querende Forststraße gelangt. Vor euch ist nun ein großer Felsen, der irgendwie wie ein Ei aussieht. Links neben dem „Ei" geht etwas versteckt ein Pfad hoch. Erst wenn ihr auf dem Pfad seid, könnt ihr den Wegweiser Richtung „Totenkopf" erkennen. Also haltet die Augen offen. Da der Gipfel noch lange nicht erklommen ist, geht es natürlich weiter bergauf. Aber nicht mehr lange, dann steht ihr vor einem Haufen Felsen, der aussieht, als hätten Trolle ihn gestapelt. Ab hier folgt ihr nun erst einmal den kleinen blauen Pfeilen, welche euch über tolle Pfade zur Girgelhöhle 3 führen.

Jetzt geht's erstmal ans Entdecken und Erkunden. Ihr solltet, wenn ihr richtig gegangen seid, oberhalb der Höhle sein. Eine schmale, steile Treppe führt euch durch einen engen Eingang hinab. Das Besondere an der Girgelhöhle ist, dass sie auch „unten" offen ist und ihr so einmal komplett hindurchwandern könnt. Aber auch auf den oberen Felsen lässt es sich gut aushalten, und einem kleinen Picknick oder einer Brotzeit steht nichts im Weg.

Spätestens wenn ihr dann euren Weg fortsetzen wollt, müsst ihr wieder auf das „Dach" der Höhle. Ab da folgt ihr nun nochmal den blauen Pfeilen durch eine Art kleines Felsenlabyrinth bis zur Markierung des Steinzeitwegs. Dort wechselt ihr dann nach rechts auf den E3 und den Höhenweg H.

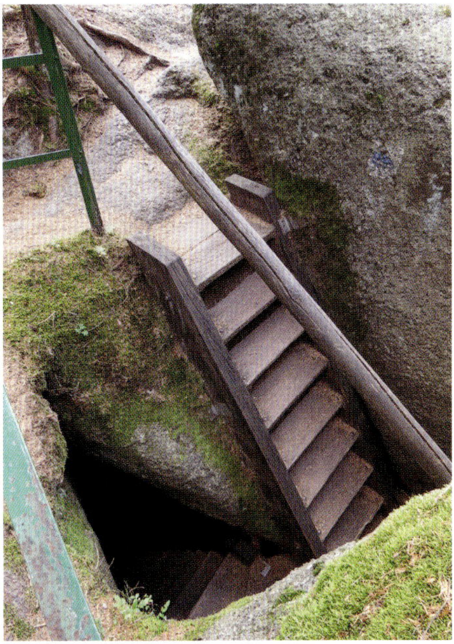

Wer in die Girgelhöhle möchte, der muss entweder außenherum und von unten in die Höhle gehen. Oder er nimmt die steile, schmale Treppe

Der Höhenweg H führt euch nun auf ca. 1,8 Kilometern über Wurzeln und Felsen durch den Wald. Neben euch türmen sich mächtige Gesteinsbrocken auf. Knorrige, mit Flechten bewachsene Bäume stehen links und rechts neben dem schmalen Pfad und erinnern beinahe an ein Spalier. Forststraßen müssen nur überquert werden,

Girgelhöhle

Der „Schmiedmatzengirgel" fand um 1800 hier für einige Jahre Unterschlupf, nachdem er aus Eifersucht einen vermeintlichen Nebenbuhler erschlug. Damals gehörte das Gebiet zum preußischen Hoheitsgebiet, Nagel gehörte zu Bayern. Somit war er „sicher". Erst als er sich doch eines Tages nach Nagel wagte, wurde er verraten und verhaftet. Anschließend folgte die Todesstrafe durch das Schwert. Daher der Name „Girgelhöhle". Die Girgelhöhle ist ein geschütztes Geotop. Groß ist die Höhle nicht, aber dank dem kleinen Felsenlabyrinth birgt sie einen großen Spaßfaktor.

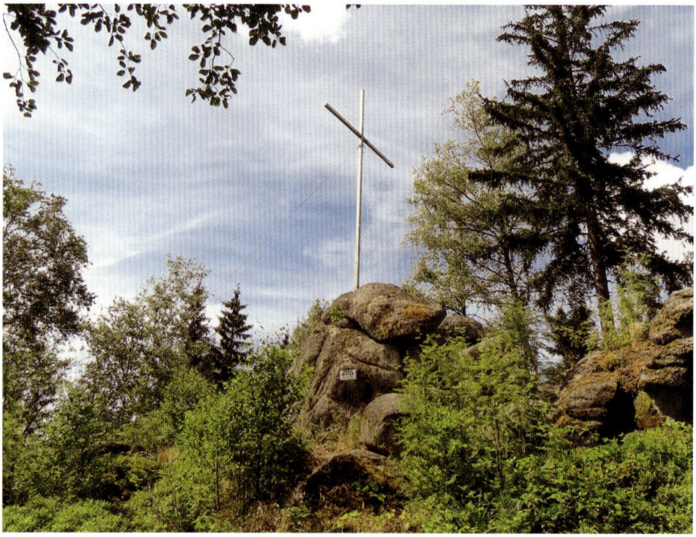
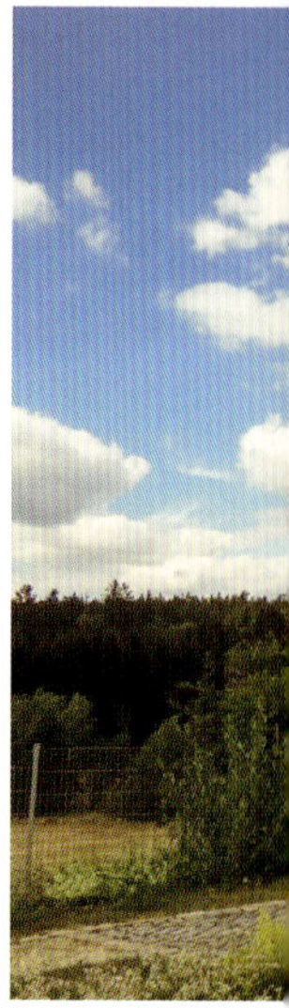

Auf dem 816 m hohen Gipfel der Hohen Matze thront auch ein Gipfelkreuz

und dann könnt ihr nach dem abenteuerlichen Weg auch schon von hinten das Gipfelkreuz der Hohen Matze 4 (816 m ü. NN) (manche sagen auch „Hohe Mätze“) erkennen.

Wer auf den Felsgipfel hinaufsteigen möchte, der tut dies am besten, wenn er vor dem Felsen steht, auf der rechten Seite. Hier führt ein kleiner Pfad hinauf. Allerdings solltet ihr dafür etwas Trittsicherheit mitbringen, und viel Platz ist oben nicht. Und wer lieber eine kleine Pause möchte, der ruht ein wenig auf der Bank mit Tisch und einem wundervollen Blick zur Kösseine.

Nun wartet ein etwas steilerer Abstieg auf euch. Zuerst folgt ihr dem H auf einem Pfad. Dieser bringt euch dann auf eine Schotterpiste, aber glaubt mir, nach dem Abstieg freut ihr euch fast darauf, dass sich die Füße etwas erholen können. Die Forststraße, welche ebenfalls noch die Markierung des Höhenwegs trägt, führt euch noch ein weiteres Mal bergab zu einer Kreuzung. Jetzt geht es rechts weiter, und der Abstieg ist geschafft. Jetzt folgt ihr etwa 350 Meter dem Nageler Rundweg . Der Weg führt dann links auf einen Pfad hinab. Auch wenn die Versuchung groß ist, so bleibt ihr aber noch bis zur nächsten Kreuzung auf dem Schotterweg und biegt erst dann links ab. Es geht auf einem Waldweg geradeaus weiter, welcher euch auf einen Pfad und weiter zur Petersruh 5 – ein großer Steinbrocken, der an eine Opferschale erinnert und aus dem im oberen Teil Wasser sprudelt – führt. Auch eine Bank und eine Tafel mit der Aufschrift „Teutsches Paradeiß“ gibt es hier.

Die nachfolgenden 800 Meter führen euch dann auf abwechslungsreichen Wegen mit den Markierungen & Q von der Petersruh zurück zum Nageler See 6. Hier könnt ihr nun selbst entscheiden, ob ihr rechts um den See herum geht

Hohe Matze

816 m ü. NN erhebt sich die Hohe Matze unweit von Tröstau und Nagel. Ein eisernes Gipfelkreuz auf der Grantifelsenburg und ein Sitzplatz am Fuße des Gipfels, mit Blick zur Kösseine, erfreuen den Wanderer. Wer zum Gipfelkreuz aufsteigen möchte, der tut dies am besten auf der rechten Seite. Ein kleiner Pfad führt hinauf, wobei im oberen Teil auch eine kleine Kraxeleinlage abverlangt wird.

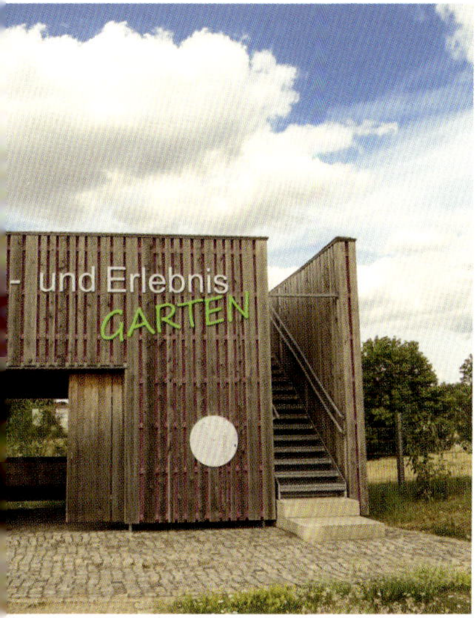

Willkommen im Kräuterdorf Nagel

Das Kräuterdorf Nagel

Das Kräuterdorf Nagel ist definitiv einen Besuch wert. 23 % der Gemeindeflächen sind nach FFH (Flora-Fauna-Habitat)-Richtlinien geschützt, somit besitzt der Ort anteilig die meisten FFH-Flächen in Bayern. Vor allem viele Wildkräuter finden hier einen geeigneten Lebensraum. Im Duft- und Schmetterlingsgarten am Nageler See wie auch im Zeit- und Erlebnisgarten nahe dem Friedhof gibt es aber auch andere Kräuter. Das Haus der Kräuter ist das Herzstück, und neben interessanten Veranstaltungen gibt es hier auch einen kleinen Kräuterladen.

und somit wieder auf dem Weg seid, von wo ihr gekommen seid – das ist der schnelle Weg zurück zum Ausgangspunkt. Oder ihr haltet euch am Seeufer links, wandert einmal um den See herum und schlendert auf dem Weg zurück zum Ausgangspunkt noch durch den Duft- und Schmetterlingsgarten 7. Eine Einkehr am Kiosk (wenn er geöffnet hat) oder eine herrliche Erfrischung im See wäre natürlich auch noch eine Option.

Anschließend geht es dann die letzten Meter zurück zum Parkplatz.

Der Duft- und Schmetterlingsgarten am Nageler See

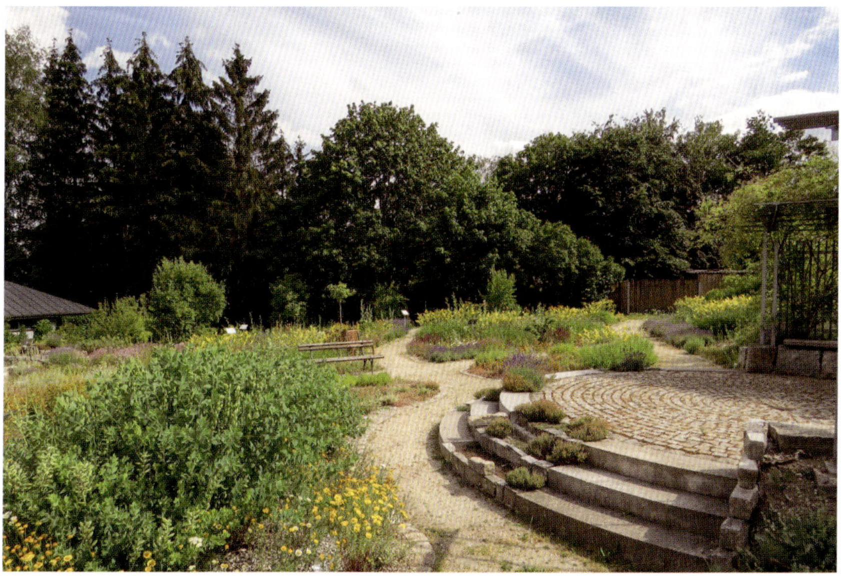

David und Goliath

Auf zu den beiden Habersteinen und Kösseinegipfeln

TOUR 18

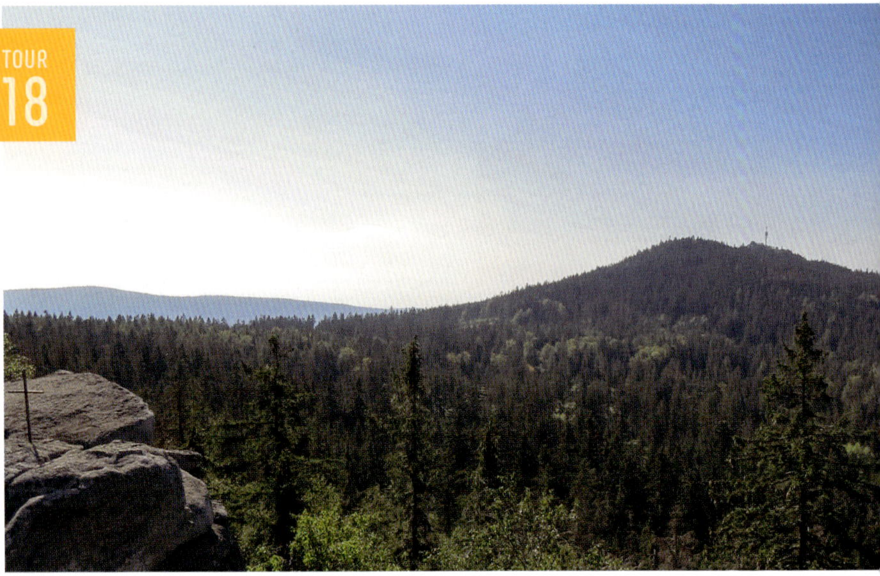

Start/Ziel

Wanderparkplatz zur Kösseine
Navi: Hohenbrand 2A, 95697 Nagel, von dort aus bis zum Wald weiterfahren, da ist dann der Parkplatz
Koordinaten: 49°59'24.1"N 11°57'33.1"E

Ausgangspunkt – Großer Haberstein – Kleiner Haberstein – Kleine Kösseine – Bergwachthütte und Kösseine-Kreuz – Kösseinehaus – Große Kösseine – Brünnle – Ausgangspunkt

Es gibt sie beide in Klein und in Groß, die Rede ist vom Haberstein und der Kösseine. Während dieser Tour lernt ihr alle vier kennen. Der Große Haberstein verfügt über eine abenteuerliche Besteigungsanlage. Es geht vorbei am Kleinen Haberstein, entlang der Kleinen Kösseine und hinauf zur Großen Kösseine. Traumhafte Aussichten, bizarre Felstürme und anspruchsvolle Wege runden die Wanderung ab.

H (Höhenweg) & ◎ (Ringweg); Q (Quellenweg) & (Fränkischer Gebirgsweg); (weiß-blau-weiß); (Fränkischer Gebirgsweg) & H (Höhenweg); H (Höhenweg)

Kösseinehaus
Kösseinehaus 1, 95632 Wunsiedel
Tel. 09232 2061
koesseinehaus-official@seznam.cz
www.koesseinehaus-official.de

Der Aufstieg auf den Großen Haberstein ist nur über eine relativ steile Treppe möglich, oben besteht Absturzgefahr. Im Naturschutzgebiet Hunde bitte anleinen. Unbedingt genug Wasser mitnehmen.

Gemeinde Nagel
Wunsiedler Straße 25, 95697 Nagel
Tel. 09236 98110
www.erholungsort-nagel.de

Foto: Blick vom Großen Haberstein zur Kösseine

DAVID UND GOLIATH – TOUR 18

mittel | 8,7 km | 376 Hm | 2:45 h

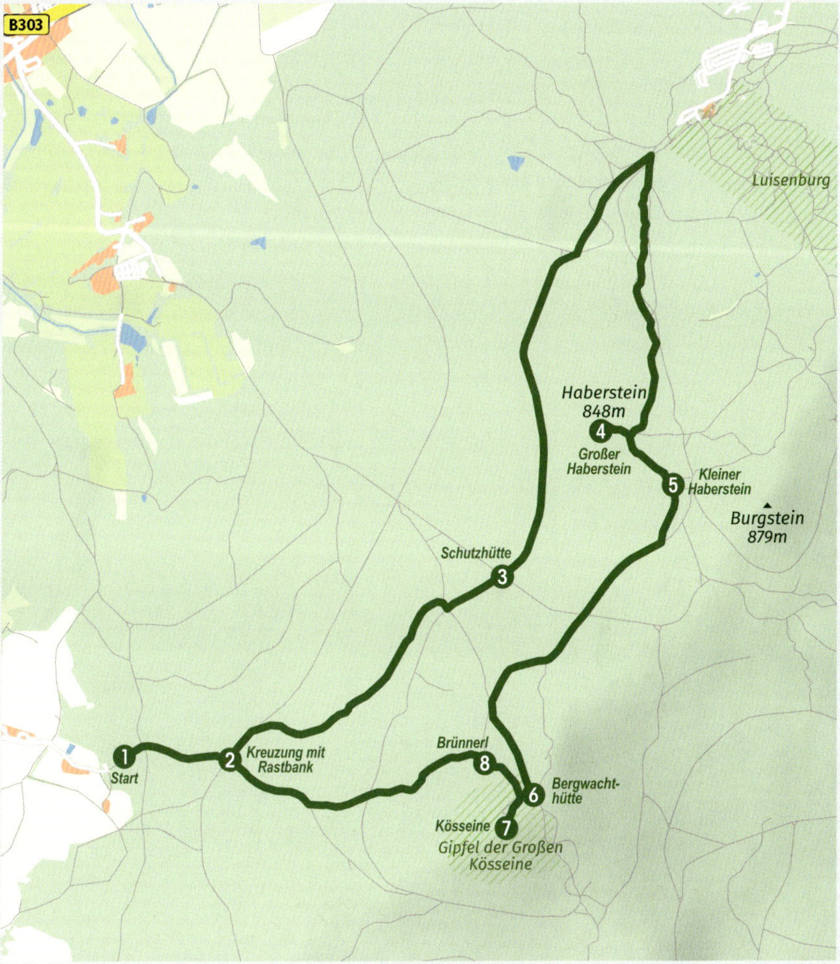

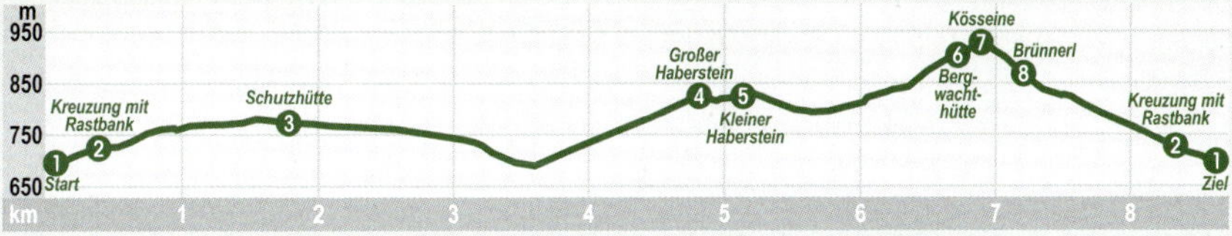

Damit euch gleich warm wird, startet die Wanderung sofort bergauf. Dafür folgt ihr vom Parkplatz 1 aus rechts den Markierungen H (Höhenweg) & ◎ auf der Forststraße, bis ihr zu einer Kreuzung mit einer Rastbank 2 gelangt. Hier biegt ihr links ab und wandert nun auf dem Quellenweg (Q) & Fränkischen Gebirgsweg ( ).

Die genannten Wanderwege führen euch nach etwa 140 Metern rechts auf einen Waldweg, welcher nach kurzer Zeit zu einem schönen, abwechslungsreichen Pfad wird. Nach einem Kilometer endet der Pfad dann jedoch auf einem Kiesweg. Jetzt heißt es „links, 2, 3, 4" (also links abbiegen), und weiter geht's zu einer Schutzhütte 3. An dieser müsst ihr einfach geradewegs vorbei, und dann passiert die nächsten 1,6 Kilometer nicht viel. Das leichte Gefälle ist angenehm und sorgt für etwas Schwung – so bringt ihr die Schotterpiste schneller hinter euch.

Als sich der Weg gabelt, bleibt ihr rechts. Anschließend müsst ihr dann aber die Augen offenhalten, denn links führt nun ein Pfad in den Wald. Die Markierungen bleiben dabei immer noch die gleichen. Es geht über Stock und Stein hinunter. Den kreuzenden Forstweg lasst ihr einfach links liegen und geht weiter geradeaus, bis der Pfad auf den nächsten Forstweg trifft. Hier haltet ihr euch rechts.

Schon nach 130 Metern geht es erneut rechts, jetzt aber wieder bergauf. Ihr müsst euch nun entscheiden, ob ihr dem Weg „Aufstieg Rodelbahn" folgt, oder rechts daneben den unmarkierten Pfad nehmt. Ich persönlich finde ja den rechten Pfad abenteuerlicher. So oder so müsst ihr auf beiden Wegen bergauf, da führt kein Weg dran

Auf dem Weg zum Großen Haberstein

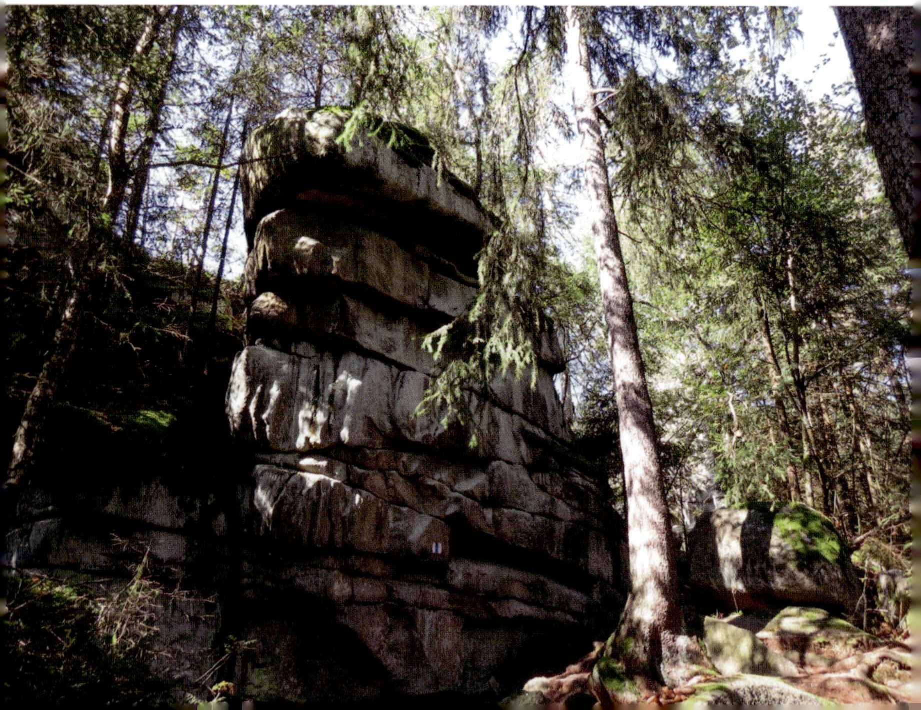

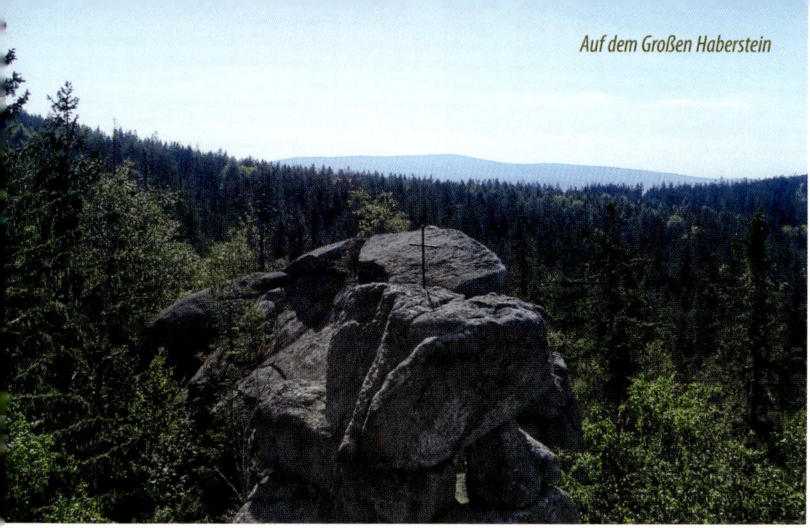

Auf dem Großen Haberstein

vorbei – und beide bringen euch auf einen verblockten und verwurzelten Weg, auf welchem es nun weitergeht.

Bei nächster Möglichkeit haltet ihr euch rechts und folgt der Markierung [ ]. Diese bringt euch direkt zum Großen Haberstein (4) (848 m). Dafür müsst ihr aber ein bisschen Fleiß aufbringen, denn der Pfad führt über Felsbrocken und Wurzeln. Am Ende des Weges warten eine Picknickbank mit Tisch und ein mächtiger Felsturm mit einer Treppe. Der Aufstieg hinauf auf den Großen Haberstein lohnt sich, also scheut euch nicht. Schaut ihr von oben über die Treppe, könnt ihr auch schon euer weiteres Ziel erkennen – die Kösseine. Aber auch die anderen Richtungen sind sehr aussichtsreich. Nachdem ihr hoffentlich wieder heil auf dem Boden angekommen seid, müsst ihr wieder ein Stück zurück. Ja, auch über die Felsen und Wurzeln, aber nur bis zur Weggabelung. Ab da folgt ihr dem schönen Pfad und seid nun auch wieder auf dem [Fränkischer Gebirgsweg] & [H]. Auf der rechten Seite erhebt sich der Kleine Haberstein (5), welcher ganz nett, aber längst nicht so spektakulär wie sein großer Bruder ist.

Kleiner Haberstein
Nur 200 m entfernt vom Großen Haberstein liegt der Kleine Haberstein. Er besteht aus zwei Felstürmen, bietet jedoch keine Besteigungsmöglichkeit und ist auch sonst nicht so imposant wie sein großer Bruder. Die Felsformation steht unter Schutz und ist als Naturdenkmal ausgewiesen.

Großer Haberstein
Der Große Haberstein besteht aus mehreren aufeinandergestapelten Granitfelsen. Dank seiner Höhe von 847 m ü. NN und als steil aufragende Felsburg mitten im Wald bietet er eine atemberaubende Aussicht auf die benachbarte Kösseine, das Seehaus und das im Tal liegende Wunsiedel. Der Aufstieg über die Holztreppen ist etwas abenteuerlich und erfordert ein gewisses Maß an Schwindelfreiheit, ist aber gut machbar. Vorsicht gilt jedoch bei Nässe, Eis oder Schnee. Auf bzw. im obersten Felsen der Aussichtsplattform befinden sich schüsselartige Löcher. Diese Druidenschüsseln, wie sie auch genannt werden, wurden aber nicht durch Menschenhand geschaffen, um Opfer zu bieten, sondern entstanden durch Verwitterung. Beim Großen Haberstein handelt es sich um ein Naturdenkmal und ein geschütztes Geotop.

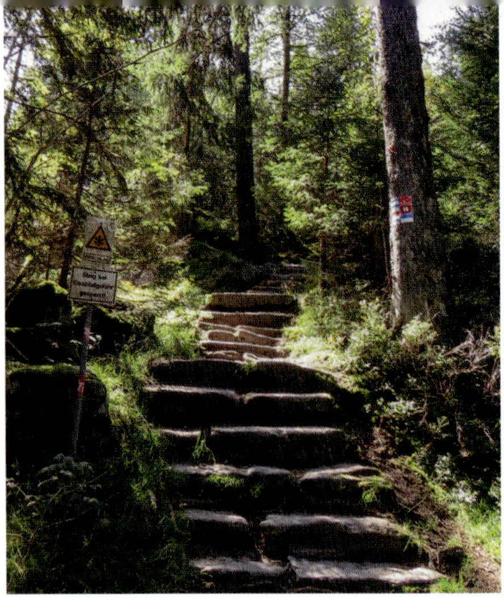

Diese Steintreppe führt zum Kösseinehaus

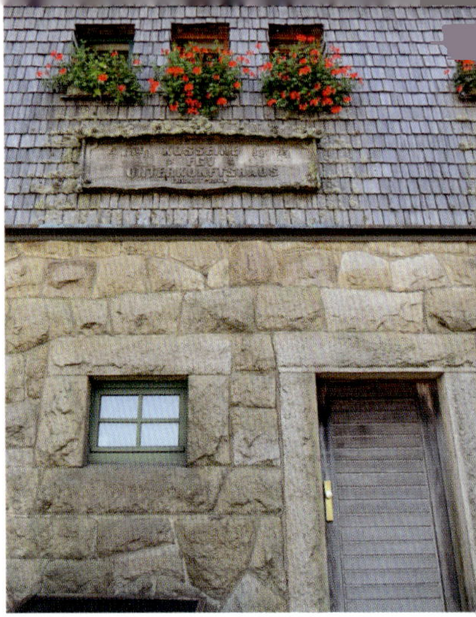

Das Kösseinehaus

Der verblockte Pfad wird nach einiger Zeit zu einem Waldweg. Aber nur, bis ihr die nächste Forststraße geradewegs überquert habt, dann wird es wieder holprig und es geht wieder bergauf… Den ersten linksabführenden Pfad ignoriert ihr einfach. Auf dem Gipfel der Kleinen Kösseine (922 m) haben nämlich die seltenen Gartenschläfer ihr Revier und wollen nicht gestört werden. Beim zweiten Weg biegt ihr nach oben ab und verlasst den Höhenweg und den Fränkischen Gebirgsweg. Der unmarkierte Weg ist etwas breiter, was aber nicht heißt, dass er dadurch einfacher ist. Auch hier liegen viele Steine im Weg, und der Anstieg ist auch nicht von schlechten Eltern. Am Ende des Weges warten die Bergwachthütte ⑥ mit einer Wellnessliege und ein schönes Kreuz mit einem Altar auf euch.

Habt ihr Hunger oder Durst? Dann weiter zum Kösseinehaus. Wenn ihr euren Blick auf das Kreuz richtet, dann müsst ihr rechts weiter. Ein Wegweiser zeigt euch auch nochmal, dass es dort zur Kösseine geht. Nach ca. 40 Metern bringen euch links die Steintreppen direkt auf den Gipfel der Kösseine ⑦ hinauf. Jetzt habt ihr euch den Biergarten mit traumhafter Aussicht reichlich verdient. Und bevor ihr frisch gestärkt einfach so den Rückweg antretet, empfehle ich euch noch die letzten Höhenmeter zu bezwingen und zum

Kleine Kösseine

Die Kleine Kösseine ist das Zuhause der seltenen und stark gefährdeten Gartenschläfer. Deshalb führt die Wanderung nicht direkt über den Gipfel, den 922 m hohen Nebengipfel der Kösseine, sondern am Rand vorbei. Der Gipfelbereich, welcher u.a. aus einer Blockhalde und wollsackverwitterten Granitblöcken besteht, steht unter Schutz und befindet sich in der Liste der Naturdenkmäler.

Kösseine

Die Kösseine, manchmal auch als Große Kösseine bezeichnet, hat eine Höhe von 939 m ü. NN Am Gipfel befindet sich das Kösseinehaus (Übernachtung und Einkehr möglich), und auf dem obersten Felsen wurde ein gemauerter Aussichtsturm errichtet. Von hier aus blickt man weit in alle vier Himmelsrichtungen. Der Aufstieg ist kostenlos und frei zugänglich. Der gesamte Gipfelbereich inkl. seinem weitläufigen 15,8 ha großen Granit-Blockmeer ist als Naturschutzgebiet ausgewiesen.

Aussichtspunkt auf den Kösseine-Gipfel (939 m) hinaufzusteigen. Danach geht es auch wirklich nur noch abwärts, versprochen.

Der Rückweg verläuft zu Beginn über die bekannte Steintreppe hinab. Den Fahrweg überquert ihr nun aber nur und wandert sogleich bergab auf einem Pfad Richtung Hohenbrand, Zum Brünnerl, usw. Orientiert euch für den Abstieg einfach an der Markierung H und lauft immer bergab, dann könnt ihr euch nur schwer verlaufen.

Am Brünnerl 8, hier handelt es sich tatsächlich um einen Brunnen, lauft ihr geradewegs vorbei, und es geht weiter bergab. Auf einem Wegweiser steht schon euer Ziel – Parkplatz Hohenbrand 1,7 km H. Tatsächlich ist es ab hier nicht mehr weit, und ihr müsst nur immer der Markierung H folgen. Je weiter ihr nach unten kommt, umso weniger Felsbrocken befinden sich auf dem Weg, und das Gefälle nimmt leicht ab. Letztendlich endet der Pfad dann auf einem geschotterten Forstweg, auf welchem ihr nun nur noch die letzten Meter bis zum Parkplatz zurücklegen müsst.

Das Brünnle

Der Marien-Brunnen (auch Brünnle genannt) liegt auf 865 m zwischen der Kösseine und Hohenbrand. Den Namen Marien-Brunnen trägt der Brunnen deshalb, weil das Wasser von der naheliegenden Marienquelle stammt. Sie versorgte den ersten Hüttenwirt des Kösseinehauses mit Wasser. Der Brunnen wurde am 19.07.2008 erneuert. Achtung, kein Trinkwasser!

Das Brünnerl an der Kösseine

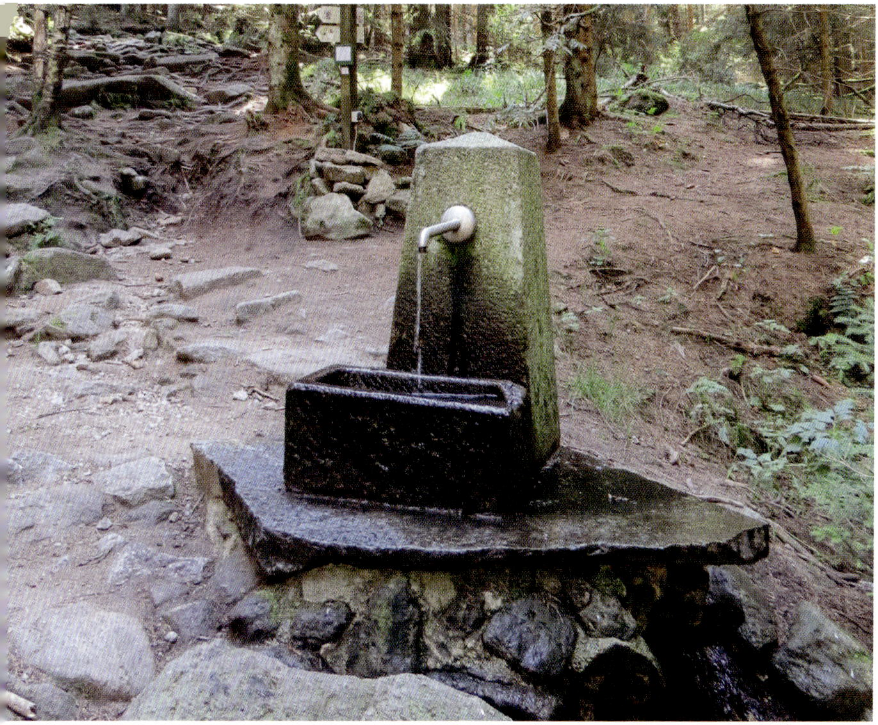

Eine harte Nuss

Nicht nur wegen des Nußhardt-Gipfels

TOUR 19

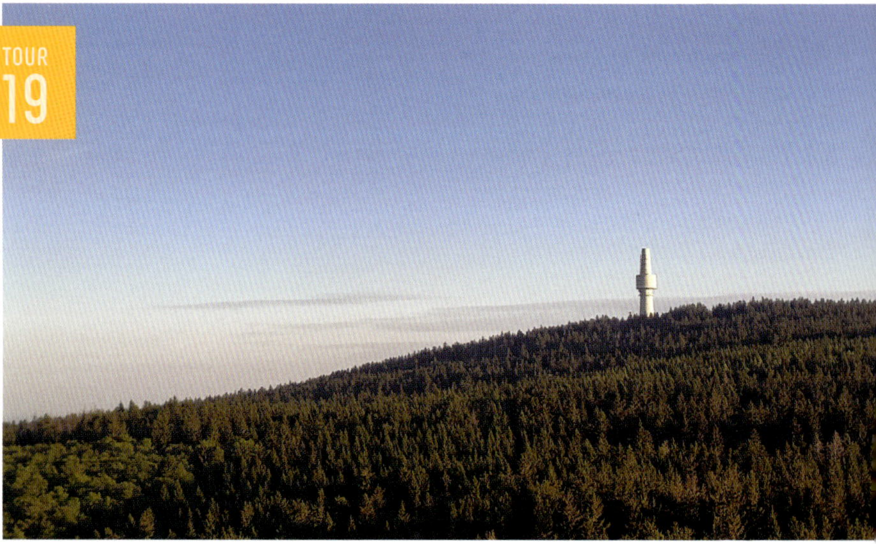

Wanderparkplatz Vordorfermühle
Navi: Vordorfermühle 12, 95709 Tröstau
Koordinaten: 50°02'38.8"N 11°54'27.1"E

Ausgangspunkt – Röslauquelle – Schneeberg-Gipfel – 1000-m-Stein – Nußhardt-Gipfel – Seehaus – Schmierofenhütte – Ausgangspunkt

Der wenig genutzte Aufstieg führt euch über die Röslauquelle hinauf zum Schneeberg – dem höchsten Gipfel Frankens. Auf spannenden Wegen geht es zum Nußhardt und über das Seehaus zurück. Trekkingstöcke können sinnvoll sein.

R (Röslauweg) & (3) (RW 3); R (Röslauweg); S (Seenweg); H (Höhenweg) & (Fränkischer Gebirgsweg); (Fränkischer Gebirgsweg); (weiß-blau-weiß); H (Höhenweg); H (Höhenweg) & (Fränkischer Gebirgsweg); H (Höhenweg); M (Mittelweg)

Seehaus
Seehaus 1, 95709 Tröstau
Tel. 09272 222
huebner.berthold@gmail.com
www.fgv-seehaus.de

Gasthof zur Mühle
Vordorfermühle 2, 95709 Tröstau
Tel. 09232 2943
www.vordorfermuehle.de

Gute körperliche Verfassung erforderlich. Das Backöfele kann über eine relativ steile Holztreppe bestiegen werden. Auf den Nußhardt gelangt man nur über eine Gittertreppe, oben herrscht Absturzgefahr. In den Naturschutzgebieten gilt Leinenpflicht. Bitte ausreichend Wasser mitnehmen.

Gemeinde Tröstau
Hauptstraße 6, 95709 Tröstau
Tel. 09232 992161
www.troestau.de

 Foto: Blick vom Nußhardt zum Schneeberg

EINE HARTE NUSS – TOUR 19

schwer | 13,6 km | 445 Hm | 4:00 h

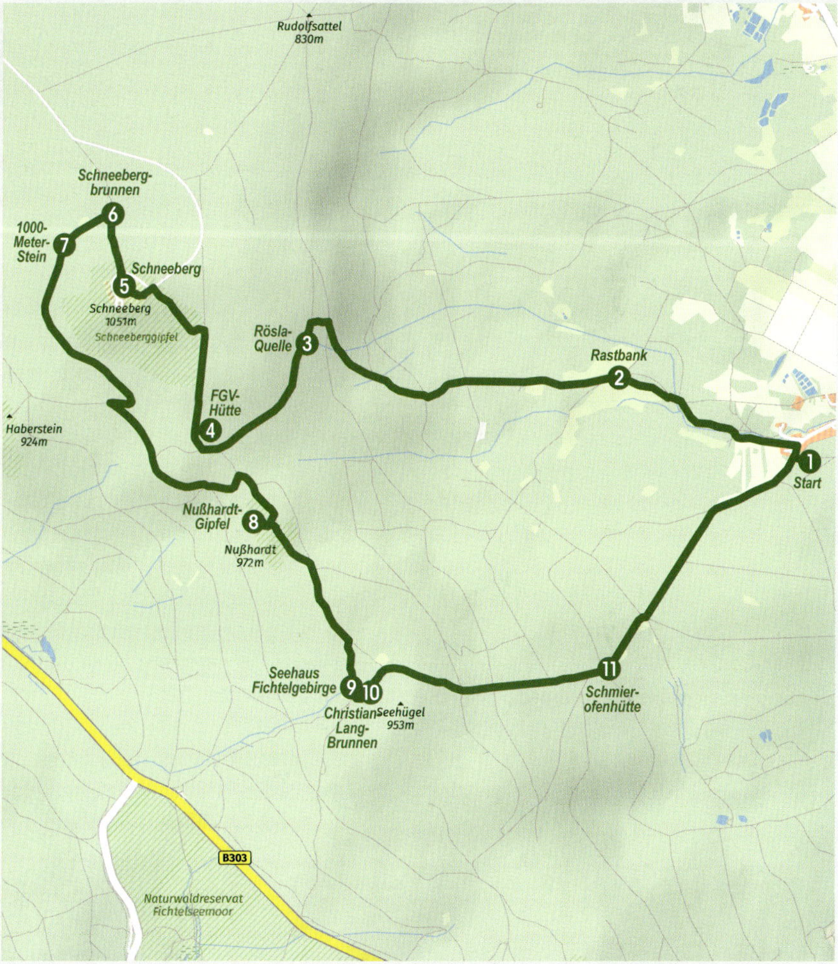

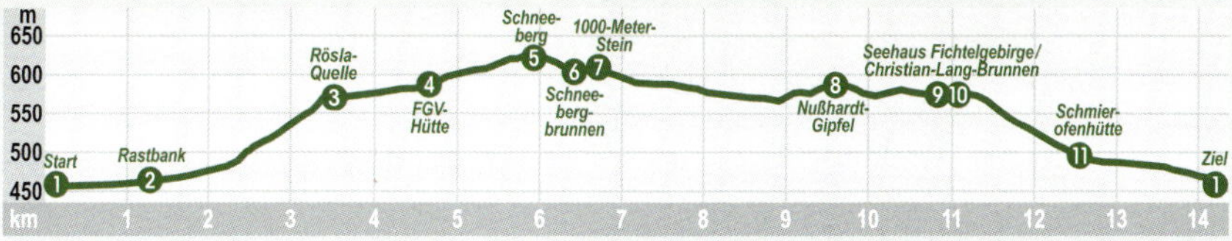

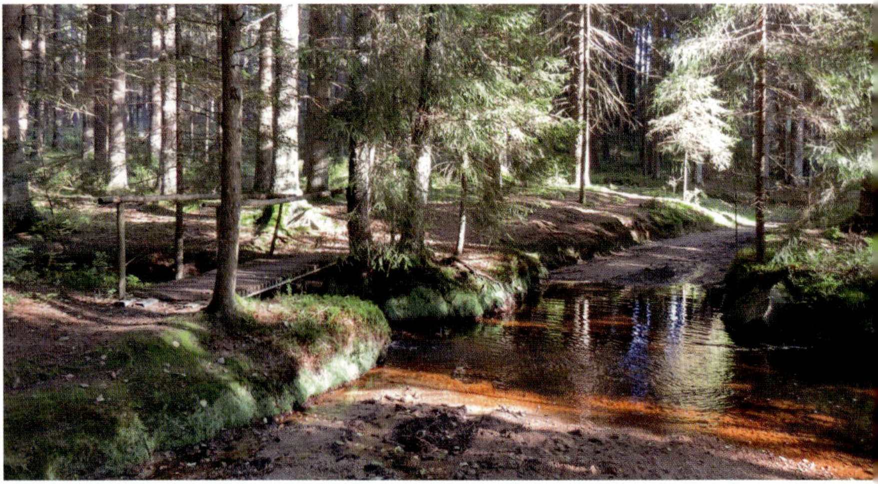

Die Röslau bei Vorderdorfermühle

Ihr startet eure Tour am Wanderparkplatz 1 etwas oberhalb von Vordorfermühle am Waldrand und geht von dort erstmal wieder ein Stück den Berg hinunter Richtung Ort. Nach etwa 50 Metern biegt ihr bei einem Holzhaus links auf einen unmarkierten Feldweg ab. Nach kurzer Zeit hört ihr schon die Röslau plätschern, welche ihr anschließend überquert – dank einer kleinen Brücke funktioniert das auch mit trockenen Füßen –, bevor ihr dann links dem Röslauweg R und der Markierung ③ folgt.

Der schöne Pfad endet ca. 700 Meter später an einer großen Wiese mit einer Rastbank 2 auf einem Forstweg. Hier folgt ihr dem Wegweiser nach links Richtung „Röslauquelle 2,3 km R". Ab jetzt ist die Markierung R euer ständiger Begleiter, bis ihr bei der Röslauquelle angekommen seid. Der Weg dorthin ist spannend und abwechslungsreich, sodass schon zu Beginn keine Langeweile aufkommt. Und keine Angst, auch wenn es anfangs eher „flach" ist, der Anstieg folgt schon noch – zu aller Freude jedoch dann auf einem schönen Pfad. Lediglich die letzten Meter bis zur Quelle legt ihr dann wieder auf einem Schotterweg zurück. Hierfür folgt ihr einfach nochmal dem Wegweiser Richtung „Röslauquelle" nach links, um anschließend nochmal links auf einen Waldpfad abzubiegen. Schon zeigt sich euch ein wunderbarer Ort.

Die Rösla-Quelle 3, manche sagen auch Röslauquelle, ist nicht so bekannt wie die anderen vier großen Quellen, steht ihnen in meinen Augen

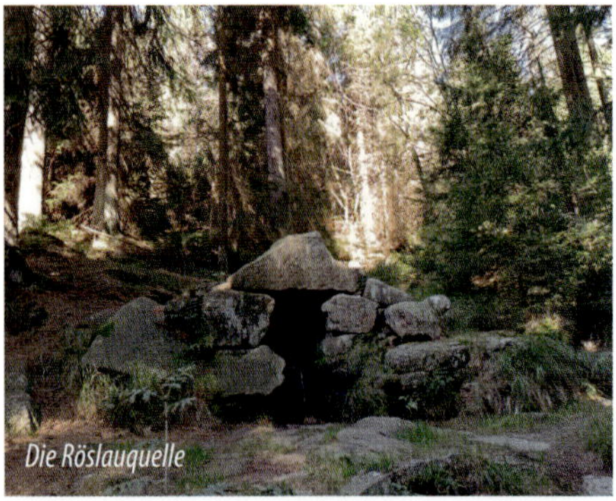

Die Röslauquelle

Röslauquelle

Die Röslauquelle, auch bekannt als Rösla-Quelle, befindet sich auf 915 m am Osthang des Schneebergs. Die Quellfassung stammt von 1930 und wurde von der Stadt Wunsiedel übernommen. An der Röslauquelle startet auch der 44 km lange Röslauwanderweg. Wenn die Quelle Wasser schüttet, dann sind im Inneren der Quellfassung gluckernde Geräusche hörbar.

aber in nichts nach. Erstens hat man hier noch oft seine Ruhe, und zweitens finde ich das Geräusch witzig, welches zu hören ist, wenn die Quelle schüttet, also Wasser an die Erdoberfläche gelangt. Denn dann gluckert es richtig innerhalb der Quellfassung – „Blubb, blubb, blubb, blubb, blubb", macht es dann.

Habt ihr genug gehört oder euch sogar auf der schönen Bank ausgeruht, dann geht es weiter. Und zwar müsst ihr zuerst wieder zurück auf den Schotterweg. Da haltet ihr euch links und wandert mit der Markierung S Richtung „Nußhardt 1,4 km, Seehaus 2,4 km", bis ihr den Seenweg S nach rund 830 Metern verlasst und geradeaus dem Höhenweg H & dem Fränkischen Gebirgsweg in Richtung Schneeberg nachgeht. Nach etwa 100 Meter führen euch die genannten Markierungen rechts auf einen Pfad, und jetzt wird's auch wieder interessanter. Bis zur FGV-Hütte 4 ist der Weg noch ziemlich eben, aber dann solltet ihr stets die Augen offenhalten und gut auf den Weg achten. Denn zahlreiche Felsbrocken, welche mitten auf dem Weg sind, lassen die Strecke zum Schneeberg zu einer holprigen Angelegenheit werden. Passt ihr nicht auf, stolpert ihr schnell mal über solch einen Stein oder rutscht am Ende noch aus. Also Vorsicht bitte. Erst kurz bevor ihr auf die Straße gelangt, die euch die letzten Meter zum Schneeberg bringt, wird der Weg wieder etwas flacher und hat weniger Stolperfallen. An besagter Straße (nein, das ist keine normale Straße, auf welcher jeder fahren darf) haltet ihr euch links und dann seht ihr auch schon den großen, klobigen, runden Fernmeldeturm auf dem Gelände, ihr seid auf dem Schneeberg 5 (1051 m) angekommen.

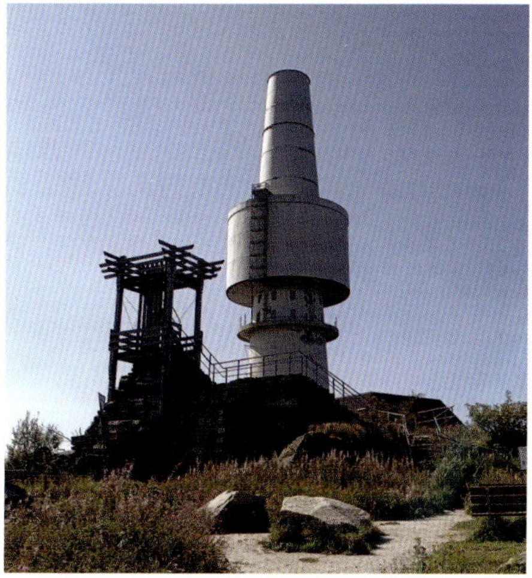

Der Schneeberg mit dem Backöfele und dem Fernmeldeturm

Schneeberg

Das Dach Frankens wird der 1051 m hohe Schneeberg auch genannt. Er ist die höchste Erhebung im Fichtelgebirge. Sein „Erkennungsmerkmal" ist ein Mahnmal des Kalten Kriegs, der alte Fernmeldeturm der Bundeswehr, der schon von Weitem erkennbar ist. Neben dem Fernmeldeturm befindet sich eine Felsburg aus Granit, das Backöfele mit dem hölzernen Aussichtsturm. Der gesamte Gipfelbereich besteht aus einem Meer aus Granit und wurde in den letzten Jahren renaturiert. Eine Seilbahn gibt es hier nicht, wer auf den Schneeberg will, muss dies mit seiner Muskelkraft schaffen. Das Gebiet rund um den Schneeberg ist ein Naturschutzgebiet und ausgewiesenes Auerhahngebiet.

Das Backöfele, der Felsen mit dem Holzturm, kann dank Treppen bestiegen werden. Von oben habt ihr u. a. eine schöne Aussicht auf den Weißenstädter See. Der Fernmeldeturm und das umzäunte Gelände stehen der Öffentlichkeit nicht zu Verfügung. Dafür gibt es am Fuße des Backöfeles einige Rastmöglichkeiten. Das Gelände am Schneeberg-Gipfel wurde renaturiert, und so wurden für viele seltene Pflanzen und Tiere Lebensräume geschaffen. Bitte haltet euch an das Betretungsverbot diverser Flächen.

Vom Schneeberg aus wandert ihr dann weiter Richtung „Haberstein". Dafür folgt ihr der Markierung auf dem Schotterweg bergab. Gebt acht, denn der Weg ist ziemlich steil, und auf dem

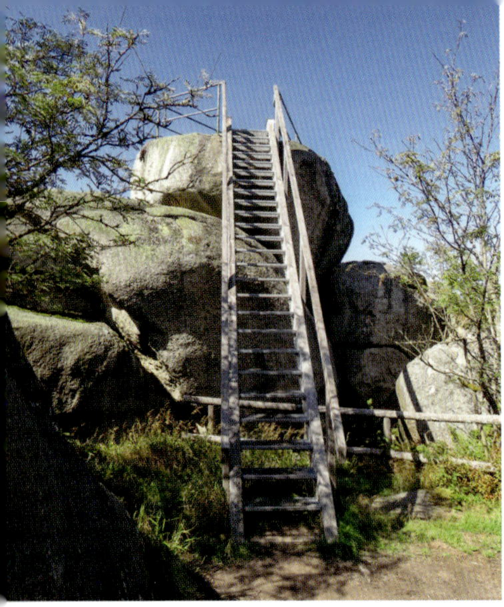

Der Nußhardt

Kies rutscht man schnell aus. Am Schneeberg-Brunnen (6), also bei nächster Gelegenheit, biegt ihr links ab, der Weg wird flacher, und nach rund 250 Metern erreicht ihr den 1000-m-Stein (7). Ein Felsbrocken am Wegrand, mit der Inschrift „1000 m ü. d. M.", und obendrauf ein kleines Kreuzchen. Also nichts Besonderes. Vom 1000-m-Stein aus habt ihr nun auf den nächsten 1,3 Kilometern die Möglichkeit Strecke zu machen, denn wirklich spannend ist die Forststraße nicht, dafür geht es stets leicht bergab.

Nach einer Rechtskurve biegt ihr links ab und marschiert nun Richtung „Nußhardt 1,4 km, Seehaus 2,6 km ▯". Die Forststraße verlasst ihr nach 800 Metern endlich, denn nun folgt ihr links dem Pfad zum „Nußhardt 0,7 km, Seehaus 1,9 km H".

Bei der nächsten Abzweigung haltet ihr euch rechts (Richtung Nußhardt und Seehaus) und legt ein kurzes Stück auf einem Holzweg zurück. Nein, ich meine nicht, dass ihr auf dem falschen Weg seid, sondern wirklich einen Holzweg. Bretter sorgen nämlich dafür, dass ihr nicht im Matsch versinkt, bevor es dann auf einem verblockten Weg weitergeht. Die Markierungen H & [Frankenweg] bringen euch nun direkt zum Nußhardt.

Der Nußhardt-Gipfel (8) (972 m) hat definitiv Entdecker-Potenzial. Es besteht die Möglichkeit, bis zum ersten Plateau durch die Nußhardtstube, eine Art kleine Höhle, zu wandern oder den Treppen zu folgen. Anschließend lässt sich der aussichtsreiche Nußhardt dank einer Metallleiter besteigen. Von oben habt ihr eine tolle Aussicht hinüber zum Ochsenkopf, zum Schneeberg – ja, von dort seid ihr gekommen – und zum Fichtelsee. Die Felsen rund um den Gipfel solltet ihr nicht betreten, denn hier sind seltene Tiere und Pflanzen zu Hause, und die mögen es nicht so, wenn man durch ihr Wohnzimmer läuft. Dafür könnt ihr anschließend bei der Bank und der Infotafel unterhalb des Gipfels noch eine Verschnaufpause einlegen und einfach den Ort auf euch wirken lassen.

Nußhardt

Der Nußhardt ist der dritthöchste Berg im Fichtelgebirge. Dies verdankt er seinen 972 m ü. NN. Hier finden sich sowohl Gneis wie auch Granit in direkter Nachbarschaft. Am Nußhardt gibt es so manches zu entdecken. Neben der ca. 50 Meter langen Nußhardtstube, einer Art Höhle inmitten der Felsen, kann die Felsburg über eine Treppe bestiegen werden. Von oben hat man einen super Blick auf die benachbarten Gipfel Schneeberg und Ochsenkopf, aber auch der Fichtelsee ist erkennbar. Auf bzw. im Felsen der Aussichtsplattform befinden sich 8 „Druidenschüsseln". Das sind spezielle Verwitterungsformen im Granit, welche wie Löcher erscheinen und fast immer mit Wasser gefüllt sind. Auch der Nußhardt trägt den Status „Naturschutzgebiet".

Auch wenn es euch vermutlich schwerfällt, aber ihr müsst weiter. Erstens ist der Weg nach dem Nußhardt auch noch cool (Markierung H), denn da geht es noch auf einem abenteuerlichen Pfad an ein paar Felsen entlang, und zweitens wartet das Seehaus 9 auf euch. Hier könnt ihr euch kulinarisch verwöhnen lassen, ein Bierchen trinken oder auch einfach dran vorbeigehen. Wobei ich mich an eurer Stelle für Option a) oder Option b) entscheiden würde. Der Höhenweg H bringt euch direkt zum Seehaus.

Egal für welche Möglichkeit ihr euch entschieden habt, ab dem Seehaus folgt ihr dem Mittelweg M, leicht bergauf, bloß nicht bergab! Nach kurzer Zeit führt der Forstweg rechts auf einen Waldweg Richtung „Vordorf 4 km". Nun geht es ganz schön hinab, und der Weg wird immer schmaler, bis nur noch ein Pfad erkennbar ist. Nach einem Kilometer führt der Pfad auf eine Forststraße. Auf dieser wandert ihr einfach immer weiter geradeaus. Nach einiger Zeit erscheint auf der linken Seite der Christian-Lang-Brunnen 10. Ein Brunnen aus ein paar aufeinandergeschichteten Granitfelsen und eine Art Opferschale aus Granit, in der sich das herausplätschernde Wasser sammelt. 300 Meter später erreicht ihr die Schmierofenhütte 11. Hinein kann man leider nicht, aber auf einer kleinen Tafel wird bildlich erklärt, wie hier früher mit einem Schmierofen aus Baumharz Wagenschmiere, Schusterpech usw. gewonnen wurde.

Ab der Schmierofenhütte ist es nun nicht mehr weit bis zum Ende der Wanderung. Auf dem Mittelweg M geht es nun gemütlich zurück Richtung „Vordorfermühle 1,7 km". Wenn ihr diesem Weg folgt, gelangt ihr direkt wieder zum Parkplatz, von wo ihr gestartet seid.

Schmierofenhütte
Früher wurden hier in einem sogenannten Schmierofen aus Baumharz Wagenschmiere, Schusterpech und Fasspech sowie Pechöl und auch Ruß für die Druckerschwärze gewonnen.

Das Seehaus

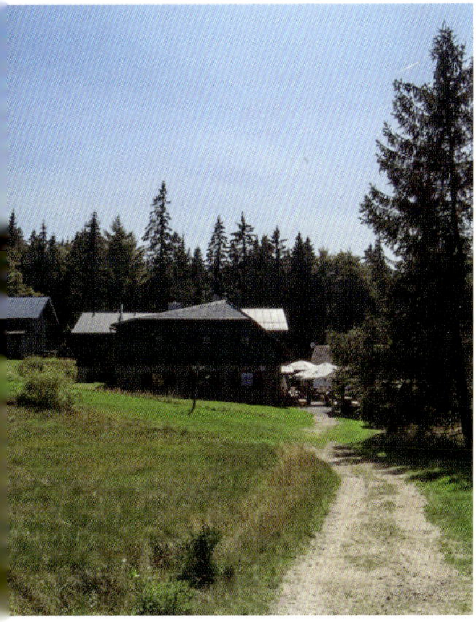

Die Schmierofenhütte

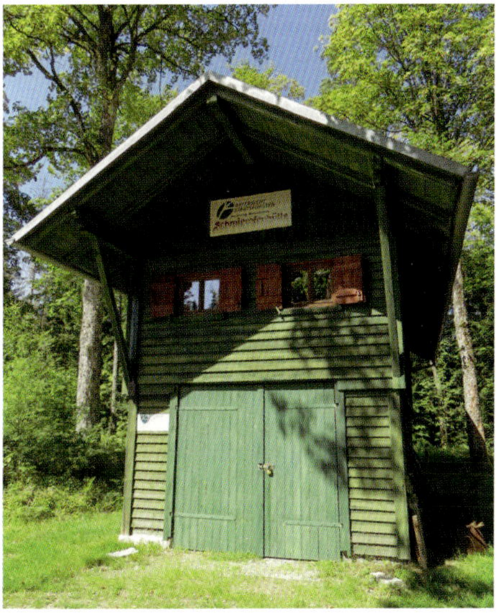

Hoch hinaus

Auf abenteuerlichen Wegen unterwegs zwischen Hohem Stein und Epprechtstein

TOUR 20

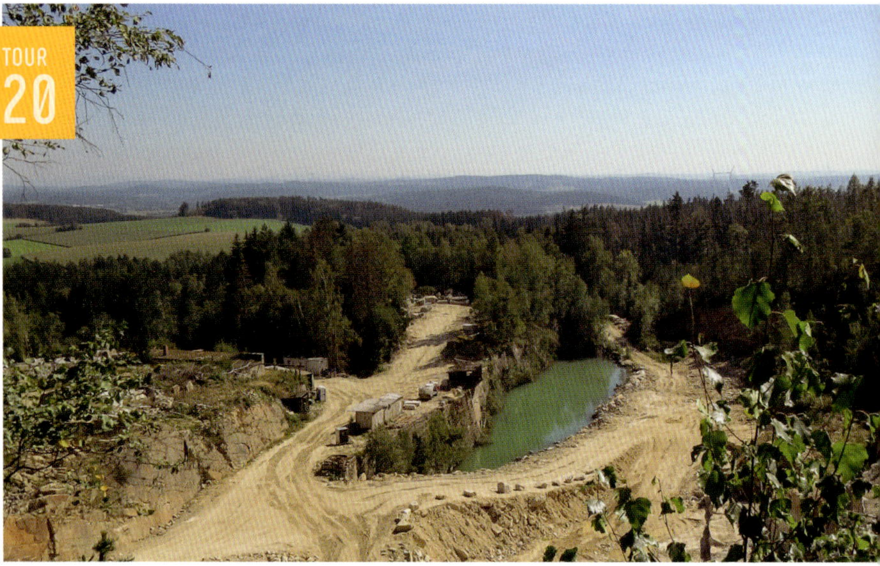

Parkplatz am Infozentrum Epprechtstein, schräg (nicht direkt) gegenüber vom Gasthaus zur Waldschmiede, alternativ: „Wanderparkplatz Epprechtstein" oder „Wanderparkplatz Hinteres Buchhaus"
Navi: Vorderes Buchhaus 3, 95158 Kirchenlamitz
Koordinaten: 50°08'36.4"N 11°55'46.6"E

Ausgangspunkt – Wanderparkplatz – Forstwiesen-Bruch – Nordweg – Lamitzquelle – Hoher Stein – Rittersteig – Steinbruch-Rundwanderweg – Ruine Epprechtstein – Rittersteig – Steinbruch-Rundwanderweg – Nordweg / Fränkischer Gebirgsweg – Ausgangspunkt (– Granitlabyrinth)

Hoch hinaus geht es am Hohen Stein. Der Rittersteig bringt euch hinauf zur Ruine Epprechtstein, während ihr viel über die alten Steinbrüche erfahrt.

N (Nordweg); (weiß-blau); (blauer Punkt); (weiß-blau); 3 (RW 3); N (Nordweg) & (Fränkischer Gebirgsweg)

Gasthaus zur Waldschmiede
Vorderes Buchhaus 3, 95158 Kirchenlamitz
Tel. 09285 9687808
skalto@t-online.de
(keine Hunde erwünscht!)

Es wird hier immer noch gesprengt und Granit abgebaut. Aufgrund des Kreuzotter-Vorkommens bitte darauf achten, dass der Hund auf den Wegen bleibt, und die Augen offenhalten. Absturzgefahr an den Steinbrüchen. Bitte Wasser mitnehmen.

Stadtverwaltung Kirchenlamitz
Marktplatz 3, 95158 Kirchenlamitz
Tel. 09285 9590
www.kirchenlamitz.de

Blick in den Schlossbrunnen-Bruch

mittel | 10,9 km | 294 Hm | 3:15 h

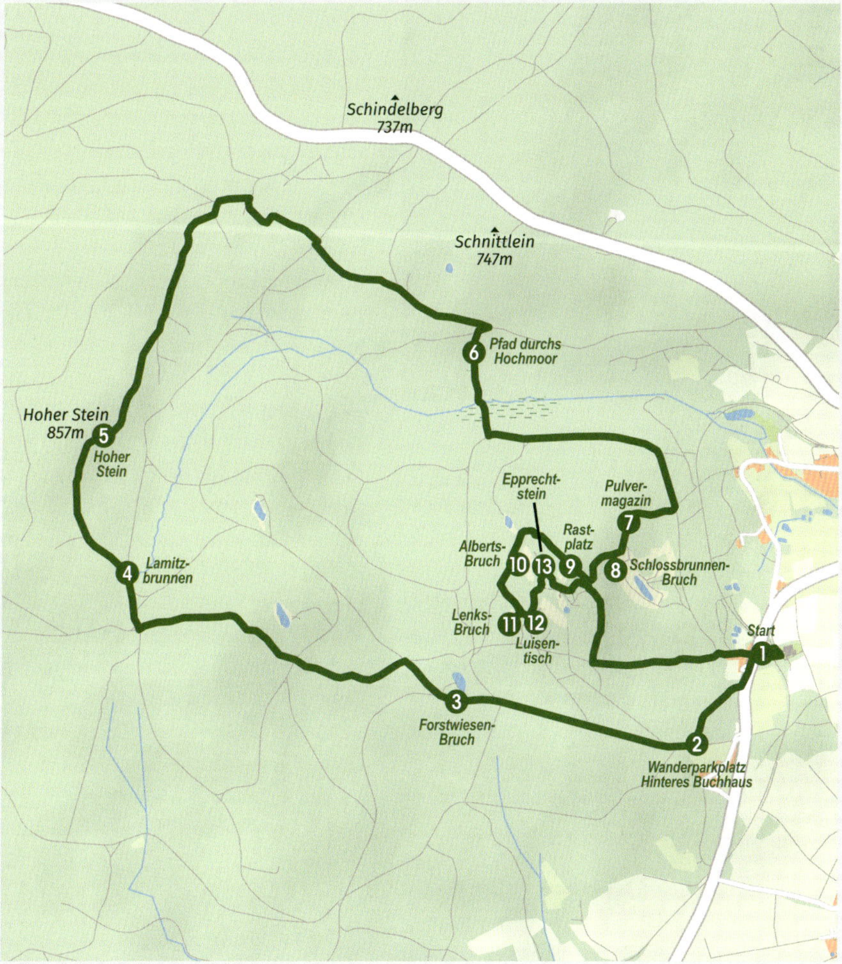

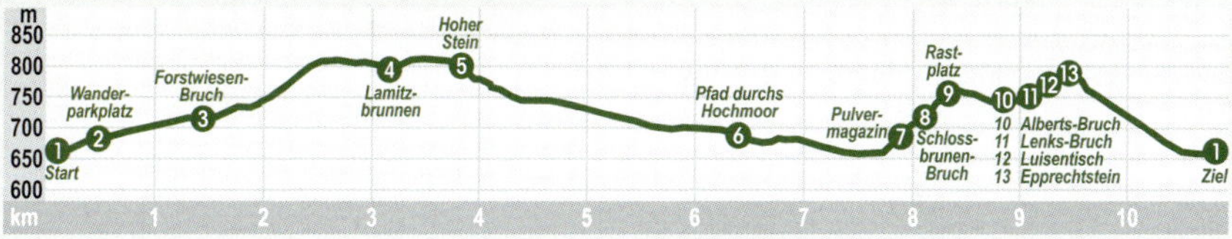

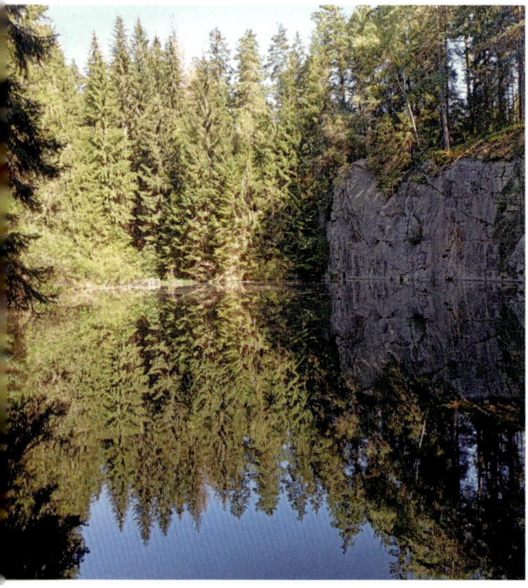

Der Forstwiesen-Bruch

Bevor ihr überhaupt loswandern könnt, müsst ihr vom Parkplatz 1 aus zuerst die Straße überqueren, sodass ihr vor dem „Gasthaus zur Waldschmiede" steht. Dort folgt ihr dann nach links den Wegweisern Richtung „Rundwanderwege" und „Wanderparkplatz 0,4 km". Zuerst geht es noch ein paar Meter auf dem Gehweg an der Straße entlang, dann zweigt rechts ein Pfad Richtung „Wanderparkplatz 0,3 km" ab. Ja genau, da müsst ihr lang und dem Pfad bis zum Parkplatz folgen.

Am Parkplatz 2 biegt ihr nach rechts ab und folgt der Forststraße geradeaus. Nein, ihr biegt auch nicht rechts zur Ruine ab, sondern bleibt auf dem Weg. Nach einem knappen Kilometer führt rechts ein Pfad zum Forstwiesen-Bruch 3. Der alte Steinbruch ist zwar nett anzuschauen, aber jetzt auch nicht das Highlight schlechthin. Also zurück auf den Forstweg und weiter geht's.

Als der Weg sich teilt, haltet ihr euch wieder einmal rechts. Jetzt wird es dann aber abwechslungsreicher, versprochen. Bei nächster Gelegenheit, das wäre dann so nach ca. 200 Metern, biegt ihr links auf einen Pfad ab. Ihr seid jetzt auf dem Nordweg N, und dieser führt auch gleich leicht bergauf.

Die nachfolgenden 1,2 Kilometer sind richtig schön. Da ist sowohl für die Füße wie auch fürs Auge was dabei. Die Krönung ist die herrliche Ruhe, die man hier hat. Genießt es.

Der schöne Weg nimmt sein Ende, als ihr auf eine Kreuzung mit mehreren Forstwegen trefft. Hier verlasst ihr den Nordweg und wandert nun auf einer der Forststraßen nach rechts in Richtung „Lamitzquelle 0,2 km, Hoher Stein 0,8 km". Tatsächlich befindet sich nach 200 Metern auf der rechten Seite etwas unterhalb vom Weg der Lamitzbrunnen 4, wobei die Quelle jetzt nicht so spektakulär ist. Anders sieht es da mit dem nächsten Ziel aus, also weiter zum Hohen Stein. Hierfür geht ihr zurück auf den Weg und biegt dann bei nächster Gelegenheit links auf einen Pfad in den Wald ab (Richtung „Hoher Stein 0,7 km ").

Allein der Weg dorthin ist richtig cool. Ein abwechslungsreicher Pfad führt euch durch einen Wechsel aus dichtem, teils lichtem Wald, der Wegrand ist meistens von Heidelbeersträuchern gesäumt. Mal geht es rauf, mal ein bisschen runter, und dann, ja dann steht ihr plötzlich vor einem riesigen Felsen mitten im Wald. Ihr seid am

Die Lamitzquelle

Die Lamitzquelle liegt auf 793 m ü. NN in der Nähe des Kleinen Waldsteins. 1929 wurde sie vom FGV Kirchenlamitz gefasst. Mittlerweile gilt der Lamitzbrunnen, wie die Quelle auch genannt wird, als Naturdenkmal. Nach rund 22 Kilometern mündet die Lamitz bei Fattigau in die Sächsische Saale.

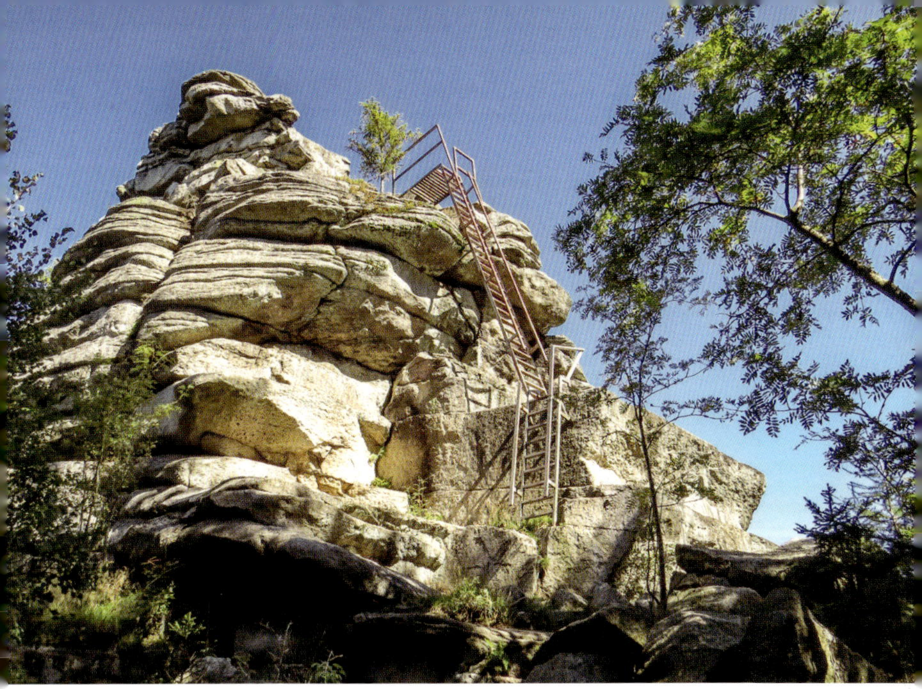

Mutige können den Hohen Stein über die Leitern besteigen

Hohen Stein 5 angekommen. Waghalsige Wanderer, die kein Problem mit der Höhe und fast senkrechten Leitern haben, können den Aufstieg auf den ca. 25 Meter hohen Felsen wagen. Wer schon beim Gedanken daran weiche Knie bekommt (so wie ich), der bleibt am besten auf dem Boden. Die anderen müssen auch wieder runter, wenn sie die Wanderung fortsetzen und nicht dort oben Wurzeln schlagen wollen.

Seid ihr alle wieder heil unten angekommen, so geht es noch für etwa 500 Meter auf einem Pfad weiter. Dafür folgt ihr ebenfalls der Markierung . Anschließend wird der Weg zu einem Waldweg und „endet" dann auf einer Forststraße. An dieser müsst ihr rechts und anschließend wieder rechts Richtung „Kirchenlamitz ".

Der blaue Punkt bringt euch nun abwechselnd auf Forststraßen, Waldwegen und abenteuerlichen Pfaden für ca. 1,2 Kilometer voran, bis ihr dann links auf einen Pfad mit der Markierung Richtung „Weißenstadt 7,6 km, Epprechtstein 1,9 km" abbiegt. Der nachfolgende Abschnitt ist in meinen Augen einer der schönsten Wege der gesamten Route. Ihr wandert auf einem schmalen, teils kaum erkennbaren Pfad

Der Hohe Stein

Versteckt im Wald, aber über einen schönen Weg erreichbar, liegt der ca. 25 Meter hohe Hohe Stein zwischen dem Kleinen Waldstein und dem Epprechtstein. Mutige können über Metallleitern hinaufsteigen oder mit angemessener Ausrüstung nach oben klettern. Der höchste Punkt (817 m ü. NN) ist so oder so nur mit einer kleinen Kraxel-Einlage erreichbar. Aber auch von unten ist der wollsackverwitterte Granitfels schön anzuschauen. Wer sich die Westseite des Felsens anschaut, der erkennt vielleicht das Hohenzollernwappen und zwei Kreuze. Auf der Ostseite gibt es ebenfalls ein Kreuz und einen Pfeil, welcher nach oben zeigt. Die Zeichen stammen aus damaliger Zeit, als der Hohe Stein als Grenzstein diente.

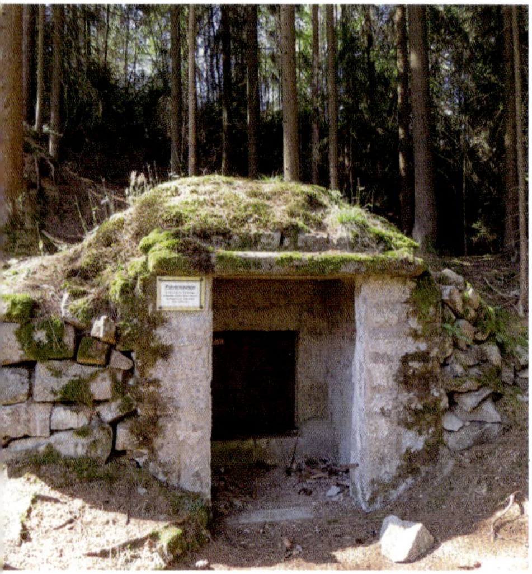

Altes Pulvermagazin nahe des Schlossbrunnen-Bruchs

durch eine Art Hochmoor 6. Ich empfehle euch, auf dem Pfad zu bleiben, denn das Gebiet ist ein Paradies für Kreuzottern, also haltet die Augen offen, um die Tiere nicht zu verletzen und nicht gebissen zu werden. Kreuzottern sind generell friedlich, wenn man sie nicht ärgert.

Nachdem ihr die Lamitz mithilfe einer kleinen Holzbrücke überquert habt, wird der Baumbestand wieder etwas dichter. Ihr folgt noch ein paar Meter einem schmalen Pfad und gelangt dann auf einen Forstweg. Hier geht's links Richtung „Vorderes Buchhaus" weiter. Schon nach 140 Metern habt ihr die Möglichkeit, rechts zum Geyers-Bruch zu gehen, aber wenn ihr weitergeht, verpasst ihr auch nicht viel, und zurück auf den Weg müsst ihr so oder so.

Vermutlich immer noch begeistert vom schönen, vorherigen Weg, lauft ihr jetzt entspannt weiter auf dem Forstweg, bis ihr bei der nächsten Gabelung ankommt. Hier haltet ihr euch rechts. Eine Markierung sucht ihr vergebens, da gibt es nur Loipen-Schilder. Aber schon nach 230 Metern biegt ihr eh wieder ab und verlasst die Schotterpiste auf den Rittersteig. Den Hinweis „Vorsicht! Sprengarbeiten" und die dazugehörigen Sprengsignale solltet ihr nicht unbeachtet lassen, denn neben dem Rittersteig befindet sich der Schlossbrunnen-Bruch, und hier wird tatsächlich noch abgebaut.

Der Rittersteig trägt seinen Namen in Ehren, und es geht wirklich steil bergauf. Am Wegrand finden sich Relikte vergangener Zeiten, wie z.B. ein altes Pulvermagazin 7. Ihr habt auch die Möglichkeit, von oben auf bzw. in den Schlossbrunnen-Bruch 8 zu schauen, während ihr euch an einer Infotafel informiert. Dann wird der Weg fast urwaldartig. Große Farne, moosbewachsene Felsblöcke und knorrige alte Bäume säumen den Weg. Anschließend bekommt der Steig einen leicht alpinen Charakter, und dann seid ihr auf dem Rundweg am Epprechtstein angekommen. Die Quälerei hat erstmal ein Ende, denn jetzt wird es etwas flacher. Dafür aber genauso spannend – oder sogar noch mehr.

Ihr haltet euch nun rechts Richtung „Info Blauer Bruch 0,1 km". Eine Hütte und eine Bank mit Tisch

Der Epprechtstein

Der unbewaldete, längliche Gipfel hat eine Höhe von 798 m ü. NN und liegt im Norden des Fichtelgebirges. Deutlich zu erkennen sind die Matratzenverwitterungen (auch Wollsackverwitterung genannt) der Granitfelsen. Seitlich fallen die Wände steil nach unten ab. Früher wurde rund um den Gipfel in über 20 Steinbrüchen Gestein abgebaut, heute sind noch 3 Steinbrüche aktiv. Schon vor über 100 Jahren wurde der Gipfel unter Schutz gestellt, sonst wäre er wahrscheinlich auch dem Abbau zum Opfer gefallen. Heute ist der Epprechtstein auch als Naturdenkmal und wertvolles Geotop (Geotop-Nummer: 479R009) ausgewiesen.

Steinbrüche am Epprechtstein

Über 20 Steinbrüche gab und gibt es am Epprechtstein. An ein paar kommt ihr während der Wanderung direkt vorbei, manche könnt ihr mit wenigen Extra-Schritten besuchen, andere liegen nicht entlang der Route, werden aber zur Vollständigkeit aufgezählt…

Forstwiesen-Bruch: Der kurze Abstecher zum Forstwiesenbruch lohnt sich. Er liegt ziemlich am Anfang der Tour. Vor einer hohen Granitfelsmauer, auf welcher sich noch Fundamente eines Krans befinden, hat sich ein tiefer See gebildet. Der Ort ist sehr idyllisch.

Geyers-Bruch: Glasklares Wasser und ein flacher Zugang zum Wasser ermöglichen eine Erfrischung – wenn man die paar Extra-Meter in Kauf nimmt. Er wurde vor mehr als 60 Jahren stillgelegt.

Schlossbrunnen-Bruch: Die Wanderung führt direkt am Schlossbrunnen-Bruch vorbei. Vom Aussichtspunkt aus habt ihr die Möglichkeit, einen Blick auf die Arbeit im Steinbruch zu werfen. Er ist einer von drei aktiven Steinbrüchen. Die Schlossbrunnenquelle versorgte damals das Schlossgebäude in Kirchenlamitz mit Wasser.

Alberts-Bruch: Ein alter, handbetriebener Kran, ein großer, fertig behauener Mühlstein und andere Graniterzeugnisse lassen euch in Gedanken zurückreisen und die schwere Arbeit spürbar erleben. Oberhalb des vermutlich ältesten Steinbruchs befindet sich die Ruine Epprechtstein.

Lenks-Bruch: Teilweise schon sehr verwachsen.

Rondell-Bruch: In diesem Steinbruch verlor am 01. Mai 1902 Abräumer Konrad Hofman aus Großschloppen bei einem Sprengunfall sein Leben. Er ist vom Luisentisch aus erreichbar, man muss dann aber wieder zurück auf den Weg.

Schoberts-Bruch: Einige Infotafeln sowie ein Unterstand mit Silhouetten der Arbeiter befinden sich am mit Wasser gefüllten Schoberts-Bruch, welcher direkt unterhalb der Burgruine liegt.

Blauer Bruch: Im südlichen Teil verfüllt. Im Osten stehen noch die Reste eines alten Holzkrans, welcher mit Eisen beschlagen war.

Braurangen-Bruch: Anfang 1950 stürzte die westliche Bruchwand ein. „Sonntag sei Dank" kam niemand zu Schaden. Der Braurangen-Bruch ist heute mit Wasser gefüllt.

Fuchsmühl-Bruch: Vollständig verfüllt, planiert und bepflanzt.

Wolfsfelsen-Bruch:
Beim nahe gelegenen Wolfsfels, welcher Namensgeber für den Steinbruch ist, versteckte sich bis zur Festnahme ein wegen Todschlags gesuchter Mann. Neben einem Maschinenhaus sind auch noch Kranfundamente und ein Unterstand mit Pulverkammer vorhanden.

Rupprechts-Bruch: Schließt an den Vögeles-Bruch an. Am Rupprechts-Bruch sind sogar noch Gleise für die Loren (Transportwägen) vorhanden und ein Kran, welcher zwar reparaturbedürftig, aber theoretisch noch funktionsfähig ist. Das Gleiche gilt für die Antriebsmaschinen, welche sich in den Betriebsgebäuden befinden.

Akkord-Bruch: Teils verfüllt.

Henikels-Bruch: Verfüllt und bepflanzt.

Hetschlar-Bruch: Auch als Grimms-Bruch verzeichnet.

Hetschlarfelsen-Bruch: Hier befindet sich der Hetschlarfelsen, welcher unter Naturschutz steht.

Königs-Bruch: Verfüllt.

Pflasterers-Bruch: Stark verwachsen.

Schindlers-Bruch: Der nördliche Teil vom Alberts-Bruch und kaum als eigenständiger Steinbruch erkennbar.

Steinglatzen-Bruch: Die Felsen in dem Gebiet weisen zwar Spuren der Granitgewinnung auf, in die Tiefe wurde hier aber nicht abgebaut.

Vögeles-Bruch: Befand sich im Süden fast am Fuße der Ruine.

Quelle:
www.kirchenlamitz.de/index.php/touristik/sehenswuerdigkeiten/kirchenlamitz-und-umgebung/der-steinbruchwanderweg/informationen-zum-weg/fruehere-steinbrueche

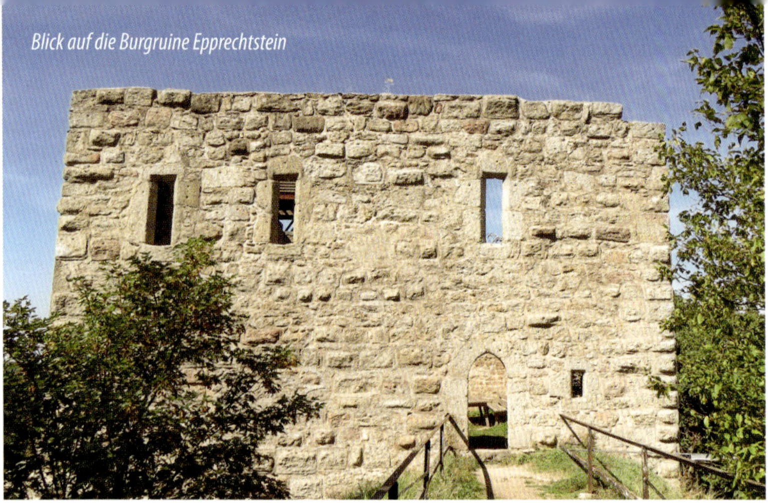
Blick auf die Burgruine Epprechtstein

9 laden zu einer Pause ein – die ihr euch jetzt auch verdient habt, bevor ihr erstmal dem Rundweg mit der Nr. 3 folgt. Der Steinbruch-Rundwanderweg ist richtig cool, und selbst dort wechseln sich Farne, knorrige Bäume, Felsblöcke und Wurzeln ab.

Auf dem Weg zum Luisentisch kommt ihr an drei alten Steinbrüchen vorbei. Dem Schoberts-Bruch, welcher ganz in der Nähe der Rasthütte am Blauen Bruch ist, dem Alberts-Bruch 10 und dem Lenks-Bruch 11, wobei ich persönlich ja den Alberts-Bruch am spannendsten finde. Direkt beim Luisentisch führt dann noch ein Pfad zum Rondell-Bruch.

Am Luisentisch 12 geht ihr links, und dann sind es nur noch etwa 230 Meter bis zur Burgruine Epprechtstein 13. Sie „sitzt" auf dem Plateau des Alberts-Bruches. Die Aussicht ist ein Traum, und ihr solltet hier wirklich ein bisschen Zeit einplanen. Entweder um eure Brotzeit zu genießen oder einfach nur so zum Entspannen.

Luisentisch

Königin Luise (1776–1810), Gemahlin des Königs Friedrich Wilhelm III., ist die Namensgeberin für diesen Platz am Epprechtstein. Das Königspaar besuchte im Juni 1805 den Epprechtstein. Damit der Aufstieg für die beiden und ihr Gefolge so angenehm wie möglich war, wurden bereits vorab der Königsweg sowie Steintreppen hinauf auf den Gipfel angelegt. 1850 wurden drei Steinbänke angelegt sowie drei Buchen gepflanzt. Der Tisch mit der Jahreszahl 1805 kam erst später dazu und wurde vom Granitwerksbesitzer Wilfert gestiftet. Die Halden des Rondell-Bruchs reichen bis fast an den Luisentisch heran.

Die Burgruine Epprechtstein

1248 wurde die Burg das erste Mal unter dem Namen „Eckebretstein" urkundlich erwähnt. Erbaut wurde sie vermutlich schon früher. Nachdem Raubritter die Burg zwischenzeitlich besetzten, ging sie 1352 an Burggrafen von Nürnberg über. Truppen des Vogts Heinrich von Plauen zerstörten im 16. Jahrhundert die Burg. Nach deren Verfall stürzte im Winter 1787 auch noch die Wand in Richtung Kirchenlamitz ein. Heute sind noch Reste des turmartigen Wohnbaus erhalten. Über eine steinerne Treppe gelangt man auf die 1982 erbaute Holzplattform. Die Ruine „sitzt" auf wollsackverwitternden Felsen auf dem unbewaldeten Gipfel des Epprechtsteins. Die Burgruine ist frei und kostenlos zugänglich.

Der Weg führt durch die Ruine hindurch und anschließend auf einem steilen Steig hinunter. Steinerne Treppen erleichtern euch den Abstieg etwas, aufpassen solltet ihr dennoch. Gerade bei Nässe verwandeln sich solche Treppen schnell in eine Rutschpartie. Ihr haltet euch links und steigt weiter auf dem Rittersteig hinab (ihr kommt in etwa an der Stelle raus, wo ihr vom Schlossbrunnen-Bruch hochgekommen seid) und biegt dann aber rechts ab.

Der Pfad wird zu einem breiten Weg und führt euch mit der Markierung ③ bergab. Nach etwa 5 Minuten (bei normalem Tempo) oder, besser gesagt, nach ca. 250 Metern müsst ihr links auf einen Pfad in Richtung „Vorderes Buchhaus, Kornberg" abbiegen.

Ihr kommt wieder in die Zivilisation und folgt nun bis zur Straße den Markierungen N & [Fränkischer Gebirgsweg]. Dort schaut ihr jetzt nach links und blickt – also natürlich im besten Fall – direkt auf das Gasthaus und den gegenüberliegenden Parkplatz. Geschafft.

Jetzt habt ihr noch die Möglichkeit, direkt vom Parkplatz aus ein paar Meter zum Granitlabyrinth zu gehen. Ich kann's euch echt empfehlen, ihr müsst ja nicht durchlaufen, wenn ihr nicht mehr könnt.

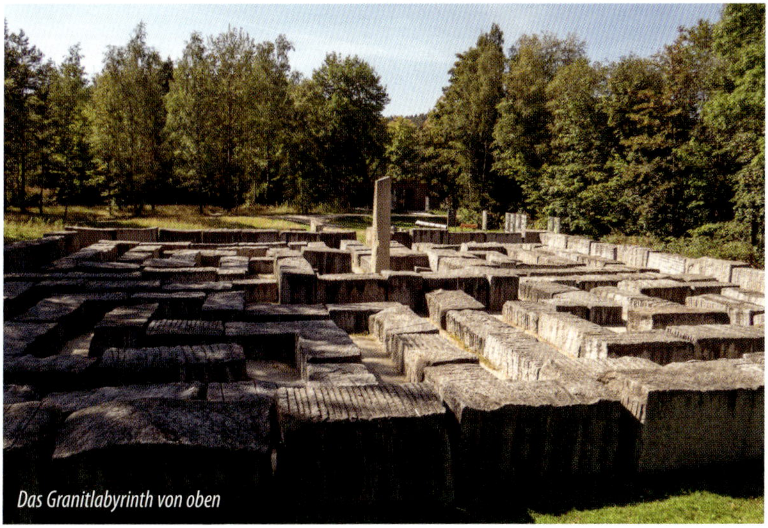

Das Granitlabyrinth von oben

Granitlabyrinth am Epprechtstein

2009 wurde auf dem ehemaligen Werkplatz eines Steinmetzbetriebs das Labyrinth errichtet. Es misst eine Fläche von 34 x 34 Meter. 180 Granitblöcke, mit je 4 Kubikmeter Größe bilden den Weg in die Mitte, während man über Stein vom Ochsenkopf läuft. Um zu dem in der Mitte stehenden, 5 Meter hohen Obelisk zu gelangen und die 4 Weisheiten des Autors Hermann Kern zu lesen, müsst ihr 400 Meter durch das Labyrinth zurücklegen – und wer wieder raus will, der muss auch wieder 400 Meter zurück. Der Haupteingang liegt im Westen und weist zum Epprechtstein hin. Von einem aufgeschütteten Hügel kann man das Labyrinth auch von oben betrachten. Bänke laden dazu ein, die Seele etwas baumeln zu lassen.

Steinreich

Über Stock und über Stein von Kleinwendern zum Felsenlabyrinth

TOUR 21

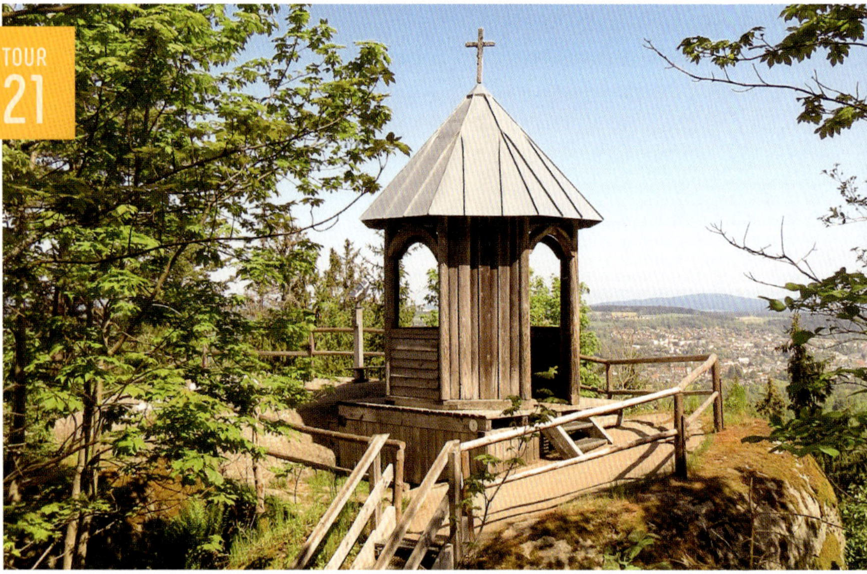

Wanderparkplatz Kleinwendern
Navi: Wanderparkplatz Kleinwendern, 95680 Bad Alexandersbad
(alternativ: Maria-Ferdinanda-Straße)
Koordinaten: 49°59'37.4"N 12°00'55.1"E

Ausgangspunkt – Alter Steinbruch – Felsenlabyrinth Luisenburg – Kaiser-Wilhelms-Felsen – Burgsteinfelsen – Püttnerfels – Ausgangspunkt

Wunderbare Aussichten vom Kaiser-Wilhelms-Felsen, Burgsteinfelsen und Püttnerfels. Ein alter Steinbruch sowie unzählige bizarre Felsblöcke mitten im Wald. Dazu ein Ausflug ins größte Felsenlabyrinth Europas. Klingt abenteuerlich? Das ist es auch. Ich empfehle bei dieser Tour ein GPS-Gerät.

6 (RW 6); 1 (RW 1); Q (Quellenweg); (weiß-blau); 6 (RW 6)

Luisenburg Resort
Luisenburg 1, 95632 Wunsiedel
Tel. 09232 91 55 949
www.luisenburgresort.de

Der Kaiser-Wilhelms-Felsen und Burgsteinfelsen können nur über Gittertreppen bestiegen werden; es gibt (Gitter-)Treppen und Engstellen im Felsenlabyrinth; Leinenpflicht in den Naturschutzgebieten sowie im Felsenlabyrinth; Schwimmmöglichkeit zu Beginn am Steinbruch, für die restliche Strecke genug Trinkwasser mitnehmen; Route ist nur für körperlich gesunde und ausgewachsene Hunde geeignet.

Tourist-Information Marktredwitz
Markt 29, 95615 Marktredwitz
Tel. 09231 501128
www.marktredwitz.de

Foto: Traumhafter Aussichtspunkt im Felsenlabyrinth Luisenburg

mittel | 8,7 km | 237 Hm | 2:30–3:00 h

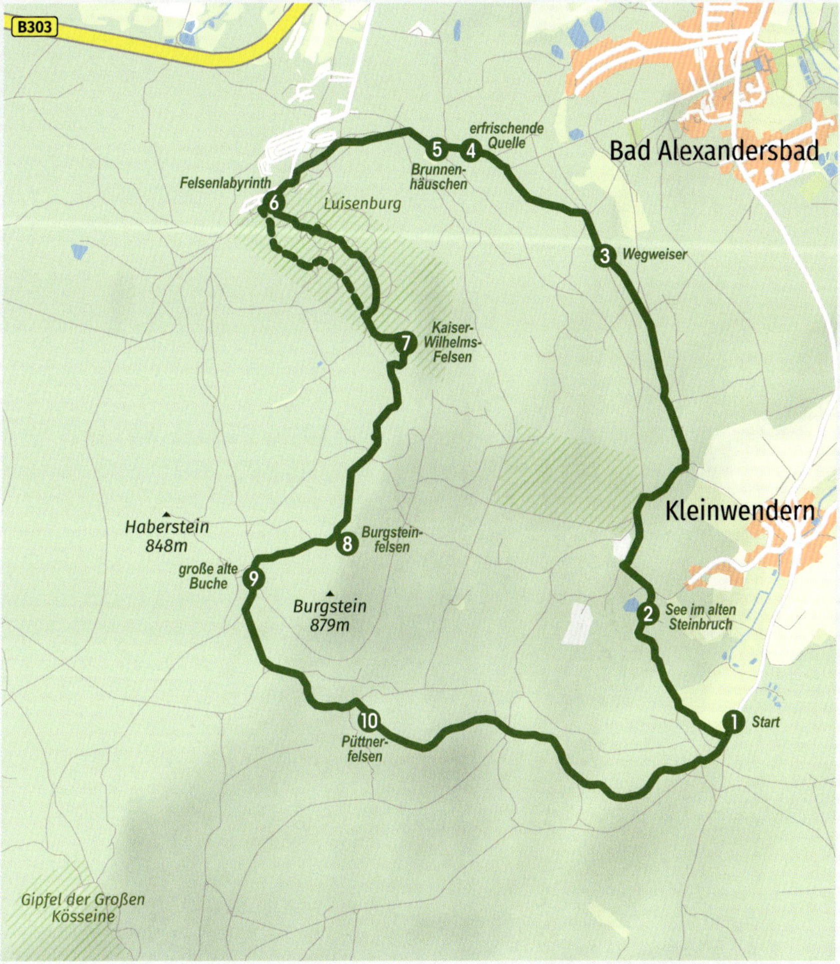

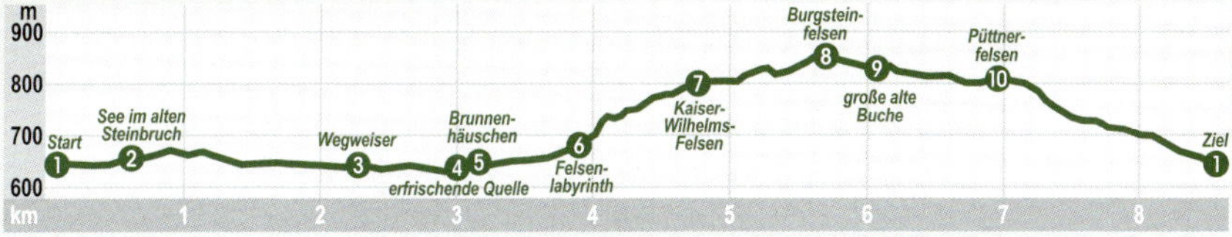

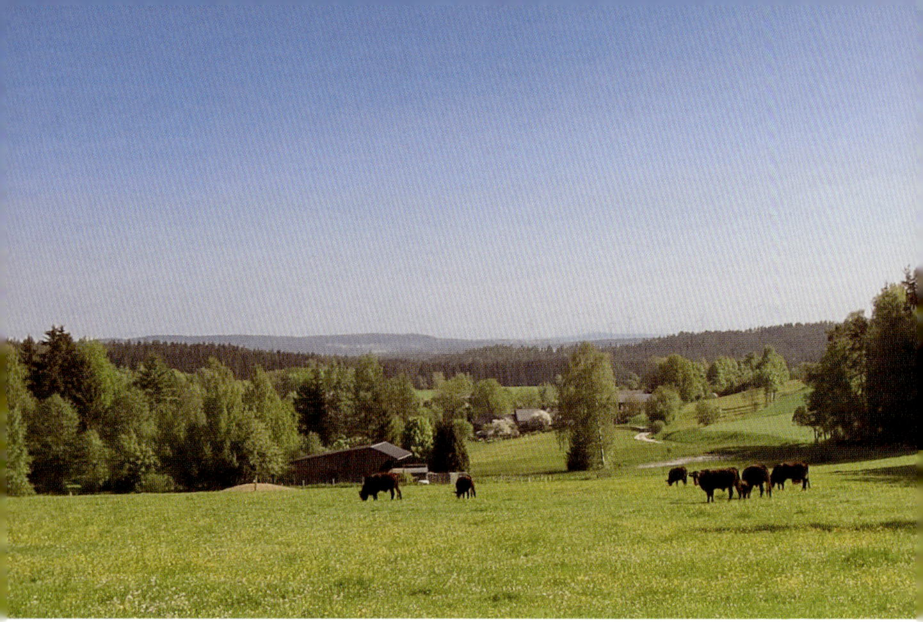

Blick auf Kleinwendern kurz nach dem Start

Diese abenteuerliche Wanderung beginnt am Wanderparkplatz ① ein Stück außerhalb von Kleinwendern am Waldrand. Von hier startet ihr Richtung Wald und biegt dann aber gleich nach dem Schuppen rechts auf einen unmarkierten Pfad zwischen Wald und Viehweide (Vorsicht: Elektrozaun) ab. Von hier aus habt ihr einen wunderbaren Blick auf Kleinwendern. Nach der Weide liegen einige große Felsbrocken mitten auf der Wiese, dabei haltet ihr euch weiter am Waldrand entlang.

Nun geht ihr geradeaus in den Wald – es fühlt sich fast so an, als würde man in eine andere Welt eintauchen. Ihr folgt dem etwas breiteren Pfad stets geradeaus. Nach kurzer Zeit steht ihr bei einem Felsbrockenhaufen. Es geht kurz leicht bergauf, ein Rinnsal muss überquert werden, und nun steht ihr neben einem verlassenen Stadel. Wer sich etwa 50 Meter danach nach links wendet, erblickt von oben herab den grün gefärbten See im alten Steinbruch ②. Und wer sich dann noch traut, den kleinen Pfad hinabzuwandern, der kann sogar im Wasser seine Füße abkühlen.

Nun folgt ihr dem breiten Weg noch ca. 100 m und haltet euch bei der kommenden Gabelung links, denn hier führt die Wanderung weiter.

An einem großen Felsen vorbei und anschließend leicht bergauf geht es auf einen Schotterweg. Hier müsst ihr euch rechts halten und diesem Weg folgen, bis ihr auf den Wegweiser „Rundweg 6 Kleinwendern" ⑥ stoßt. Nun geht es scharf rechts auf einen Wald-Pfad. Natürlich mit genannter Markierung. Aber nur bis zur nächsten Abzweigung, denn hier geht es dann auf der 1 nach

Kleinwendern

Kleinwendern wurde 2019 als Bayerns erstes Arche-Dorf anerkannt. Hier werden alte Nutztierrassen gehalten und gezüchtet. Aktuell haben 7 Tierhalter 11 Rassen und rund 215 Tiere (Stand August 2022). Wer mehr darüber erfahren möchte, macht nach der Tour einfach noch einen Abstecher zu den Tieren im Ort oder schaut auf der Internetseite des kleinen Dörfchens vorbei. www.archedorf-kleinwendern.de

links weiter. Diesem Pfad mit der Markierung 1 folgt ihr. Aber Vorsicht, wo der markierte Weg mitten im Wald nach rechts weitergeht, müsst ihr auf einem unmarkierten schmalen Pfad geradeaus weiter durch die Heidelbeeren. Um sich in diesem Geflecht aus markierten und unmarkierten Pfaden zurechtzufinden, nutzt ihr am besten ein GPS-Gerät, so kommt ihr sicher auf dem richtigen Weg raus. Solltet ihr nämlich einmal „falsch" laufen, landet ihr zwar nicht gleich in der Hölle, aber evtl. auf einem unschönen Schotterweg oder am falschen Ort.

Der Pfad bringt euch auf einen weichen Forstweg, welchem ihr nach rechts bis zu einer „Kreuzung" folgt. Hier gibt es einen Wegweiser 3, welcher nach rechts zum Luisendenkmal führt (nein, da geht es nicht lang), da müsst ihr noch geradeaus weiter. Ca. 50 Meter nach dieser Kreuzung geht es links auf einen unmarkierten, schmalen Pfad durchs Gebüsch. Dieser ändert sich nach kurzer Zeit und wird etwas breiter, bis er euch auf einen Schotterweg führt und ihr euch nun links halten müsst. Solltet ihr dennoch zum Luisendenkmal gelangen, dann müsst ihr hier einfach links, dann seid ihr wieder richtig.

Nach etwa 190 Metern erreicht ihr ein Brunnenhaus. Kurz danach befindet sich linker Hand eine schöne erfrischende Quelle 4 mit Trinkwasser. Nun müsst ihr links dem Quellenweg Q folgen, bis ihr zu einem weiteren Brunnenhäuschen 5 gelangt. Hier geht es dann rechtsherum. Um nach etwa 100 Metern die Schotterpiste zu verlassen, haltet ihr Ausschau nach dem Wegweiser in Richtung „Felsenlabyrinth Luisenburg". Ihr könnt auch einfach weiter dem Q oder der Markierung des Fränkischen Gebirgswegs sowie des Jean-Paul-Wegs folgen. Die Wege bringen euch alle über einen schönen Pfad zum Felsenlabyrinth – versprochen.

Über Treppen geht es hinauf zum Restaurant Luisenburg Resort. Wer will, der kehrt hier erst einmal ein. Bei schönem Wetter bietet die Terrasse weiterhin frische Luft, während man sich für den weiteren Weg stärkt.

Eine Quelle am Wegrand beim Brunnenhaus bietet Erfrischung

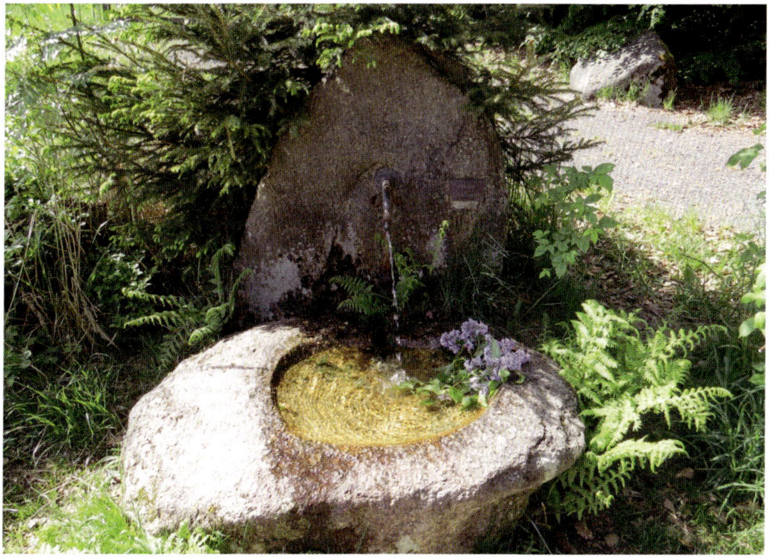

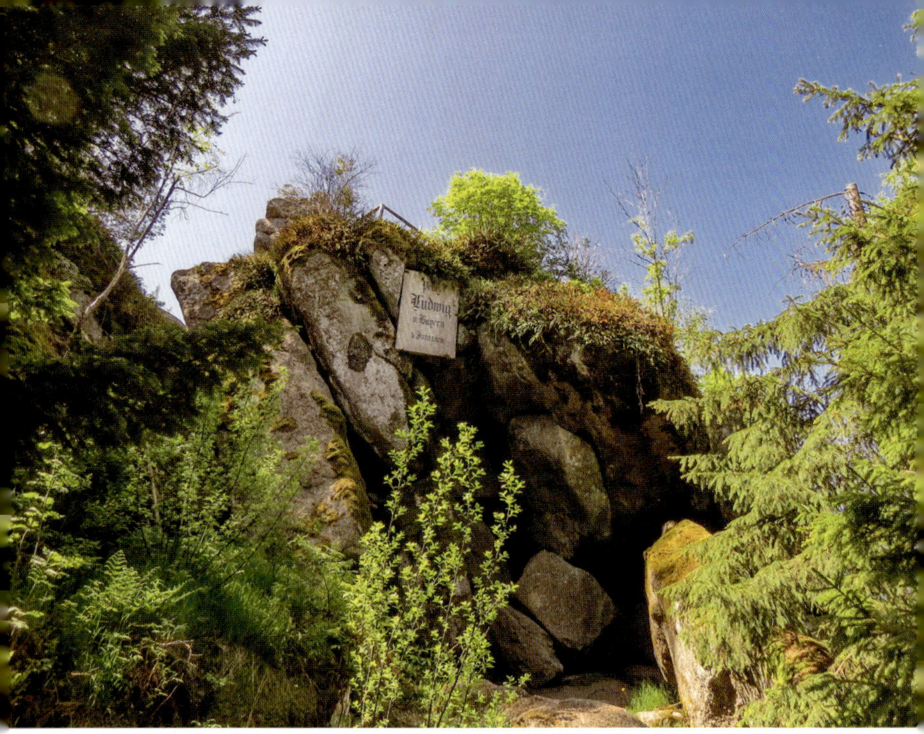

Felsen im Felsenlabyrinth

Nachdem ihr euch also ausgiebig den Bauch vollgeschlagen habt, muss natürlich wieder etwas getan werden. Es geht durchs Felsenlabyrinth 6 bis zum oberen Ausgang/Ziel – keine Angst, hier steht ein Schild, und von dort aus weiter auf dem Weg mit der Markierung zum Kaiser-Wilhelms-Felsen 7 – wo ihr übrigens einmal eure Köpfe einziehen müsst, um durch einen Felsspalt zu kommen – und dann weiter bis zum Burgsteinfelsen 8 (869 m ü NN). Beide Felsen belohnen euch mit einer wunderschönen Aussicht, die ihr unbedingt genießen solltet. Aber Achtung, die Aussichtsplattformen sind nur über Gittertreppen erreichbar, im Winter kann der Auf- und Abstieg aufgrund von Schnee und Eis sehr „abenteuerlich" (damit meine ich gefährlich) sein. Auch der Weg selbst ist nicht zu unterschätzen, denn er ist oft mit kleineren und größeren Granitfelsbrocken gespickt und verwurzelt (Rutschgefahr bei Nässe).

Ohne Felsenlabyrinth:

Ab dem Luisenburg Resort folgt ihr dem Kopfsteinpflaster, aber nur so weit, bis ihr die Möglichkeit habt, nach links auf einen Waldweg abzubiegen. Ein weiß-blauer Balken ist jetzt eure neue Orientierungshilfe und führt euch den Berg hinauf bis zum Kaiser-Wilhelms-Felsen.

Habt ihr die Aussicht vom Burgsteinfelsen genossen? Dann geht es noch ein Stück auf dem felsdurchsetzten Weg mit der Markierung weiter, und zwar zuerst über Pfade, wo ihr Richtung Kösseine lauft. Dann landet ihr auf einem Schotterweg, welchem ihr folgt. Bei der nächsten Abzweigung mit einer großen alten Buche und einer Bank 9 geht ihr geradeaus, und der Schotterweg ändert sich wieder zu einem Waldweg. Zu der Markierung blau-weißer Balken gesellt sich die ⑥ wieder, welche von nun an euer neuer

Orientierungspunkt ist. Der ⑥ folgt ihr dann auch bei den nächsten Wegweisern nach rechts, bis ihr den Püttnerfelsen ⑩ erreicht. Einige Haken im Felsen lassen darauf schließen, dass Kletterer hier auf ihre Kosten kommen. Aber auch sonst ist es ein schönes Fleckerl.

Die Markierung ⑥ bringt euch nun über einen kurzen steilen Abstieg schnell den Berg hinab. Wer noch nicht genug hat, kann sich auch auf den Endspurt der Tour freuen, denn auch der letzte knappe Kilometer bis zum Auto verläuft beinahe ausschließlich über einen Waldpfad, welcher nun zwar etwas „weicher" wird, aber auch immer wieder felsig und wurzlig ist. Sobald ihr das Ende des Pfades erreicht habt, müsst ihr nur noch dem Schotterweg folgen und seht sodann schon euer Auto wieder – natürlich nur, wenn ihr euch nicht verlaufen habt!

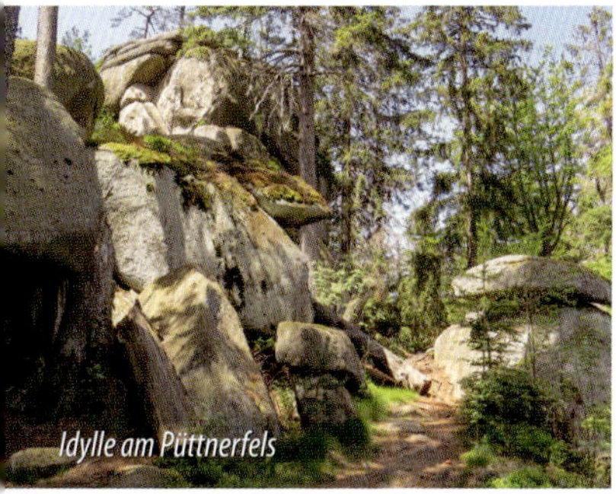
Idylle am Püttnerfels

Hinweis Felsenlabyrinth:

Hierfür wird eine geringe Gebühr fällig, und im Winter ist das Felsenlabyrinth aus Sicherheitsgründen geschlossen. Innerhalb des Labyrinths könnt ihr euch für den roten, den blauen (für welchen wir uns entschieden haben) oder den gelben Weg entscheiden.

Egal für welchen Weg ihr euch entscheidet, beide Wege sind gleich lang, und auch die zu bewältigenden Höhenmeter sind identisch. Der Weg durchs Felsenlabyrinth ist im Sommer auf jeden Fall spannender. Bedenkt aber, dass es hier einige Gittertreppen und enge Stellen gibt, bei denen Hunde evtl. ihre Probleme haben könnten.

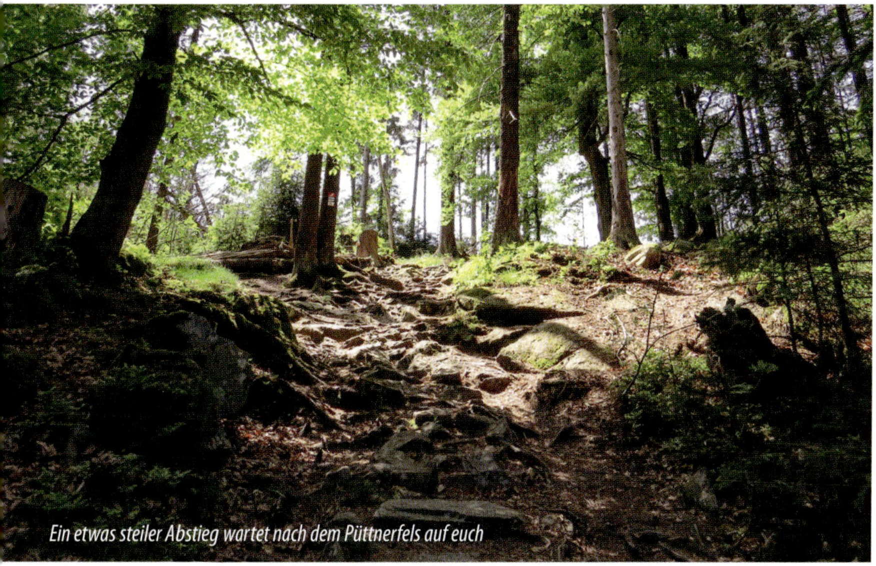
Ein etwas steiler Abstieg wartet nach dem Püttnerfels auf euch

Zwei Täler

Unterwegs im Röslautal und Demutstal

TOUR 22

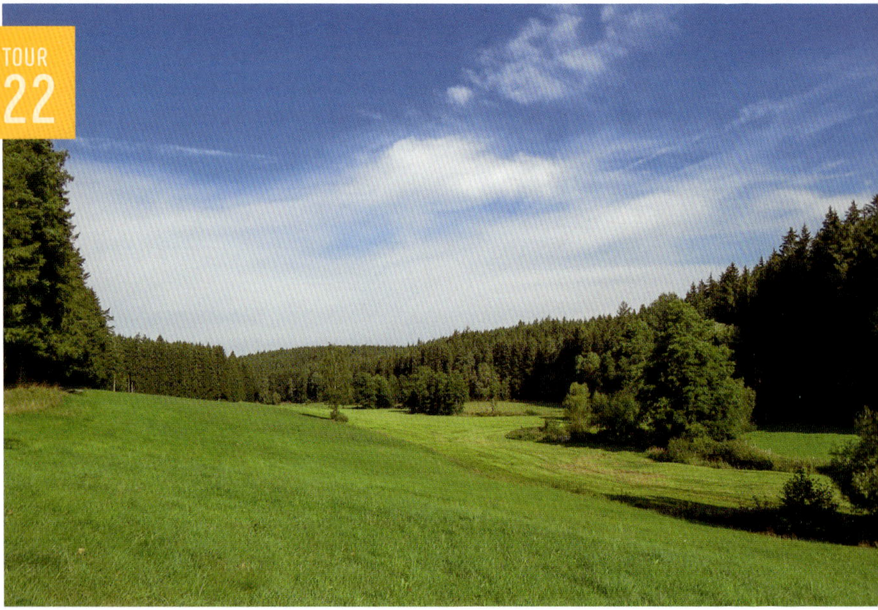

Start/Ziel: Wanderparkplatz bei Unterthölau
Navi: Unterthölau 1, 95615 Marktredwitz eingeben und von dort aus noch etwa 400 Meter dem Weg Richtung Wald folgen
Koordinaten: 50°01'42.0"N 12°04'16.2"E

Ausgangspunkt – Röslautal – Demutstal – Juliushammer – Wintersreuth – Bollenstein – Röslautal – Oberthölau – Unterthölau – Ausgangspunkt

Diese Wanderung durch das schöne Röslautal und das weniger bekannte Demutstal ist eine kleine Alltagsflucht für alle, die es unterwegs nicht ganz so wild wollen. Die Natur genießen und dabei über abwechslungsreiche, aber nicht zu anspruchsvolle Wege wandern – das steht bei dieser Tour im Vordergrund. Weil Abenteuer im Herzen stattfinden.

(blauer Punkt in weißem Kreis); 3 (RW 3); R (Röslauweg)

Gaststätte Wiesenthal
Familie Schelter, Wintersreuth 11, 95632 Wunsiedel / Wintersreuth
Tel. 09232 3926
www.schelter-wintersreuth.de

Keine besonderen Anforderungen. Obwohl ihr euch bei dieser Wanderung im Tal der Röslau und entlang des Wendener Bachs bewegt, ist der Zugang zum Wasser nur selten möglich. Deshalb müsst ihr auf jeden Fall genug Wasser für Hunde mitnehmen.

Tourist-Information Marktredwitz
Markt 29, 95615 Marktredwitz
Tel. 09231 501128
www.marktredwitz.de

 Foto: Blick ins Röslautal vom Startpunkt aus

leicht · 8,6 km · 96 Hm · 2:15 h

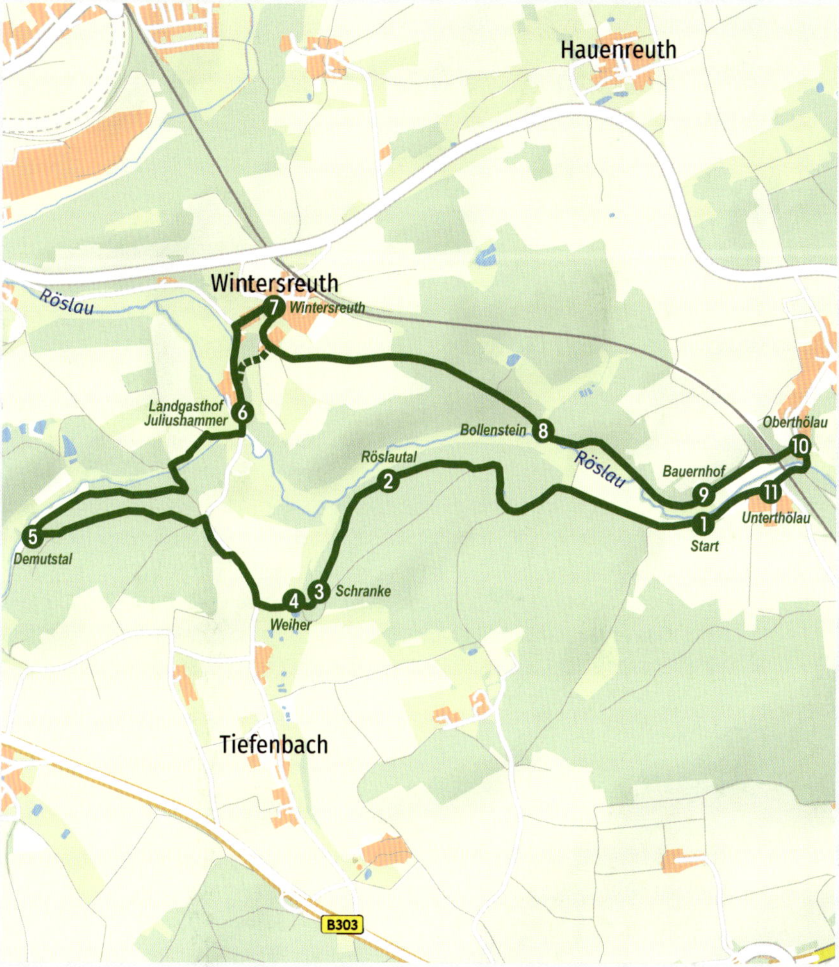

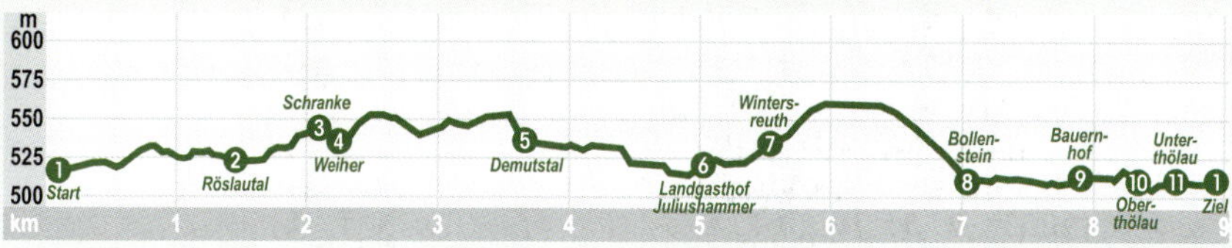

Bereits der Startpunkt ① dieser Wanderung befindet sich an einem schönen Fleck mit Blick ins Röslautal. Ihr wandert nicht zurück in das kleine Örtchen, sondern lauft zuerst einmal auf dem Schotterweg Richtung Wald. Es geht mit Blick in das schöne Tal und der Markierung [◉] weiter am Waldrand entlang. Der Weg führt euch dann in den Wald hinein, bis dieser nach rund einem Kilometer rechts auf einen schönen Waldweg abbiegt. Genau da geht es für euch auch weiter. Der Weg wird schmaler und zu einem tollen Pfad im Röslautal ②.

Plötzlich erscheint mitten auf dem Weg eine Schranke ③. Keine Angst, die könnt ihr einfach seitlich umgehen, denn für Fußgänger scheint sie keine besondere Bedeutung zu haben. Nur kurze Zeit später gelangt ihr auf einen geschotterten Feldweg. Hier müsst ihr nun rechter Hand weiter. Der Weiher ④ auf der linken Seite nahe Tiefenbach sieht idyllisch aus, ist jedoch Privatgelände. Also weiter. Die Markierung [◉] bringt euch hinauf zur Straße. Keine Angst, diese ist nur wenig befahren. Zum Glück, denn hier müsst ihr euch nun rechts halten und etwa 350 Meter entlang der Straße laufen, bis ihr links auf einen Waldweg [3] abbiegt. Nach etwa 60 Metern steht ihr auf einer „Kreuzung". Die [3] führt geradeaus weiter, während ihr rechts auf einen unmarkierten Waldweg abbiegt.

Rund 600 Meter später zweigt ein Weg nach rechts in den Wald ab. Dieser bringt euch den Berg hinab auf einen Pfad, genau da müsst ihr wieder rechts – ihr seid im Demutstal ⑤ angekommen –, und nun folgt ihr erstmal wieder der Markierung [◉]. Der Bach fließt hier nicht direkt am Weg, aber man kann ihn etwas hören. Den weichen Waldboden und die Ruhe in diesem wunderschönen Tal müsst ihr einfach auf euch wirken lassen. Das kann man nicht beschreiben.

Die Röslau
Als rechter Nebenfluss der Eger entspringt die Röslau auf ca. 915 m ü. NN am Osthang des Schneeberggipfels aus einer Quelle. Auf ihrem Weg in die Eger fließt sie unter anderem durch die Röslauschlucht Gsteinigt. Der kleine Fluss hatte schon damals eine wirtschaftliche Bedeutung, da durch die Kraft des Wassers Hammerwerke und Mühlen betrieben wurden.

Den Pfad im Demutstal verlasst ihr, sobald ihr bei einem Wegweiser ankommt. Links geht es „nach Wunsiedel über Schneckenhammer 1,3 km – nach Juliushammer 600 m", und genau da müsst ihr weiter. Ein sanftes Gefälle führt euch auf einem Pfad durch ein bisschen Gestrüpp zum Wenderner Bach hinab. Hier kann man die Füße und Pfoten, falls ihr mit Hund wandert, abkühlen, oder trockenen Fußes über die Holzbrücke gehen. Auf die andere Seite müsst ihr so oder so, denn es geht dann rechts auf einem kaum erkennbaren Wiesenweg zu einem Grundstück. Wenn ihr nicht zwischen den Gebäuden durchlaufen wollt, so könnt ihr dem Feldweg links neben dem Weg folgen. Er bringt euch dann auch zu der Straße, welche links nach Juliushammer führt.

Am Landhotel Juliushammer ⑥ könnt ihr getrost vorbeigehen. Es hat geschlossen und ähnelt eher einem Lost Place, welchen man jedoch nicht betreten kann. Am Ende des Gebäudes erkennt ihr auf der anderen Straßenseite einen leicht zugewachsenen und unmarkierten Waldweg, welchem ihr den Berg hinauf folgt. Oben angekommen geht ihr dann am Waldrand die letzten Meter hoch bis zu einer Bank und weiter zu einem Stadel. Diesen passiert ihr rechts und haltet euch dann erneut rechts. Der geschotterte Feldweg führt geradewegs zum Waldrand, wo eine weitere schöne Bank auf euch wartet.

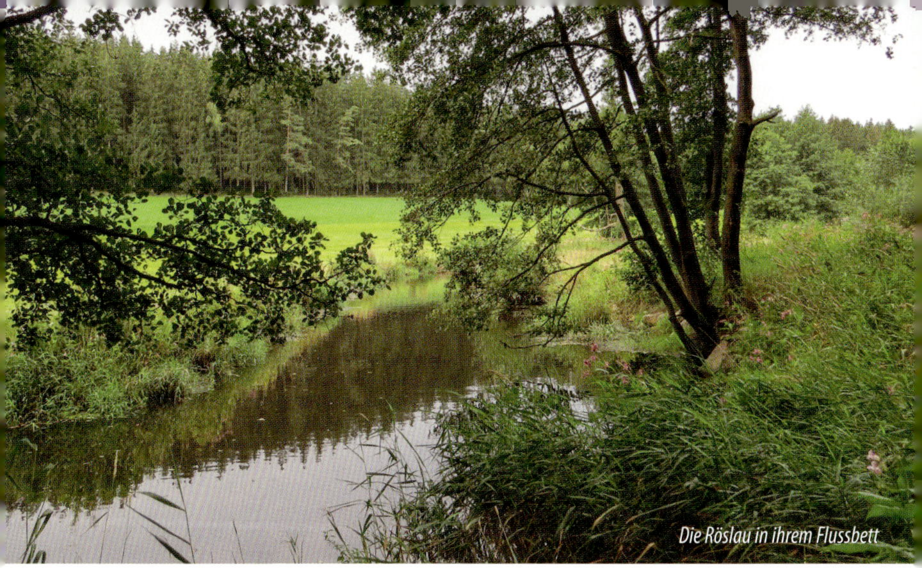

Die Röslau in ihrem Flussbett

Route mit Einkehrmöglichkeit:

Wenn ihr euch auf eine Einkehr freut, so folgt ihr beim Landhotel Juliushammer der Straße von Juliushammer nach Wintersreuth. Auf der rechten Seite seht ihr dann schon einen kleinen Parkplatz und das Gasthaus Wiesenthal. Frisch gestärkt und ausgeruht geht´s dann leicht bergauf auf dem E3 und dem Röslauweg R weiter in das Örtchen Wintersreuth 7. An einem kleinen „Ententeich" folgt ihr weiter der Markierung „R Bollenstein 1,6 km – Unterthölau 2,8 km" nach rechts den Berg hinauf. Der Asphalt wechselt beim letzten Hof dann zu dem geschotterten Feldweg.

Hattet ihr mit der Einkehr zeitlich kein Glück, oder wollt ihr sowieso lieber eure eigene Brotzeit genießen, dann wäre hier ein gutes Platzerl dafür. Anschließend folgt ihr dem R weiter auf dem Forstweg durch den Wald. Es geht bergab, und ihr steht auf einer Wiese. Die Röslau schlängelt sich ruhig und gelassen durch ihr Flussbett. Ziemlich versteckt führt linker Hand ein Pfad ins Dickicht aus Springkraut. Zwei kleine Holzstege erleichtern euch die Überquerung der kleinen Gräben. Nun geht es auf einem Pfad zum Bollenstein (Kugelstein) 8 510 m ü. NN – ein kleiner Felsbrocken am Ufer der Röslau.

Die Röslau begleitet euch nun rechter Hand. Der Pfad ist richtig erholsam, da er wenig Steigungen beinhaltet und dank dem Wechsel zwischen Wald und Wiese aber auch nicht langweilig wird. An die Röslau selbst kommt ihr jedoch selten direkt hin. Man hat sie aber stets im Blick. Die imposanten Rindviecher sind durch einen Elektrozaun gesichert – man kann aber gut Abstand zum Zaun halten, sodass hiervon kaum eine Gefahr ausgeht.

Nach ca. 900 Metern erreicht ihr einen Hof 9. Hier müsst ihr links vorbei, um nicht auf einmal mitten auf dem Grundstück zu stehen. Mit Blick auf die Eisenbahnbrücke geht es nun auf einem Feldweg weiter nach Oberthölau 12. Der Weg führt euch unter genannter Eisenbahnbrücke durch, bis zu einer Straße. Dieser folgt ihr in einem Rechtsbogen, überquert die Röslau und geht ein weiteres Mal unter der Eisbahnbrücke hindurch. Nun folgt ihr einfach der Straße bis nach Unterthölau 11 (der Weg sollte euch dann schon bekannt vorkommen, denn so seid ihr zum Parkplatz gefahren), wo ihr euch gleich wieder rechts haltet und von dort aus auf dem Schotterweg dann zurück zum Parkplatz geht.

Abenteuer Kornberg

Willkommen auf dem nordöstlichen Gipfel des Fichtelgebirges

TOUR 23

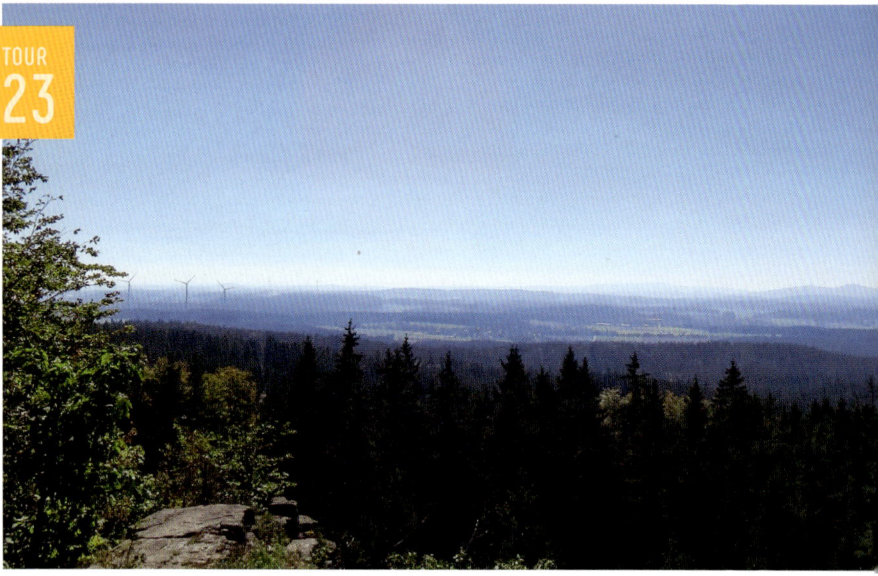

Start/Ziel

Parkplatz am Bahnhof
Navi: Am Bahnhof, 95158 Niederlamitz (Kirchenlamitz-Ost) Der Parkplatz liegt direkt an der Wandertafel neben den Gleisen auf der anderen Straßenseite gegenüber von Reifenvertrieb Seng GmbH. Koordinaten: 50°09'56.2"N 11°59'10.5"E

Ausgangspunkt – Wackelstein / Zigeunersteine – Ruine Hirschstein – Großer Kornberg / Schönburgwarte – (Kornberghaus) – Hauknock – Ausgangspunkt

Der Große Kornberg (827 m) glänzt zwar nicht durch Blockmeere und Felsgipfel, hat aber dennoch einiges zu bieten. Erklimmt eine Burgruine, fühlt euch wie Herkules am Wackelstein und steigt 114 Stufen hinauf zu einer traumhaften Aussicht. Ein echter Abenteuerberg eben. Ich empfehle bei dieser Tour ein GPS-Gerät.

N (Nordweg); N (Nordweg) & (Fränkischer Gebirgsweg); N (Nordweg); (weiß-blau); N (Nordweg) & (Fränkischer Gebirgsweg)

Kornberghaus
Tel. 09287 800197
kornberghaus@culinary-kitchen.de
www. kornberg.bayern

Absturzgefahr an der Ruine Hirschstein. Hunde dürfen mit auf den Aussichtsturm. Dabei müssen insgesamt 114 Stufen (Stein, lediglich die letzten ca. 10 Stufen sind Metallgitter) bestiegen werden. Hunde, welche keine Treppen steigen dürfen / können, bleiben besser unten.

Stadtverwaltung Kirchenlamitz
Marktplatz 3, 95158 Kirchenlamitz
Tel. 09285 9590
www.kirchenlamitz.de

 Foto: Blick in die Ferne von der Ruine Hirschstein

mittel | 10,6–11,4 km | 330 Hm | 3:00 h

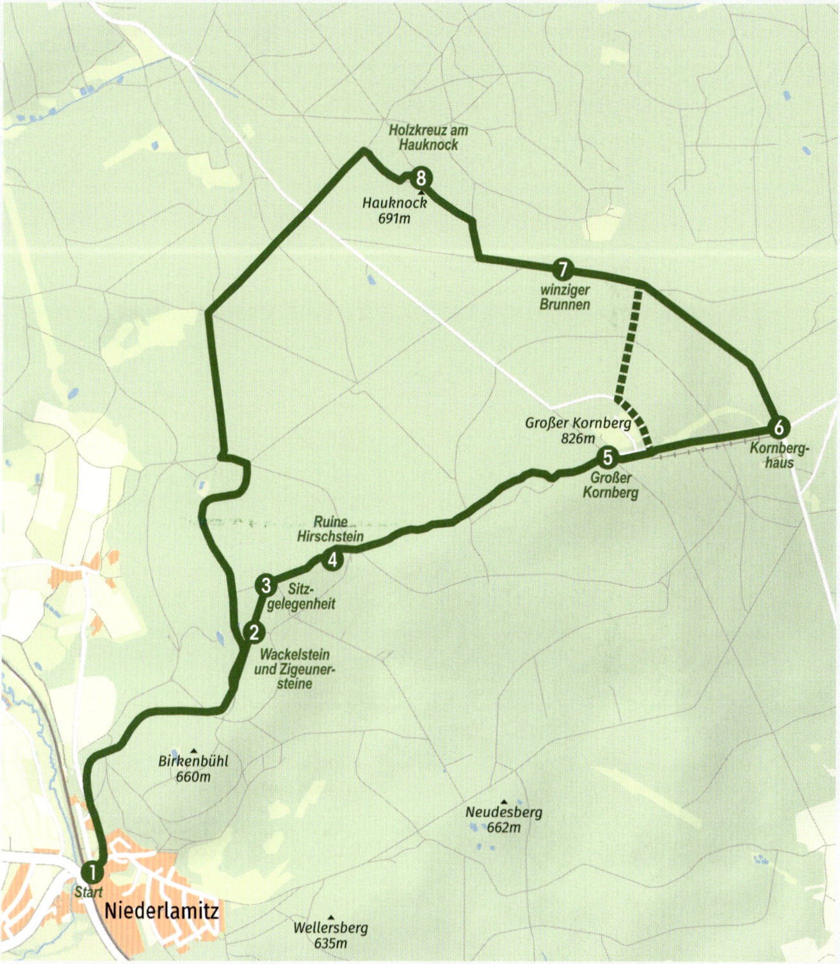

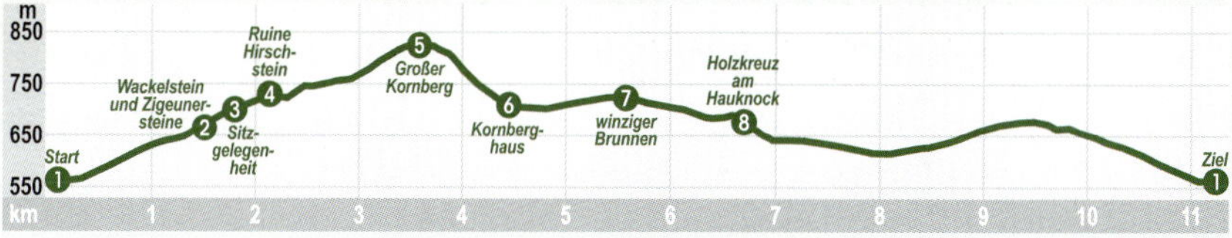

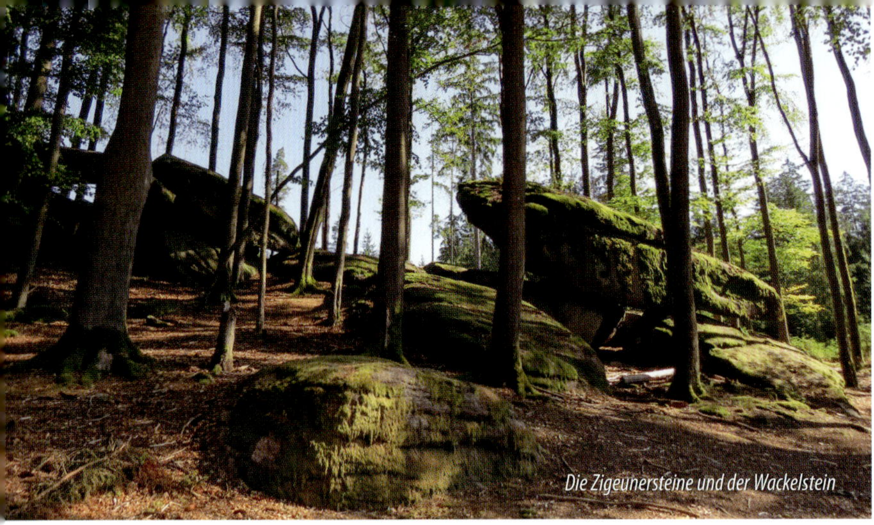

Die Zigeunersteine und der Wackelstein

Ihr startet am Parkplatz 1 mit dem Rücken zu den Gleisen in den Ort und wandert an der ersten Straße, „Am Bahnhof", die links wegführt, geradeaus vorbei. Die Mitfahrbank lasst ihr links liegen. Danach biegt eine zweite Straße, die „Dörflaser Straße", nach links ab (auf der dortigen Verkehrsinsel seht ihr auch ein Straßenschild nach Dörflas sowie einen Wegweiser). Der Wegweiser hat ein N als Markierung. Dem Nordweg N folgt ihr auf diesem Weg in die „Dörflaser Straße". Nach etwa 150 Metern biegt der Weg am ehemaligen Gasthof Wustung nach rechts oben als Pfad in den Wald ab. Dort steht auch wieder ein Wegweiser, der auch die Markierung N & (Fränkischer Gebirgsweg) trägt. Damit euch warm wird, steigt der Weg dann auch gleich ein bisschen bergan. Aber so richtig ins Schwitzen kommt ihr hier noch nicht, also keine Angst.

Der Pfad ist mal etwas breiter, mal schmäler und führt euch nun bei moderater Steigung ab und an über Wurzeln durch den Wald. Forstwege überquert ihr meist nur, während ihr stetig dem N & nachwandert.

Nach etwa 1,3 km weist euch ein Schild auf den Wackelstein und die Zigeunersteine 2 hin. Die 50 Meter lohnen sich auf jeden Fall, um diese Steinformation anzuschauen. Und wer möchte, der kann seine Kräfte messen und sein Glück darin versuchen, den Wackelstein so richtig zum Wackeln zu bringen – wolltet ihr nicht auch immer schon wissen, wie sich Herkules fühlt? Dann los.

Zurück auf dem Pfad geht es weiter hinauf, natürlich immer mit dem N & im Blick, die Markierung „verfolgt" euch bis zum Gipfel des Großen Kornbergs. Auf der linken Seite erwartet

Zigeunersteine und Wackelstein

Bei den Zigeunersteinen handelt es sich um eine Gruppe aus mehreren Granit-Felsbrocken. Bewohner fanden während des 30-jährigen Kriegs hier Unterschlupf, und auch Zigeuner sollen hier bereits Zuflucht gefunden haben. Der Wackelstein ist ein Felsen der Zigeunersteine. Seinen Namen verdankt er der Tatsache, dass er mit einem Holzriegel nur durch Muskelkraft zum Wackeln gebracht werden kann. Und das, obwohl der Koloss an die 250 Tonnen wiegen soll und eine stattliche Größe von 9 Metern Länge, 4–7 Metern Breite und 2 Metern Höhe an den Tag legt.

Ruine Hirschstein

Viel ist nicht mehr übrig, was auf die in der Mitte des 14. Jahrhunderts zerstörte Felsenburg hindeutet. Eine etwa 12 Meter lange Mauer aus Granit und ein paar weitere Mauerreste sowie ein angedeutetes Mauerfundament eines Turms. Obwohl der Burggraf Friedrich von Nürnberg den Hirschbergern 1361 eine Genehmigung erteilte, die Burg wieder aufzubauen, blieb die Burg eine Ruine. Während im 30-jährigen Krieg die Gewölbe der Burgruine den Menschen noch als Zuflucht dienten, wurden diese im 18. Jahrhundert auf markgräfliche Anordnung zugeschüttet. Es hatten sich Zigeuner und anderes „lichtscheues Gesindel" eingenistet. Die Burg Hirschstein ist eine der ältesten Burgen des Fichtelgebirges, auch wenn man sich über die erste urkundliche Erwähnung nicht ganz einig zu sein scheint. 1205 ist das erste Jahr, in dem von der Burg zu lesen ist. Der Zutritt zur Burgruine Hirschstein ist kostenlos und frei zugänglich.

euch eine schöne Sitzgelegenheit 3 zwischen einigen Heidelbeerbüschen.

Von hier aus sind es noch etwa 400 Meter bis zur Ruine Hirschstein 4. Bereits auf dem Weg dorthin begegnet euch ein Kletterfelsen, und manchmal erscheint einem der Weg etwas verwildert, aber der Ausblick von der nur wenig erhaltenen Felsburg Hirschstein ist wirklich schön. Bei Nässe gilt es jedoch Vorsicht zu wahren, denn es geht an der Westmauer fast senkrecht hinunter – und das für ca. 30 Meter –, also aufpassen.

Wieder zurück auf dem Weg folgt ihr dem Nordweg N & weiter auf einem Pfad. Von nun an sind es noch etwa 1,5 km bis zum Gipfel des Großen Kornbergs 5. Der Weg verläuft auf einem abwechslungsreichen Pfad mit angenehmer Steigung, und alsbald steht ihr auf dem baumfreien

Großer Kornberg

827 Meter misst der Große Kornberg, der nordöstlichste Punkt des Fichtelgebirges. Hohe Felstürme und Blockmeere gibt es hier nicht, außer am Nebengipfel Hirschstein. Dafür gibt es viel Wald und einen alten Aufklärungsturm der Bundeswehr, welcher im Kalten Krieg zum Einsatz kam. Seit 2022 soll der Turm abgerissen werden – noch (Stand Oktober 2023) steht er jedoch an seinem Platz.

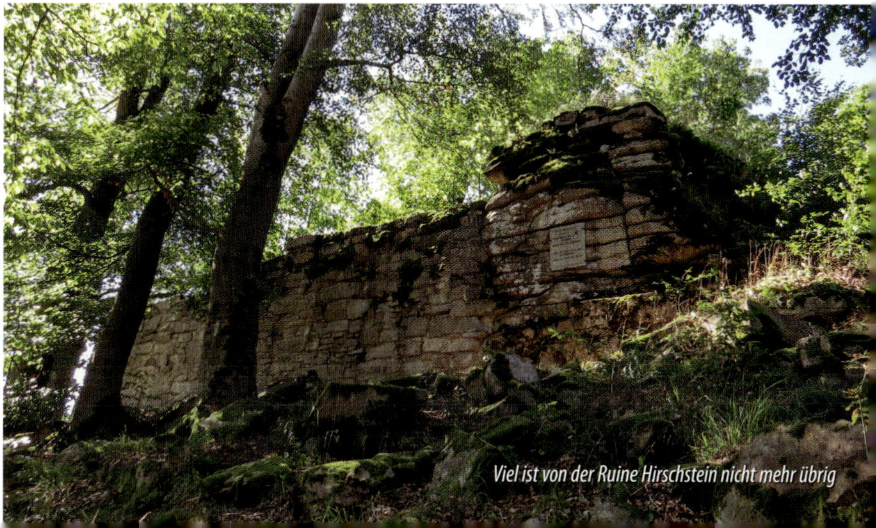

Viel ist von der Ruine Hirschstein nicht mehr übrig

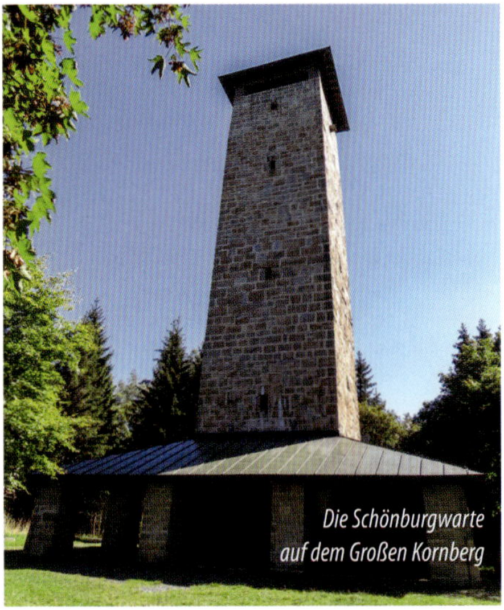

Die Schönburgwarte auf dem Großen Kornberg

Gipfel (827 m). Dieser wäre kaum erkennbar, wenn sich hier nicht der mächtige Turm der Schönburgwarte befinden würde. Falls der Turm offen ist, dürft ihr euch den Aufstieg keinesfalls entgehen lassen. Von oben hat man eine wundervolle Sicht auf umliegende Gipfel, auf das alte Militärgelände mit dem Abhörturm sowie an schönen Tagen bis nach Tschechien. Außerdem ist die Besteigung kostenlos – lediglich der Turmgeist freut sich über eine Spende. Um die Schönburgwarte herum findet ihr zahlreiche Sitzgelegenheiten, und wer will, kann sich im Gipfelbuch, welches sich an einem Kreuz befindet, noch verewigen und für nachfolgende Wanderer für Lesestoff sorgen.

Nach der Turmbesteigung und einer ausgiebigen Rast (oder auch nicht, denn gleich könnt ihr euch ausruhen und stärken) könnt ihr nun wählen, ob ihr den längeren Weg inklusive einer Einkehr im Kornberghaus 6 nehmt oder euch direkt auf den Weg zum Hauknock macht. So oder so müsst ihr auf die „hintere" Seite des Turms.

Um zum Kornberghaus zu gelangen, folgt ihr der Markierung 1 und N zuerst auf einem Pfad am Waldrand entlang. Anschließend geht es schnurstracks geradewegs die Skipiste hinab. Unten angekommen, seht ihr dann schon das Kornberghaus. Anschließend geht es, von der Skipiste kommend, nach links weiter auf dem Schotterweg ohne Markierung. Erst später gesellt sich von links oben die Markierung hinzu, welcher ihr ab da geradeaus folgt.

Habt ihr euch bereits am Gipfel mit einer selbstmitgebrachten Brotzeit gestärkt oder wollt ihr einfach weiterwandern – das soll's ja auch geben –, dann folgt ihr vom Gipfel aus der Markierung , welche euch auf Asphalt zuerst Richtung Skipiste, dann aber nach links weiterführt. Nach etwa 300 Metern biegt ihr, dem folgend, nach rechts auf einen Pfad ab. Hier geht es nun flott bergab, und damit hoffe ich natürlich nicht, dass ihr auf dem mit Buchenlaub bedeckten Boden ständig ausrutscht. Den ersten querenden

Die Schönburgwarte

ist ein 1954 errichteter Aussichtsturm auf dem Gipfel des Großen Kornbergs. Er ist insgesamt 26 Meter hoch, und wer es wagt, die 114 Steinstufen zu bezwingen, wird mit einer herrlichen Rundumsicht von der Aussichtsplattform belohnt. Der Blick reicht dabei von den umliegenden Gipfeln wie Schneeberg und Ochsenkopf auf umliegende Ortschaften und sogar bis nach Tschechien. Auch auf das nebenstehende ehemalige Bundeswehrgelände kann man blicken, wobei der Blick in die Natur sicher die schönere Alternative ist. Der Turmgeist im Inneren des Turms freut sich über eine Spende, welche dem Erhalt der Schönburgwarte dient.

Insiderwissen: Steht ihr vor dem Turm, dann schaut mal zwischen die beiden unteren Fenster. Etwa auf halber Höhe befinden sich links und rechts zwei kleine „Knubbel". Hierbei handelt es sich um zwei Bergkristalle, welche am Großen Kornberg gefunden und bei der Errichtung des Turms dort eingemauert wurden.

Weg übergeht ihr einfach geradeaus. Beim nachfolgenden geschotterten Forstweg müsst ihr euch dann links halten und erneut der Markierung folgen.
Auf der linken Seite ist ein winziger Brunnen 7, wo das Wasser in eine Art Steinschale plätschert. Etwa 450 Meter danach geht ihr dann rechts auf einen Waldweg mit den Markierungen & „Zuweg Fränkischer Gebirgsweg". Und dann müsst ihr ganz genau aufpassen, denn nach etwa 170 Metern führt ein kaum erkennbarer und unmarkierter Pfad nach links über eine gerodete Waldfläche (die beiden o. g. Markierungen führen geradeaus weiter). Im besten Fall wandert ihr schon vorab mit GPS, denn dann verpasst ihr den Einstieg auf den Pfad sicher nicht. Nach kurzer Zeit geht es dann wieder zwischen den Bäumen weiter, und hier ist der Weg auch besser erkennbar. Es geht noch über einen kleinen Hügel, und dann solltet ihr auch schon das Holzkreuz am Hauknock 8 erkennen.
Oben auf dem Steinhaufen, so sieht der Hauknock (691 m) aus, gibt es eine kleine Bank. Aussicht gibt es keine, dafür Ruhe und Stille. Es ist eben ein Ort zum Kraft-Tanken.
Steht ihr nun vor dem Hauknock, so wandert ihr nach links weiter auf einem Pfad. Dafür folgt ihr dem Wegweiser in Richtung „Rundweg Nr. 3 3,4 km, Steinbergring 1,6 km", und sogleich geht es bergab bis zu einem breiteren Weg, eine weiße 3 ist immer wieder auf Bäume gepinselt, sodass ihr euch etwas orientieren könnt. Am Weg begegnet euch wieder die Markierung , welcher ihr nach links folgt. Kurze Zeit später wird der Weg zu einem Forstweg. Jetzt können sich die Füße etwas erholen, denn rund 1,7 Kilometer geht es immer geradeaus. Für etwas Urwald-Feeling sorgt nach der ersten Kreuzung, welche ihr geradeaus Richtung Dörflas und Niederlamitz überquert habt, eine Allee aus Knöterich. Das Gewächs ist richtig imposant, wenn es so in die Luft ragt. Auch bei der zweiten und dritten Kreuzung lauft ihr immer geradeaus. Es geht leicht bergab, bevor es nach der dritten Kreuzung leicht bergauf geht und ihr auf einen Weg kommt, wo ihr nur links oder rechts gehen könnt.
Dort geht ihr erst links und nach etwa 120 Metern wieder rechts. Dieser Waldweg ohne Markierung bringt euch nach rund 1,2 km wieder auf den Nordweg N und den Fränkischen Gebirgsweg . Hier biegt ihr einfach nach rechts auf den Pfad ab und folgt den beiden Markierungen. Es geht leicht bergab, bis ihr dann auf einer Teerstraße landet. Links geht es für euch weiter bis zur Hauptstraße, und dann, wenn ihr nach rechts schaut, solltet ihr auch schon die Mitfahrbank und den Bahnhof und somit euren Startpunkt bzw. euer Ziel erkennen. Vermutlich habt ihr beim Einstieg in den Pfad schon bemerkt, dass ihr so auch zu Beginn der Tour gelaufen seid.

Hauknock
Abgelegen und mitten im Wald, jedoch selbst auf markierten Wanderwegen erreichbar, liegt der kleine Gipfel Hauknock auf 691 m ü. NN. Ein Schild, ein Holzkreuz und das war's, aber die Ruhe ist herrlich.

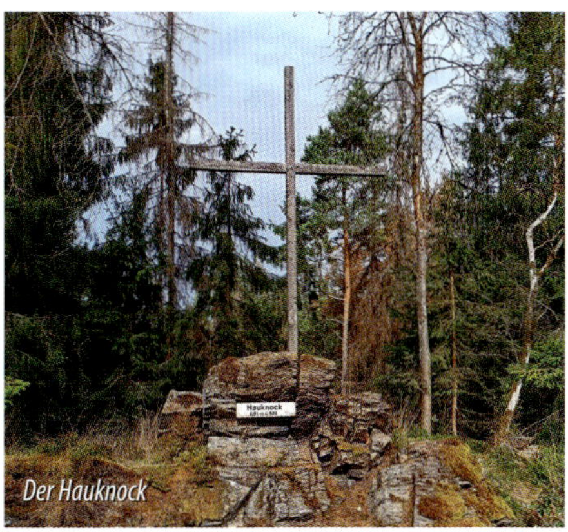
Der Hauknock

Drei Elemente

Wasser, Erde, Luft bei Arzberg

TOUR 24

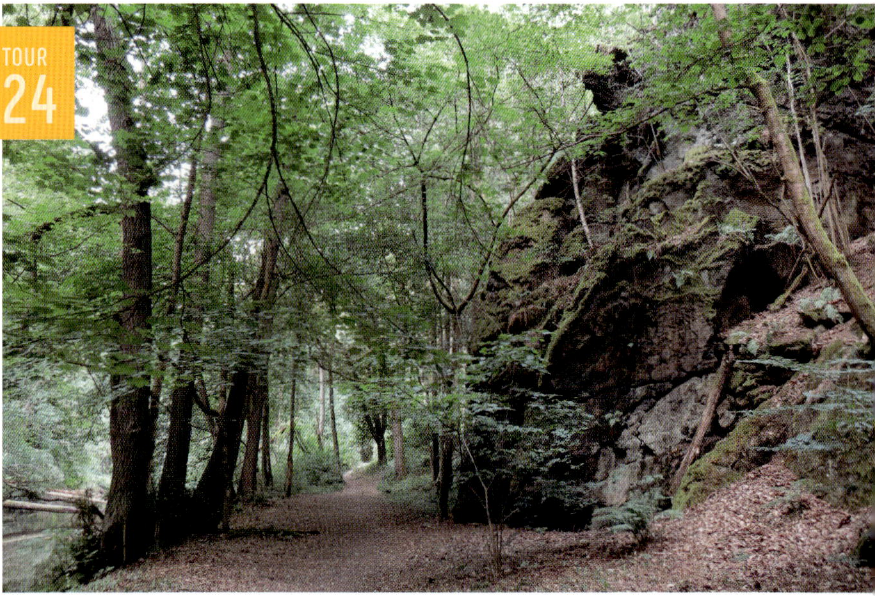

Parkplatz bei der Nagelfabrik Arzberg
Navi: Gsteinigt, 95659 Arzberg
Koordinaten: 50°03'13.7"N 12°10'50.7"E

Ausgangspunkt – Gsteinigt – Feisnitzstausee – Waldenfelswarte / Kohlberg – Arzberg – Ausgangspunkt

Wasser, Erde, Luft – diese drei Elemente warten auf euch. Die Röslau im „Gsteinigt" und der Feisnitzstausee – Wasser. Die Waldenfelswarte auf dem Kohlberg – Luft. Und viel Wald und Felder – Element Erde. Gespannt? – Dann los!

(Fränkischer Gebirgsweg) & R (Röslauweg); (Fränkischer Gebirgsweg) & (blauer Punkt); (blauer Punkt); (weiß mit zwei blauen Balken); (Fränkischer Gebirgsweg) & 1 (RW1); 1 (RW1)

Restaurant Da Nino
Seeklause 1, 95659 Arzberg
Tel. 09233 7849908
essen@da-nino.com
www.seeklause-arzberg.de

Keine besonderen Anforderungen; Wasser gibt es zwar immer wieder, für den Aufstieg zur Waldenfelswarte und an sehr warmen Tagen solltet ihr jedoch unbedingt Wasser mitnehmen; Bademöglichkeit am Feisnitzstausee; bitte nicht am Badestrand. Es gibt genug schöne Stellen, an welchen die Hunde ins Wasser können.

Stadt Arzberg
Friedrich-Ebert-Straße 6, 95659 Arzberg
Tel. 09233 4040
www.arzberg.de

 Foto: Phylitt-Felsen im Gsteinigt

leicht | 7,8 km | 177 Hm | 2:15 h

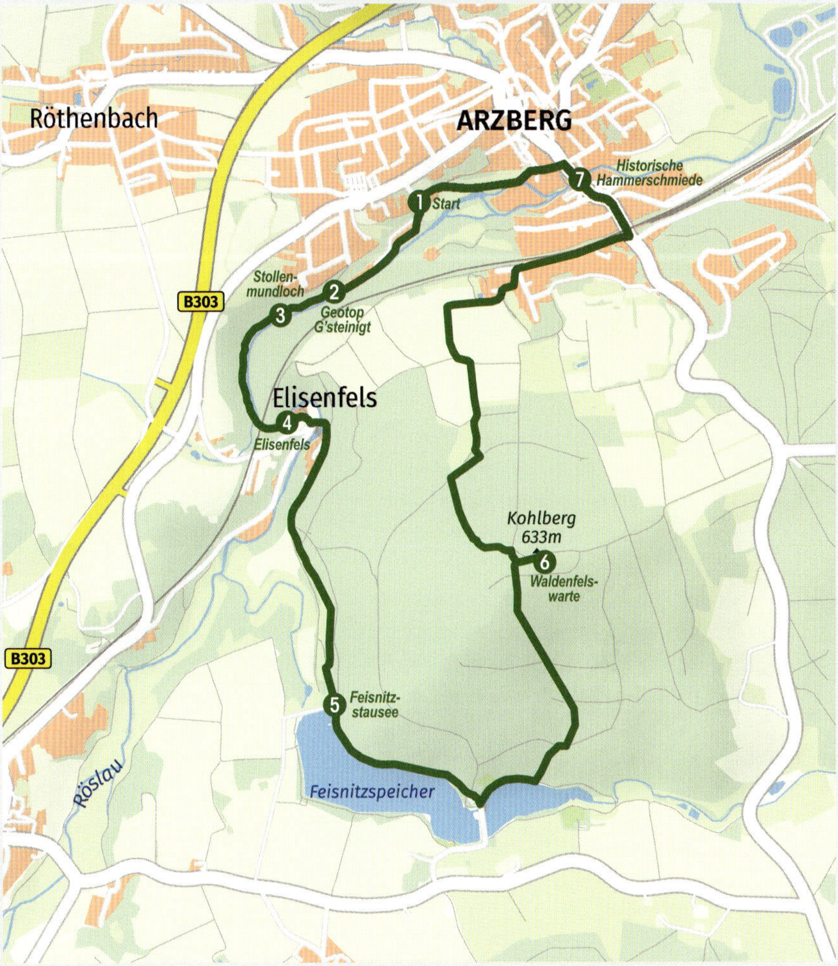

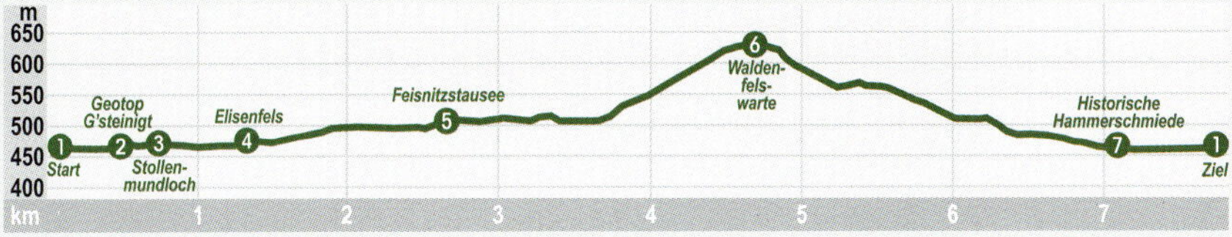

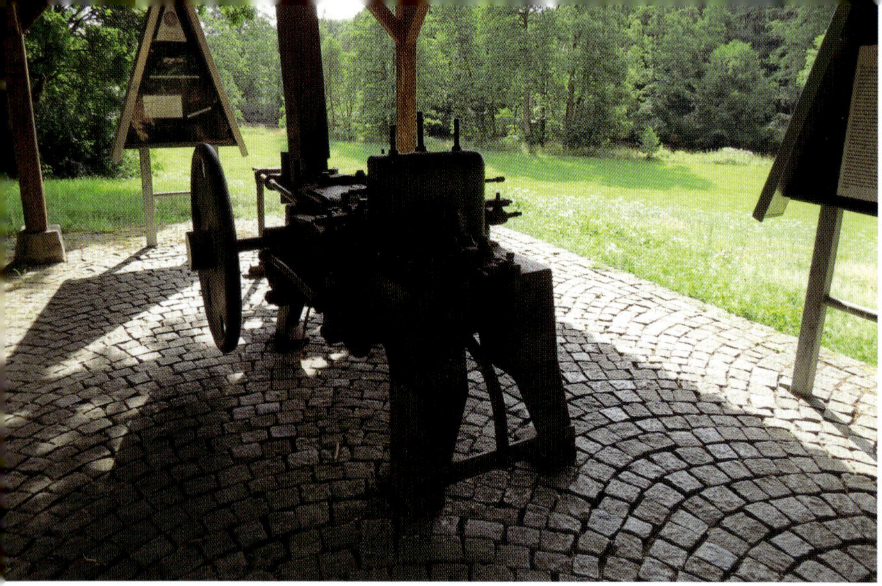

Historischer Eisenhammer gleich zu Beginn der Tour

Bereits am Parkplatz ❶ gibt es etwas zu sehen, nämlich einen Historischen Eisenhammer. Wollt ihr jetzt aber lieber erst wandern, dann folgt ihr der Straße bergab, bis ihr vor dem Fabrikgelände der Nagelfabrik steht. Hier geht es dann links auf einen Pfad und hinter der Fabrik entlang der Röslau mit den Markierungen & R vorbei ins Geotop Gsteinigt ❷. Sobald ihr die kleine Treppe erreicht habt, beginnt der schöne Teil der kleinen, aber feinen Schlucht. Nach kurzer Zeit führt ein Weg nach oben, aber ihr genießt einfach weiter den Uferweg.

Historischer Eisenhammer
In Arzberg gibt es die älteste Nagelfabrik Deutschlands. Am Startpunkt der Wanderung wie auch in Arzberg könnt ihr alte Eisenhammer besichtigen und euch mithilfe der Infotafeln etwas über die Herstellung von Nägeln „aufschlauen".

Mal ist der Weg etwas breiter und das Flussufer gut zugänglich, ein paar Schritte weiter wandert ihr an imposanten Phyllit-Felsbrocken vorbei, und die Uferpflanzen bilden so einen dichten Vorhang,

Gsteinigt
Die kleine Schlucht, durch welche die Röslau fließt, wurde 1938 zum geschützten Naturdenkmal ernannt. Seit 2009 trägt es zudem den Titel „eines der 100 schönsten Geotope Bayerns". In der rund 2 km langen Schlucht befinden sich neben zahlreichen Phyllit-Felsen auch die 1919 gefasste Silberquelle und das Stollenmundloch. Der 100 Meter lange Stollen wurde 1863 zum Abfließen des Grubenwassers des Morgenstern-Schachtes angelegt. Seit 2009 war dieser Stollen begehbar. Aktuell ist er jedoch aufgrund von „Gefahr durch Grubenwasserexplosion" verschlossen – ein Aufenthalt im Gefahrenbereich ist nicht erlaubt! Neben seltenen Tieren wie Eisvögeln und Fledermäusen finden auch einige Pflanzen, z.B. Gelber Eisenhut und Alpenjohannisbeere, hier einen geeigneten Lebensraum.

dass ihr kaum die Röslau und euren weiteren Weg erkennen könnt. Das Schild mit der Aufschrift „Achtung Gefahrenbereich – Gefahr durch Grubenwasserexplosion" solltet ihr zur eigenen Sicherheit nicht ausblenden. Ihr seid auf Höhe des Stollenmundlochs 3, der Eingang ist mit Holzbrettern verschlossen.

Nachdem ihr euch hoffentlich zügig aus der Gefahrenzone gebracht habt, kommt ihr an einen schönen Platz. Die Silberquelle bahnt sich ihren Weg aus einem Rohr und plätschert dann in die gebaute Steinschale. Eine Bank sowie der schöne Zugang ans Flussufer laden zu einer kurzen Rast ein.

Etwa 1,5 Kilometer nach eurem Start erreicht ihr dann Elisenfels 4 mit dem Gasthof Gsteinigt. Solltet ihr euch jetzt schon auf eine kulinarische Verwöhnung oder ein kühles Bier freuen, so muss ich euch (zumindest zu aktueller Zeit) leider enttäuschen. Denn der Gasthof ist bis auf Weiteres geschlossen. Da es hier also eh nichts zu holen gibt, empfehle ich euch gleich den unteren Pfad

Tipp
Gönnt euch eine Erfrischung im Feisnitzstausee und schwimmt eine Runde. Achtet jedoch unbedingt auf den für Badegäste gesperrten Bereich (Sogentwicklung).

zu nehmen und unterhalb des Gasthofs bis zur Brücke zu gehen.

Diese Brücke überquert ihr mit den Markierungen & und folgt dann der Markierung bis zum Feisnitzstausee 5. Keine Angst, die Teerstraße wird nach ein paar Metern zum Forstweg, und dieser bringt euch dann nach etwa 200 Metern, auf einen wunderschönen Waldpfad, welcher erst kurz vor der Staumauer des Sees nochmal auf Asphalt führt. Ab da geht es dann etwas bergauf auf den „Deich" hinauf.

Oben angekommen, sei es nun euch überlassen, ob ihr links oder rechts am Seeufer entlangwandert. Wenn ihr mit Hund wandert, bietet sich die linke Seite eher an, da auf der rechten Seite

Die Silberquelle im Gsteinigt

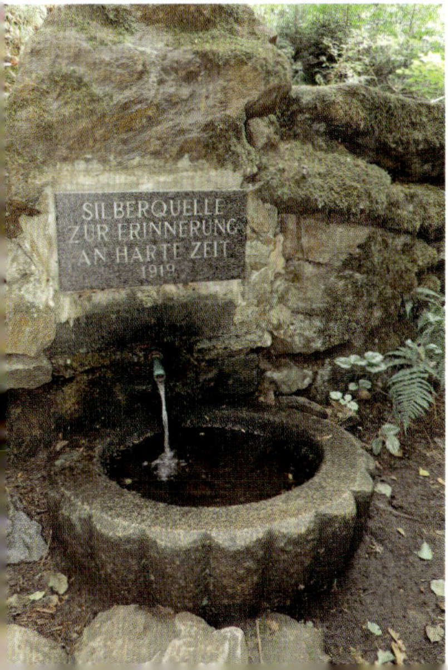

Der Feisnitzstausee lädt zu einer Badepause ein

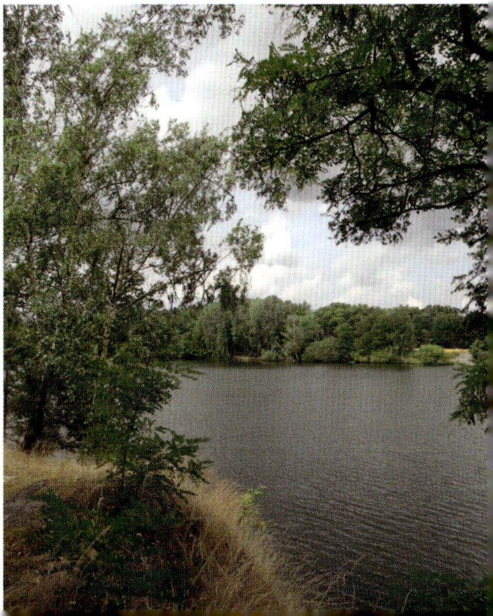

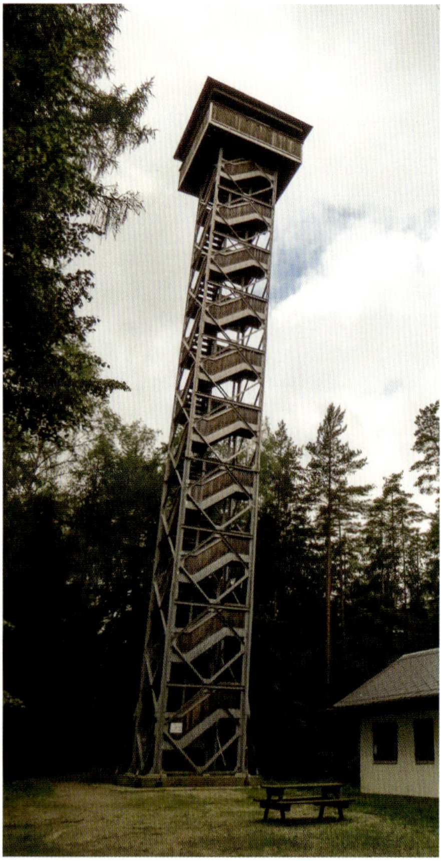

Die 32 Meter hohe Waldenfelswarte wird auch Kohlbergwarte genannt

Aussichtspunkt Waldenfelswarte
Der Aussichtsturm auf dem 632 m hohen Kohlberg mit dem Namen Waldenfelswarte wird auch wegen damaligen Zuckerschmuggels zwischen Bayreuth und Preußen „Zuckerhut" genannt. Wer sich traut und die 32 Meter in luftige Höhen hinaufsteigt, der wird mit einem traumhaften Ausblick nach Tschechien und in die Oberpfälzer Hügellandschaft belohnt. Erbaut wurde der damals 20 Meter hohe Turm im Jahr 1961. 2017 wurde er dann um 12 Meter erhöht – die Bäume versperrten die Aussicht. Die Schutzhütte ist nicht bewirtschaftet.

eine Liegewiese ist und die Leute vermutlich nicht so begeistert sind, wenn der Vierbeiner dort ins Wasser geht. Spätestens beim zweiten See müsst ihr sowieso auf die linke Seite wechseln. Und zwar nicht nur deshalb, weil es hier endlich etwas zu essen und zu trinken gibt, sondern weil ihr auf halber Höhe des Sees auf einen unmarkierten und kaum erkennbaren Pfad in den Wald abbiegt.

Die nächsten 200 Meter auf dem unmarkierten Pfad geben euch einen kurzen Einblick in das, was noch auf euch zukommt, nämlich ein ganz schöner – schön ist er in der Tat, denn zwischen den Wurzeln und Steinen läuft es sich sehr angenehm – Aufstieg auf den Kohlberg (632 m ü. NN) hinauf. Um dort anzukommen, folgt ihr nach dem unmarkierten Pfad dem Schotterweg nach rechts und anschließend der Markierung, welche euch wieder auf einen wunderschönen Pfad bringt – ja, ich weiß. Wäre da nur der Anstieg nicht. Aber so lange ist er nun auch wieder nicht. Nach 800 Metern steht ihr vor einem Wegweiser mitten im Wald, und da habt ihr das Schlimmste hinter euch – ehrlich. Ab da geht es nämlich rechts, und ihr steht schon vor der Waldenfelswarte 6.

Die Hütte ist leider nicht bewirtschaftet, aber es gibt eine schöne Picknickbank, und natürlich könnt ihr, wenn ihr schwindelfrei seid, die Aussicht vom Turm genießen. Der Fichtelgebirgsverein freut sich über eine Spende, auch wenn der Aufstieg kostenfrei ist.

Anschließend geht ihr wieder die paar Meter bis zum Wegweiser im Wald zurück. Da geht es dann mit den Markierungen & 1 rechts Richtung Elisenfels weiter, allerdings nur etwa 40 Meter, denn dann folgt ihr links einem unmarkierten Pfad – dem „Secret-Zuckerhut-Trail". Hier geht es teils etwas steiler bergab, aber dennoch ist der Weg gut machbar. Runter kommen sie ja alle.

Ihr gelangt als Nächstes auf einen Schotterweg, bei welchem ihr euch rechts haltet. Nach etwa 130 Metern geht es dann links zum Waldrand und anschließend mit einem schönen Ausblick auf Arzberg über einen Wiesenweg weiter bergab. Ihr könnt vom Waldrand oben bereits Arzberg erkennen, somit solltet ihr euch eigentlich auch ohne die fehlende Markierung zurechtfinden. Ihr müsst nur bei der zweiten „Kreuzung" zwischen den Feldern links und dann wieder rechts. An der Pferdekoppel geht's gleich nochmal rechts oberhalb des Hofs vorbei, und dann seid ihr auch schon wieder auf einem Weg mit der Markierung 1. Die 1 führt euch nun erst ein Stück durch Arzberg hindurch und zu einer Brücke, welche über die Röslau führt. Nach dieser Brücke habt ihr auf der rechten Seite, unterhalb der kleinen Treppe, noch die Möglichkeit, eine Historische Hammerschmiede 7 zu besichtigen und vieles über die älteste Nagelfabrik Deutschlands zu erfahren, bevor ihr den letzten knappen Kilometer zurück zum Startpunkt wandert.

Mit Blick auf Arzberg wandern wir durch die Felder hindurch

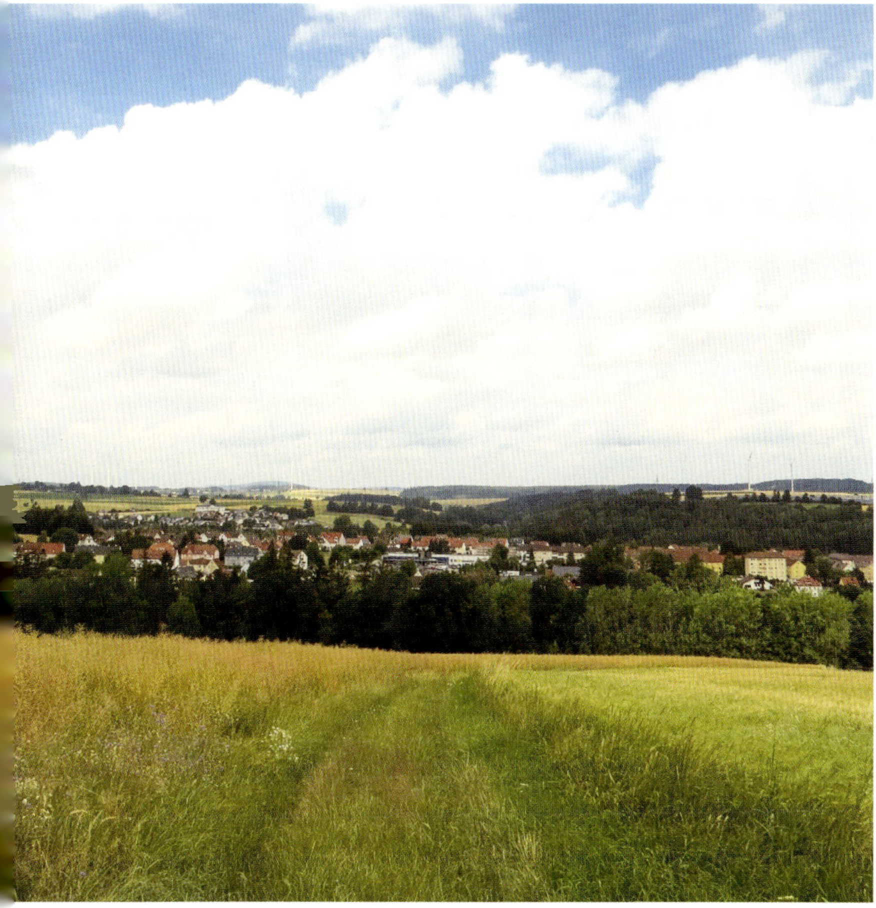

Müllers Lust

Natur erleben zwischen Eger und Hengstberg

TOUR 25

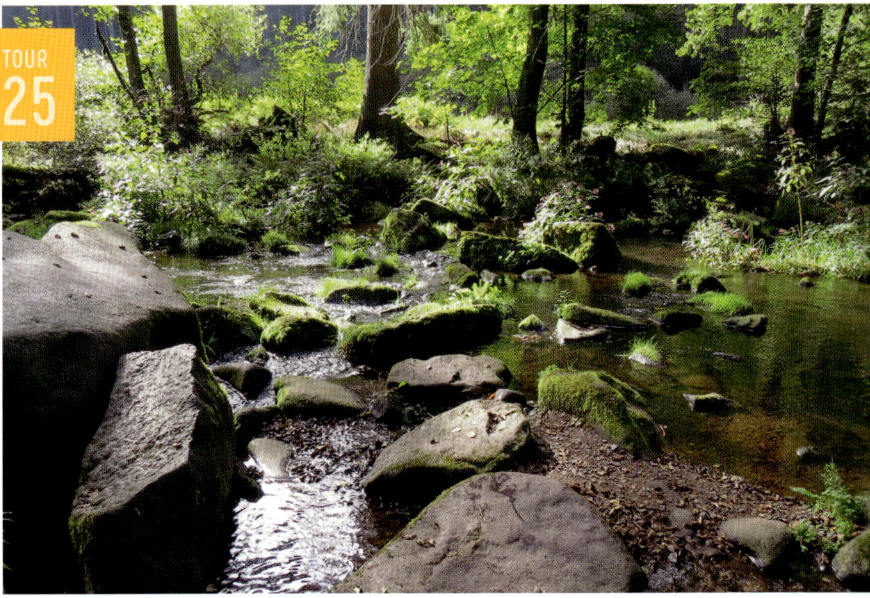

Navi: Egerbrücke Neuhaus, 95100 Selb
Koordinaten: 50°07'30.0"N 12°08'58.9"E

Ausgangspunkt – Egertal – Silberbach – Silberbrünnlein – Großer Hengstberg – Café Egerstau & Egerstausee – Egertal – Ausgangspunkt

„Das Wandern ist des Müllers Lust. Das Wandern ist des Müllers Lust. Das Wandern…", so schrieb es schon Wilhelm Müller 1821 in seinem Gedicht nieder. Schließlich zog der Müller am Ende des Liedes weiter, um einfach wandern zu gehen. Also los!

E (Egerweg); 8 (RW 8); 3 (RW 3); 2 (RW 2); 1 (RW 1); (weiß-blau); (weißer Kreis); (Fränkischer Gebirgsweg) & E (Egerweg); (Fränkischer Gebirgsweg); 7 (Nr. 7)

Café – Pension Egerstau
Egerweg 40–41,
95691 Hohenberg a. d. Eger – OT Neuhaus
Tel. 09233 3669
info@pension-egerstau.de
www.pension-egerstau.de

Die Brücke über die Eger besteht aus Metallgitter (Alternativroute möglich). Leinenpflicht innerhalb der Naturschutzgebiete. Bitte Wasser mitnehmen. Starker Algenbefall bei den Weihern des Hirschsprungkanals am Ende der Tour.

Tourist-Information Selb
Ludwigstraße 29, 95100 Selb
Tel. 09287 956385
www.selb.de

 Foto: Granitbrocken im Flussbett der Eger

MÜLLERS LUST – TOUR 25

mittel | 11,9 km | 262 Hm | 3:15 h

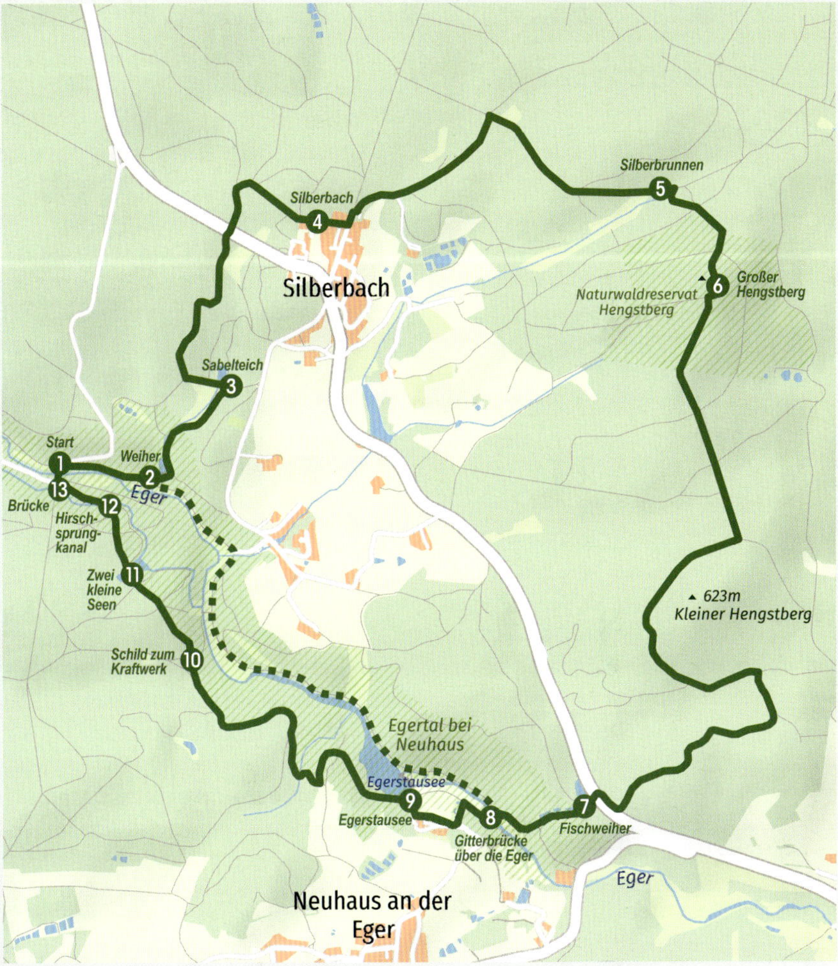

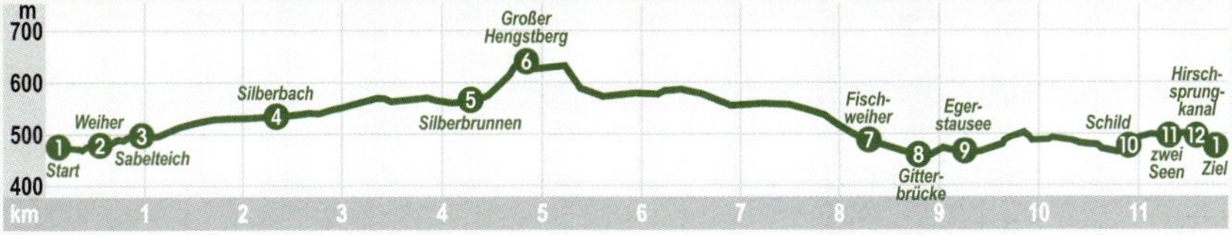

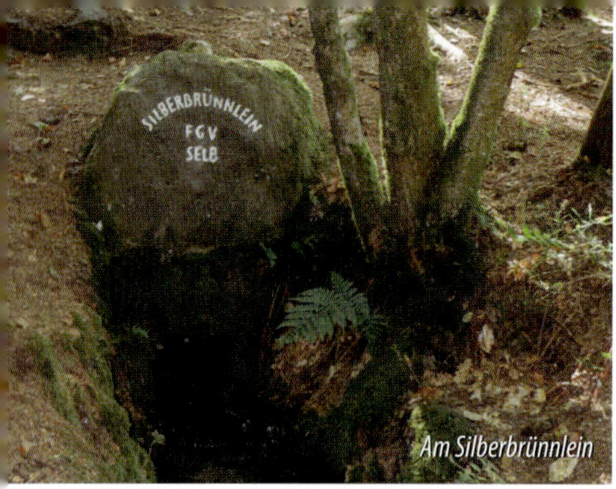

Am Silberbrünnlein

Eure Wanderung beginnt vom Parkplatz 1 aus sofort auf dem Egerweg E. Hierfür wandert ihr von der Brücke bzw. Straße weg und folgt dem Forstweg am Fluss entlang. Wer möchte, kann schon nach kurzer Zeit einem der abzweigenden Pfade an die Eger folgen, aber dort führt kein Weg entlang, ihr müsst also wieder zurück.

Nach 360 Metern folgt ihr links dem Pfad Richtung „Nach Silberbach / Haus Silberbach entlang am Luterbächlein und Sabelteich 1,6 km“ 8. Ein schöner Weg führt euch zum Teil um einen Weiher 2 herum, bevor er dann zu einem schmalen Pfad am Waldrand wird, welcher euch zum Sabelteich 3 bringt. Am Sabelteich folgt ihr jetzt aber nicht der Markierung nach rechts, sondern bleibt noch für etwa 160 Meter auf der Forststraße und haltet euch bei der Gabelung rechts. Der Waldweg mit der Markierung 3 führt euch nach guten 10 Minuten Gehzeit ohne Umweg zu einer Straße, welche ihr vorsichtig überquert, bevor ihr dem Forstweg auf der gegenüberliegenden Straßenseite folgt. Anschließend biegt ihr zweimal rechts ab und wandert nun auf einem Waldweg mit der 2 direkt zum Örtchen Silberbach 4. Der Straße „Spindlingslohe“ folgt ihr bis zur Straße „Zur Hohen Warte“ und biegt dann links auf den Wanderweg „Rundwanderweg über Hohe Wart-Liebensteiner Weg-WA Oberwald-Spindlingslohe zurück nach Silberbach 4,6 km 2“ ab. Schon nach dem letzten Haus führt eure Wanderung nach rechts auf dem „Rundwanderweg über Nordwesthang Gr. Hengstberg – Silberbrünnlein – Ackerl – Hohe Wart zurück nach Silberbach 5,5 km 1“ auf Schotter weiter. Aber nur für 190 Meter, denn da verlasst ihr geradewegs die Strecke auf einen unmarkierten, mit Gras bewachsenen Waldweg. Nach einem halben Kilometer steht ihr auf einer Forststraße, und da müsst ihr rechts und ab nun immer dem Zeichen nach.

Ein Mix aus Kies, Schotter und angenehmem Waldweg wartet auf euch, bis ihr nach ca. 900 m langsam eure Augen aufmachen müsst. Denn da geht's rechts auf einen versteckten Pfad ohne Markierung, der zum Silberbrunnen 5 führt. Kurz davor könnt ihr euch noch an einer von Heidelbeerbüschen umringten Bank mit der Aufschrift 16 (die seht ihr aber nur von der anderen Richtung) orientieren. An der Quelle lädt eine Bank im Schatten der Bäume zum Rasten ein. Eine kleine Pause wäre bestimmt nicht schlecht, denn ab jetzt geht es ganz schön bergauf.

Silberbrünnlein

Das Silberbrünnlein ist eine gefasste Quelle und liegt am Nordwesthang des Großen Hengstbergs. Hier entspringt der Silberbach.

Die Sage vom Silberbrünnlein: Ein Köhler, der in der Nähe der Quelle seinen Meiler hatte, schenkte einem kleinen Männlein ein Stück Brot, obwohl er selbst nicht mehr viel hatte. Als Dank dafür führte ihn der Zwerg in eine Halle mit Silberadern. Auf dem Boden lag viel Gold und Silber. Davon konnte er nehmen, so viel er wollte, das kleine Männchen bat ihn aber, ein Gebet für sie beide zu sprechen. Als der Köhler dies aber in seiner Freude vergaß, verwandelten sich die Schätze in seinen Hosentaschen in glühende Kohlen und er hatte nichts als Schlacken in den Hosentaschen. Das Männlein war nicht mehr zu finden.

Großer Hengstberg
Ein 651 m hoher Gipfel aus Granit, auf dessen „Plateau" sich mehrere große Felsbrocken und eine Hütte befinden. Faszinierend ist der bis zu 350 Jahre alte, 50 ha große Buchenwald. Zu Recht handelt es sich beim Großen Hengstberg um ein Naturschutzgebiet. Zusätzlich trägt der Große Hengstberg den Status Naturwaldreservat.

Vom Silberbrünnlein aus wandert ihr auf dem Pfad weiter. Als ihr auf einen breiten Weg stoßt, findet ihr auf einem größeren Felsbrocken jetzt auch einen Wegweiser zum Silberbrünnlein, aber von da kommt ihr ja. Den breiten Weg überquert ihr und wandert weiter bergauf durch einen schönen Buchenwald. Eine Markierung sucht ihr hier vergeblich (erst kurz vor knapp erkennt man eine 6, welche mit weißer Farbe auf die wegführenden Buchen gepinselt ist), aber verlaufen könnt ihr euch auch nicht, denn es geht einfach immer bergauf, bis ihr auf einem Plateau ankommt. Große Granitbrocken, ein idyllischer Buchenwald und sogar eine Hütte, die allerdings verschlossen ist, zeigen euch, dass ihr auf dem Gipfel des Großen Hengstbergs 6 angekommen seid. Noch ein bisschen auf den Felsen kraxeln oder an der Hütte chillen, und dann geht es auch schon wieder weiter.

Seid ihr einmal zur Hälfte um die Hütte herum gegangen, zweigt links ein kaum erkennbarer Pfad ab. Diesem schönen Weg, welcher eher sporadisch die weiße 6 sowie die Markierung aufweist, folgt ihr zuerst durch den Buchenwald ein Stück bergab, anschließend ein bisschen rauf und wieder runter. Die Buchen werden weniger und die Fichten wieder mehr, und schließlich geht es nur noch bergab, bis ihr geradeaus auf einem Forstweg an eine Gabelung gelangt, wo ihr euch nur für den linken oder den rechten Weg entscheiden könnt. Obwohl es egal wäre, für welche Richtung ihr euch entscheidet, empfehle ich den rechten Weg zu wählen.

Die bevorstehende Strecke bringt euch nun zur Hälfte um den Kleinen Hengstberg herum. Die Füße können sich etwas ausruhen, denn der Untergrund verlangt euch nicht viel ab – hättet ihr euch für den linken Weg entschieden, wäre es

Kleiner Hengstberg
Der Kleine Hengstberg weist eine Höhe von 623 m auf. Er „trägt" den Schutzstatus „geschütztes Naturdenkmal". Auf dem Gipfel des Kleinen Hengstbergs stand einst eine Gipfelburg, heute findet man jedoch nur noch einen Burgstall vor. Die Route führt nicht direkt über den Gipfelbereich, sondern um den Berg herum.

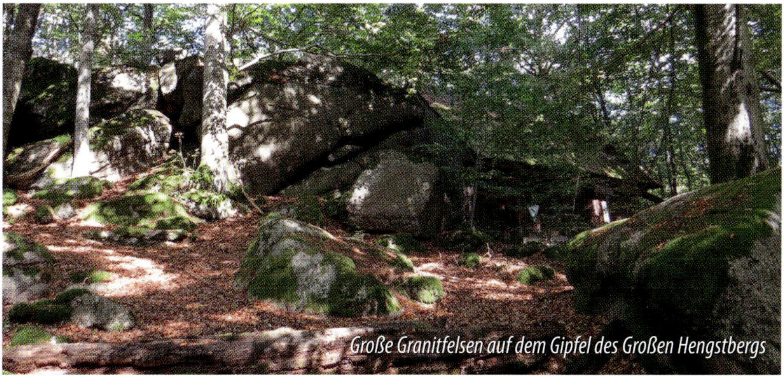

Große Granitfelsen auf dem Gipfel des Großen Hengstbergs

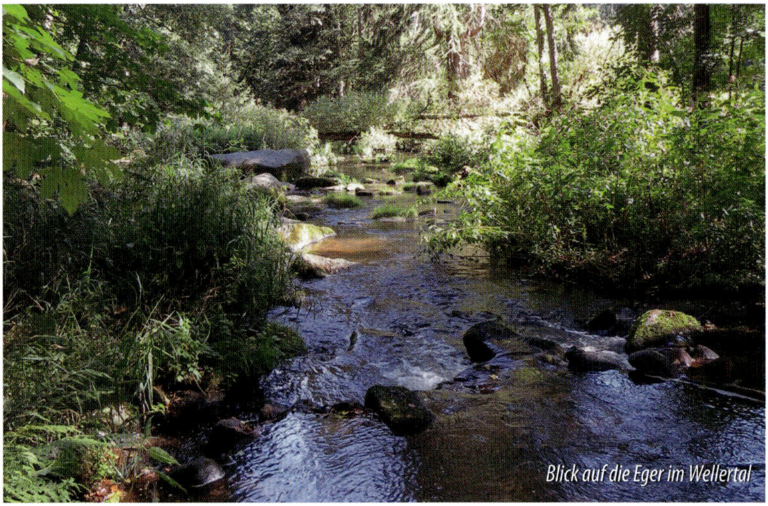

Blick auf die Eger im Wellertal

nicht anders, nur länger. Immerhin geht es mal mehr, mal weniger bergab, und die 1,2 Kilometer vergehen so wie im Flug.

Während ihr die erste Möglichkeit nach rechts abzubiegen noch ignoriert, geht es beim zweiten Mal dann wirklich rechts. Der uninteressante und zudem unmarkierte Weg ändert nach der nächsten Rechtskurve seine Meinung und wird ein richtig schöner Wiesenweg mitten im Wald. Hier kann man schön die Seele baumeln lassen, bevor es erneut eine Straße zu überqueren gilt.

Rechter Hand erkennt ihr ein paar Fischweiher 7, links am Baum weist euch eine Tafel den Weg Richtung „Egerstau, Wellerthal, 5". Da, ja genau da, müsst ihr lang. Nach etwa 500 Metern bringt euch eine Gitterbrücke über die Eger 8, und es geht auf dem Fränkischen Gebirgsweg Richtung „Neuhaus Eger 1,6 km, Kothigenbibersbach 5,9 km" weiter. Auch die Markierung des Egerwegs E und die 7 gesellen sich dazu. Am nächsten Abzweig müsst ihr euch entscheiden. Entweder wandert ihr geradeaus über die Wiese weiter – hier führt der Weg offiziell lang, oder ihr biegt links ab und gönnt euch nun eine wohlverdiente Pause im Café Egerstau. Von dort trefft ihr dann auch wieder auf den , der euch mit etwas Abstand am Egerstausee 9 vorbeibringt und anschließend zu einem tollen, abwechslungsreichen Pfad entlang der Eger wird.

Egerstausee

Hier wird das Wasser für das Kraftwerk angestaut.

Egertal / Wellertal

Das Egertal / Wellertal ist ein Teil des Naturschutzgebiets „Egertal bei Neuhaus", welches sich von Hendelhammer bis zur Königsmühle entlang der Eger erstreckt. Es liegt zwischen dem Egerstausee und Leupoldshammer. Die Eger bahnt sich hier durch eine besonders schöne Landschaft ihren Weg. Auf diesem Abschnitt befindet sich das Laufwasserkraftwerk Hirschsprung, welches jedoch nur von der anderen Seite der Eger (Alternativroute ohne Brücke, mehr Schotter) sichtbar ist. Schon im 17. Jahrhundert nutzte Johann Christoph Weller – daher auch der Name Wellertal – die Kraft des Wassers und erbaute in dem Flusstal ein bedeutendes Eisenwerk. Heute dienen 3 Kraftwerke der Energiegewinnung.

Am Waldrand biegt der Fränkische Gebirgsweg nach links ab, ihr folgt aber der 7 nach rechts Richtung „Café Egerstau 5,5 km, Wellerthal 2,2 km". Eine kleine Holzbrücke sorgt dafür, dass ihr trockenen Fußes über den in einem kleinen Tal liegenden Steinbach kommt. Von hier geht es wieder leicht bergan auf eine Forststraße. Ihr folgt der 7 nach rechts für etwa 600 Meter und verlasst den Weg dann nach rechts auf einen unmarkierten Pfad.

Rechts von euch weist ein Schild darauf hin, dass der Durchgang (zum Kraftwerk) 10 verboten ist. Zum Glück geht euer Pfad geradeaus weiter. Ein letzter Anstieg wartet nun, aber dieser ist nur von kurzer Dauer. Sicher bemerkt ihr, dass der Weg nicht oft gewählt wird, was ihn etwas „wild" erscheinen lässt. Falsch abbiegen könnt ihr aber eigentlich trotzdem nicht.

Wenn ihr einfach der Nase nach geht und die kreuzenden Wege nur überquert, gelangt ihr nach ein paar Minuten zu zwei kleinen Seen 11 mitten im Wald. Der größere (und schönere) der beiden Weiher wird vom Hirschsprungkanal gespeist und fließt in diesem wieder weiter. Der Pfad führt über den Damm in der Mitte. Hier müsst ihr etwas aufpassen, denn vermutlich haben Biber Teile des Damms untergraben. Es sieht zumindest danach aus, wenn man die Löcher betrachtet. Aber es hilft nichts, da müsst ihr drüber, um anschließend dem Pfad weiter folgen zu können.

200 Meter geht es noch durch den Wald, dann endet der Pfad auf einer Forststraße, wo ihr euch leicht rechts haltet und dann über den Hirschsprungkanal 12 geht. Ab jetzt müsst ihr nur noch bis zur nächsten Brücke 13 hinunter, diese überqueren, und schon seid ihr wieder am Startpunkt.

Hirschsprungkanal
Ab Blumenthal wird über den Kanal Wasser von der Eger für das Kraftwerk Hirschsprung abgezweigt.

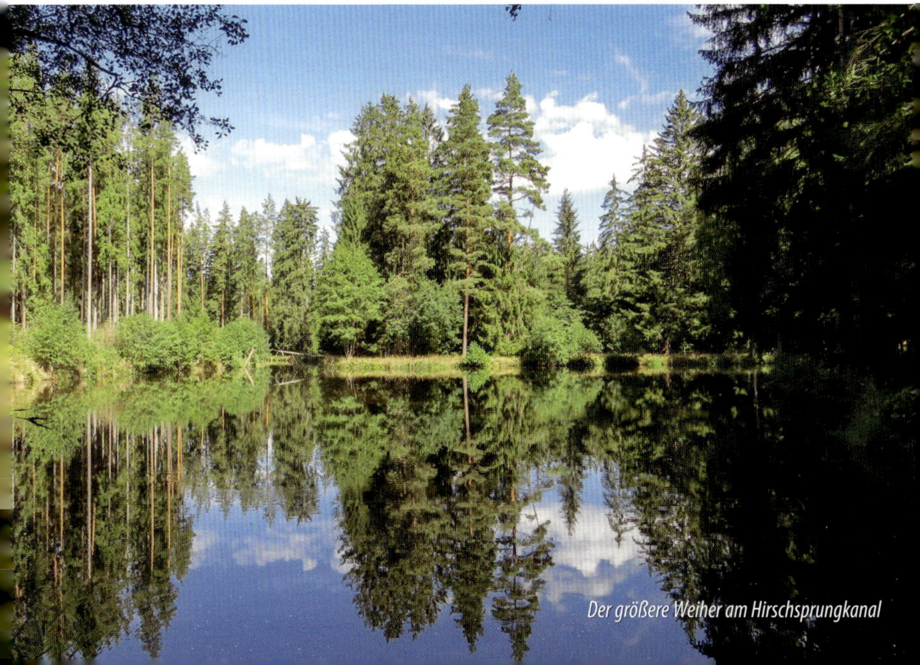

Der größere Weiher am Hirschsprungkanal

Wald-Idylle

In den Wäldern zwischen Wunsiedler Weiher und Egertal

TOUR 26

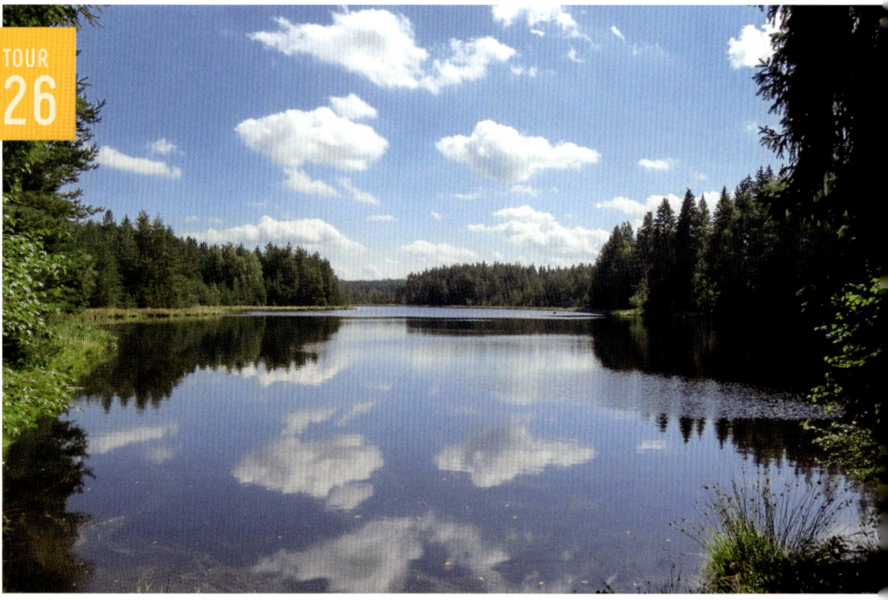

Start/Ziel

Parkplatz bei der Netzsch-Arena
Navi: Hanns-Braun-Straße 27, 95100 Selb
Am Ende der Straße ist eine Art Kreisverkehr, und dann steht man auch schon vor dem Parkplatz auf der linken Seite.
Koordinaten: 50°09'20.0"N 12°08'06.5"E

Ausgangspunkt – Wunsiedler Weiher – Leupoldshammer – Egerstausee – Lausenbach – Ausgangspunkt

Auf markierten und unmarkierten Waldwegen sowie idyllischen Pfaden geht es für euch vom schönen Wunsiedler Weiher zum malerischen Egerstausee. Bei dieser Wanderung könnt ihr herrlich die Seele baumeln lassen und vom Alltag abschalten. Ich empfehle bei dieser Tour ein GPS-Gerät.

E3 (Europäischer Fernwanderweg E3); (Fränkischer Gebirgsweg); E (Egerweg) und (Fränkischer Gebirgsweg); (blauer Querstrich); 9 (RW 9)

Blockhütte Selb (Mit Anfahrt)
Reuthstraße 21, 95100 Selb
Tel. 09287 6553
info@blockhuette-selb.de
www.blockhuette-selb.de

Leinenpflicht in den Naturschutzgebieten. Der Wunsiedler Weiher sieht zwar ansprechend für eine Hunde-Badepause aus. Der Geruch spricht aber dagegen. Genug Trinkwasser mitnehmen; Zugang zum Wasser ist selten möglich.

Tourist-Information Selb
Ludwigstraße 29, 95100 Selb
Tel. 09287 956385
www.selb.de

 Foto: Der Wunsiedler Weiher

leicht | 11 km | 86 Hm | 2:45 h

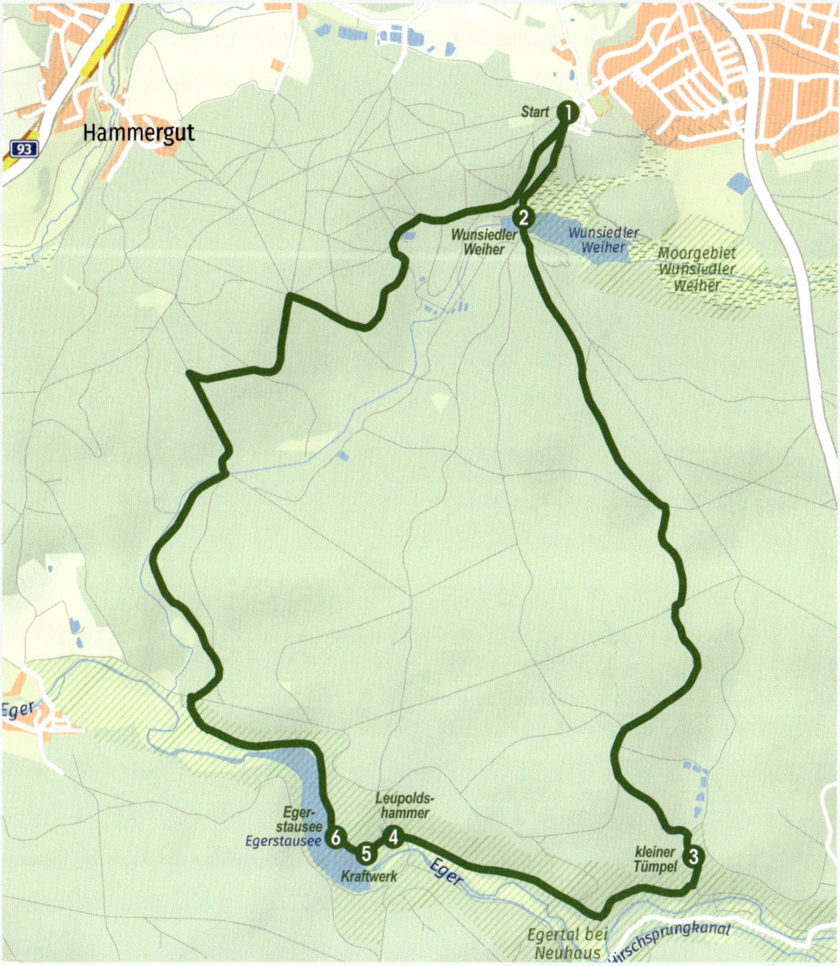

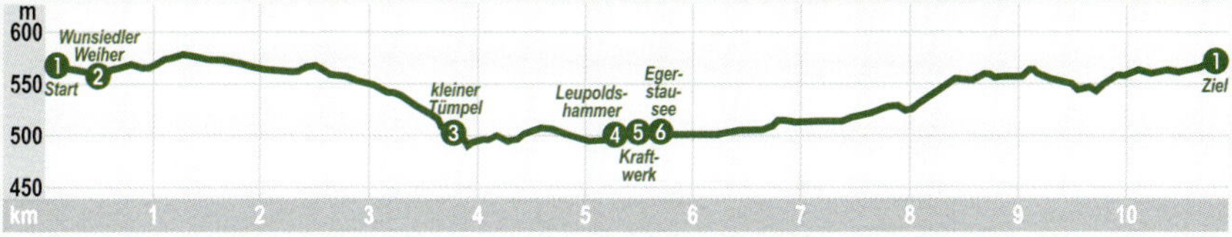

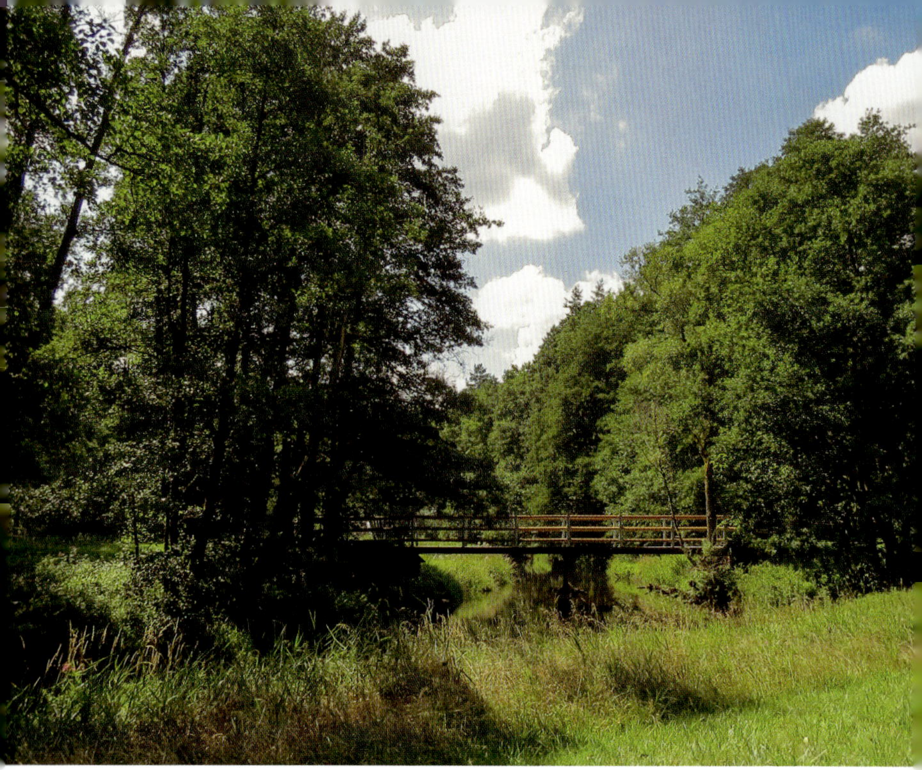

Blick auf die Eger bei Leupoldshammer

Vom Parkplatz ① aus folgt ihr dem Schotterweg Richtung Wald. Nach kurzer Zeit solltet ihr dann die Markierung E3 (Europäischer Fernwanderweg) sehen, welche euch auf direktem Weg zum Wunsiedler Weiher ② führt. So idyllisch das Gewässer in die Landschaft gebettet ist, der Geruch, welcher einem in die Nase steigt, wenn man nähertritt, schreckt euch bestimmt auch ab, die Füße abzukühlen. Also geht ihr am besten weiter.

Der Forstweg teilt sich, und hier haltet ihr euch links. Nach etwa 50 Metern zweigt ein Waldweg nach rechts ab. Die Markierungen E3 und „Zuweg Fränkischer Gebirgsweg" weisen euch den richtigen Weg. Nun geht es gute 3,5 Kilometer durch den Wald. Wenn ihr genau hinhört, hört ihr – nichts. Es ist so ruhig hier, und der Weg ermöglicht es euch, die Blicke in den umliegenden Wald schweifen zu lassen, sodass ihr wunderbar entspannen könnt. Auch der Untergrund

Wunsiedler Weiher

Rund 6 ha misst der schon 1485 zur Fischzucht angelegte, vom Lausenbach gespeiste Wunsiedler Weiher. 1985 wurde er Teil des 59 ha großen Naturschutzgebiets „Moorgebiet Wunsiedler Weiher". Das Moor um den See ist noch gut erhalten, das Torflager zum Großteil noch vorhanden, und dank Flach- und Übergangsmoor findet sich hier eine wertvolle Artenvielfalt.

für eure Füße sorgt für Abwechslung. Mal lauft ihr über mit Gras bewachsene Waldwege, mal über herrliche Pfade, und auch etwas Kies ist dabei. So wird es auch den Beinen nicht langweilig.
Wenn ihr bis jetzt richtig gelaufen seid, dann müsstet ihr an einem kleinen Tümpel 3 vorbeikommen. Kurz danach biegt ihr rechts ab, folgt dem Weg und steht nun an einer Weggabelung oberhalb der Eger – ein bisschen lässt sich der Fluss durch die Bäume erspähen. Hier verlasst ihr nun den E3 und wandert rechts auf dem Fränkischen Gebirgsweg weiter. Die Markierung seht ihr jedoch erst nach ein paar Metern. Direkt an der Weggabelung gibt es einen Wegweiser mit einer weißen Blume und zwei grünen Pfeilen.
Auf dem Waldweg wandert ihr oberhalb der Eger entlang, sodass oft nur das Plätschern hörbar ist. Ab und an könnt ihr aber auch einen Blick aufs Wasser erhaschen. Der Ausblick von der Bank in der nachfolgenden Rechtskurve ist spärlich, deshalb empfehle ich euch, weiter bis Leupoldshammer 4 zu gehen. Hier wartet eine weitere Bank am Waldrand auf euch, diesmal mit Blick auf saftig grüne Wiesen und die Eger, welche sich hier ihren Weg bahnt.
Nach einer kurzen (oder auch längeren) Pause folgt ihr nun weiter den Markierungen E & Richtung Marktleuthen und Hendelhammer. Auf einem breiten Weg geht ihr nun am Kraftwerk 5 vorbei und taucht dann in die Magie des Egerstausees 6 ein. Etwa einen Kilometer führt euch

Blick auf den Egerstausee bei Leupoldshammer

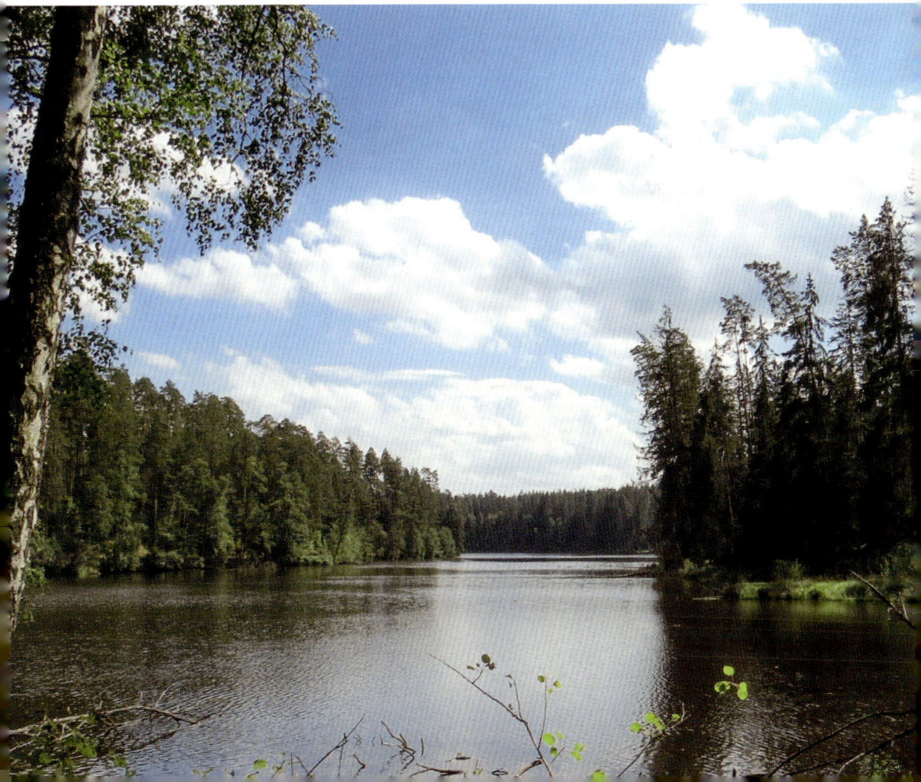

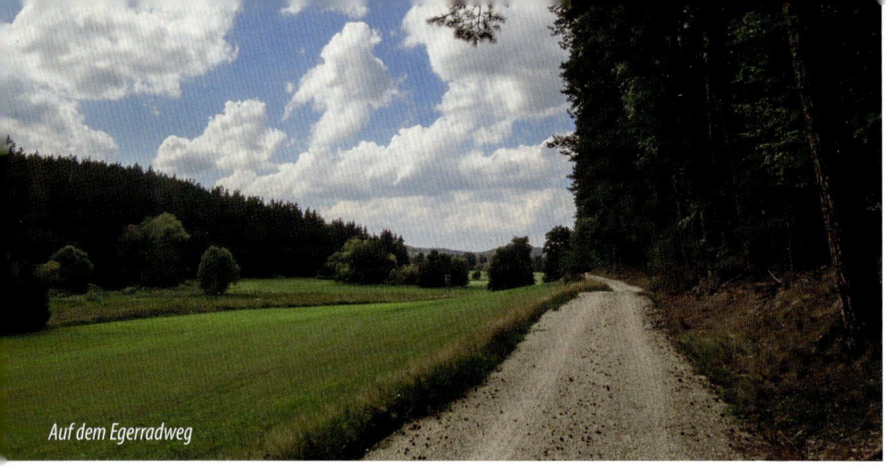
Auf dem Egerradweg

der einfache Weg am Ufer entlang. Sollte die Ruhebank bei der hölzernen Eule frei sein, so nutzt die Gelegenheit und lasst die Ruhe auf euch wirken oder verspeist hier eure mitgebrachte Brotzeit. Glaubt mir, es gibt keinen schöneren Platz dafür.

Gestärkt und erholt habt ihr das Ende des Stausees erreicht. Ab jetzt geht es für ein paar Meter auf Schotter weiter bis zum „Wegkreuz Nähe Lausenbachmündung". Hier folgt ihr nun der Markierung „Lausenweg, Wunsiedler Weiher 3,2 km, Selb Eisstadion E3 3,9 km ". Auf dem Dr.-Mayer-Weg geht es für euch bis zur nächsten Kreuzung, wo ihr links abbiegt, auf einem unmarkierten Forstweg weiterwandert und anschließend den Lausenbach überquert.

Mit leichter Steigung folgt ihr jetzt ca. 300 Meter dem Forstweg. Auf der rechten Seite steht eine kleine Hütte. Diese lasst ihr allerdings hinter euch und biegt erst ein paar Meter danach rechts auf einen etwas breiteren, unmarkierten Weg in den Wald ab. Der Weg bringt euch in sanftem Auf und Ab knapp 700 Meter durch einen lichten Wald zu einem Forstweg. An der geschotterten Forststraße angekommen, haltet ihr euch rechts und wandert anschließend geradewegs wieder auf einen angenehmeren, bewachsenen Waldweg, welcher euch dann auf einen gut erkennbaren breiten Pfad führt. Genau da müsst ihr nun wieder links und dann wieder rechts. Auch bei nächster Möglichkeit haltet ihr euch nochmal rechts und gelangt so auf einen Pfad mit der Markierung 9 & „Der Kuselwusel Walderlebnispfad".

Der „Kuselwusel Walderlebnispfad" und die 9 zweigen nach 100 Metern nach rechts ab. Ihr wandert aber einfach geradeaus der Nase nach und bleibt auf dem Weg bis zur nächsten erkennbaren Kreuzung im Wald. Auch hier wandert ihr einfach geradewegs auf dem Pfad weiter – nach kurzer Zeit seht ihr auch wieder die Markierung „Zuweg Fränkischer Gebirgsweg". Von diesem Pfad zweigt nach etwa 200 Metern ein weiterer, unmarkierter Pfad nach rechts ab, welcher euch dann direkt wieder zum Ausgangspunkt bringt.

Egerstausee Leupoldshammer und Naturschutzgebiet Egertal bei Neuhaus

Die 316 km lange Eger entspringt im Fichtelgebirge. Im Naturschutzgebiet Egertal bei Neuhaus gibt es zwei Egerstauseen. Einmal der Egerstausee bei Leupoldshammer und einmal auf Höhe des Hirschsprungkraftwerks, wo diese Tour jedoch nicht vorbeiführt. Das 263,45 ha große Naturschutzgebiet Egertal bei Neuhaus bildet die Form eines langgezogenen Schlauchs und verläuft entlang der Eger von Hendelhammer bis nach Neuhaus a. d. Eger.

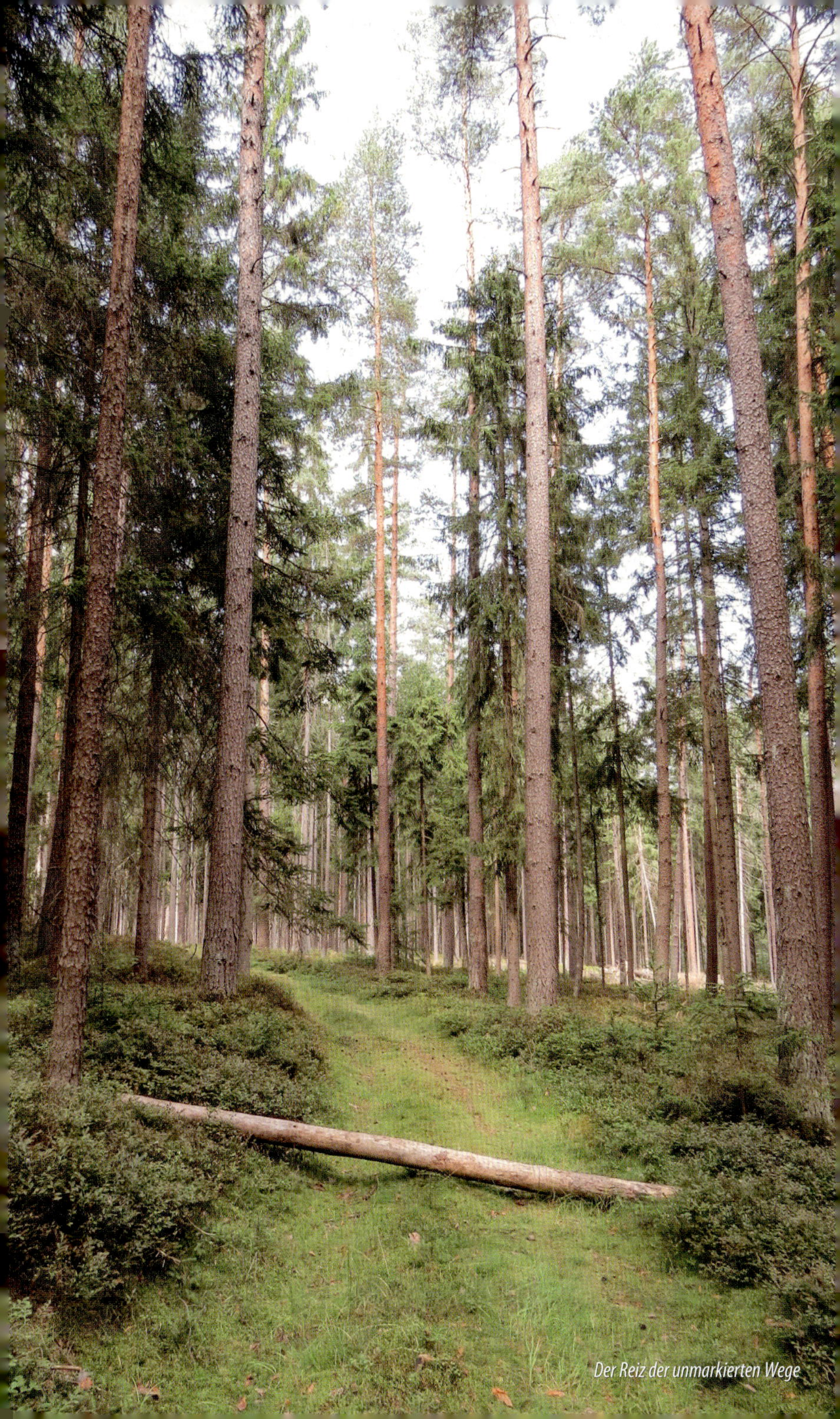

Der Reiz der unmarkierten Wege

Klipp, Klapp, Kleppermühle

Entspannung trifft Abenteuer

TOUR 27

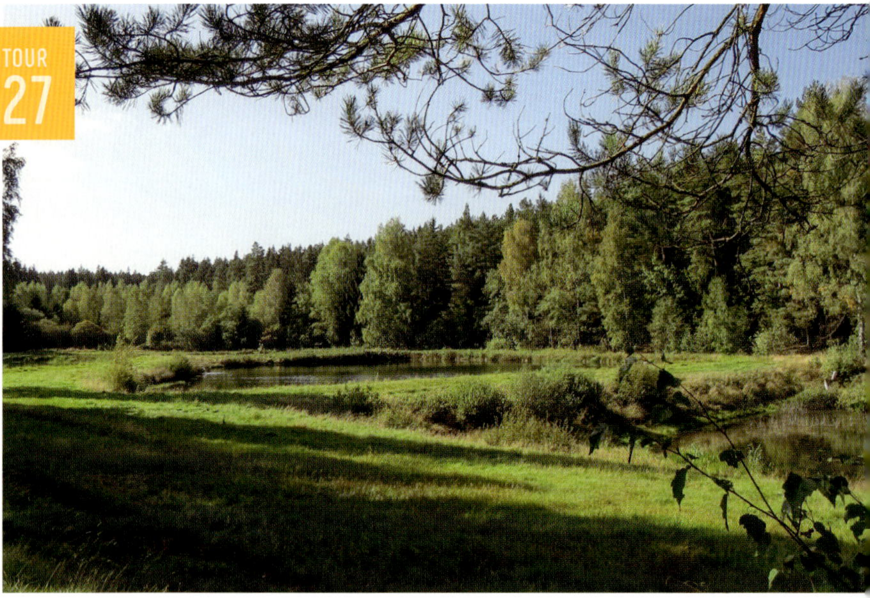

Wanderparkplatz Schönwald
Navi: Am Ende der Buchbacher Straße am Waldrand, 95173 Schönwald
Koordinaten: 50°11'50.2"N 12°04'12.5"E

Ausgangspunkt – Kleppermühle – Göringsreuth (Altes Pfarrhaus) – Hoher Rainstein – Ausgangspunkt

Eine Wanderung für große und kleine Wanderfüße. Auf abwechslungsreichen Pfaden und wenig begangenen Wegen geht es fernab des Trubels zur Einöde Kleppermühle mit zahlreichen Teichen und einer Fischzucht. Nach einer ausgiebigen Stärkung im Alten Pfarrhaus wandert ihr über eine Wiese mit der seltenen Arnika wieder in den abenteuerlichen Wald und auf teils sandigem Boden zurück zum Ausgangspunkt. Ich empfehle bei dieser Tour ein GPS-Gerät.

(4) (RW 4); (blauer Punkt); ❷ (RW 2) & ❸ (RW 3); (Arnikaweg) & (blaues Dreieck); (weiß-blau); (4) (RW 4)

Altes Pfarrhaus
Göringsreuth 1, 95173 Schönwald
Tel. 09287 9653720
reservierung@altespfarrhausschoenwald.de
https://altes-pfarrhaus-schoenwald.metro.biz/?lang=de

Für Hunde birgt die Wanderung keine besonderen Herausforderungen. Wasser gibt es nur an den Fischweihern bzw. beim Alten Pfarrhaus (wenn geöffnet), deshalb bitte unbedingt genug Wasser mitnehmen.

Stadt Schönwald
Schulstraße 6, 95169 Schönwald
Tel. 09287 95940
www.stadt-schoenwald.de

 Foto: Weiherlandschaft Kleppermühle

KLIPP KLAPP KLEPPERMÜHLE – TOUR 27

leicht · 8,3 km · 154 Hm · 2:15 h

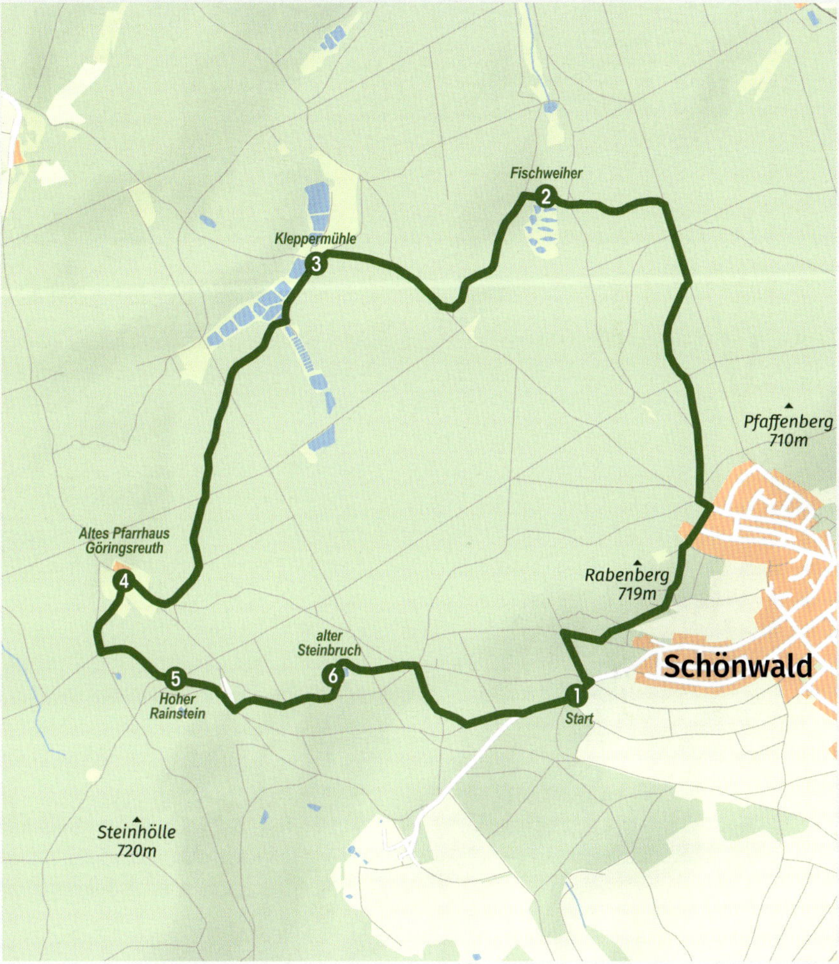

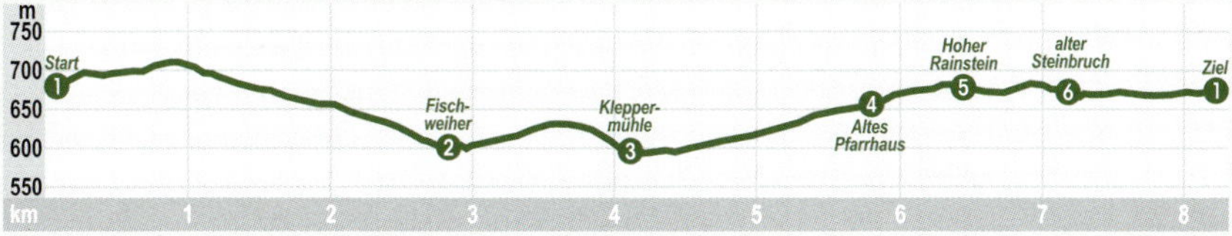

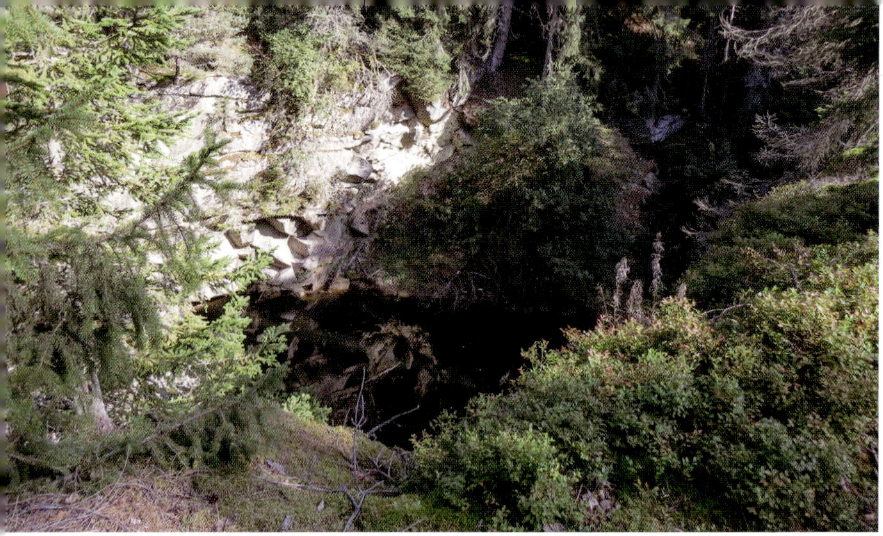

Alter Steinbruch im Wald

Vom Parkplatz 1 aus startet ihr Richtung Schönwald und biegt dann aber links zum Alten Pfarrhaus und gleich wieder rechts auf einen unmarkierten Waldweg ab. Dieser Weg führt zu einem weiteren Waldweg mit der Markierung ④, welcher ihr nun nach rechts folgt. Die ④ führt links auf einen Pfad im Wald und anschließend am Waldrand entlang, bevor es erneut wieder links in den Wald geht. Anschließend trefft ihr auf eine Forststraße. Diese bringt euch rechter Hand an den Ortsrand. Hier müsst ihr bis zur Straße runter und dann links Richtung „Rundweg 5 6,7 km, Kleppermühle 1,8 km".

Kurz danach, es sind etwa 50 Meter, biegt ihr rechts auf einen unmarkierten Waldpfad ab. Dieser teilt sich nach ein paar Metern, und hier heißt es für euch, dass ihr euch links halten müsst. Den kommenden Waldweg überquert ihr und folgt weiter dem unmarkierten Pfad, welcher dann zu einem etwas breiteren Weg wird. Bei Nässe kann man sich hier auch schnell nasse Füße holen, weil hier so viel Gras wächst.

Nun steht ihr auf einer Kreuzung bzw. Lichtung. Dort biegt ihr links ab und folgt dem Weg bis zur Forststraße, welche ihr erneut nur überquert, bevor ihr ab jetzt dem Wegweiser Richtung „Röllmühle 2,6 km ●" nachgeht. Mit der Markierung ● im Blick marschiert ihr links auf einem schönen Pfad durch einen noch schöneren Wald. An der Gabelung geht's einfach weiter geradeaus, und dann steht ihr vor mehreren Fischweihern 2. Der Weg führt mittendurch und dann weiter auf einen Forstweg.

Jetzt heißt es links (❷, ❸), dann rechts (❷, ❸) auf die Alte Rehauer Straße – eine richtige Straße ist es nicht – und dann geradeaus dem Wegweiser

Kleppermühle

Die Kleppermühle ist eine Einöde, welche zur Stadt Schönwald gehört. Früher bestand die Kleppermühle, einst auch Klappermühle genannt, aus der Oberen und der Unteren Mühle. Heute gibt es nurmehr die Obere Mühle. Eine erste urkundliche Erwähnung gab es 1581, wobei die Mühle sicher schon älter war. 1881 wurde hier eine Fischzucht mit ursprünglich 35 Teichen angelegt. Die Fischzucht gibt es heute noch, aber die Teiche sind weniger geworden.

„Fußweg Kleppermühle" bis zur Kleppermühle 3 nach, welche ihr nach ein paar Minuten erreicht. Außer zahlreichen Fischweihern, mit etwas Glück knuffigen Rindern und dem alten, aber nicht begehbarem Gebäude der Oberen Mühle sowie einem Wohnhaus gibt es hier jedoch nicht viel zu sehen. Deshalb geht es nun links auf einem anspruchslosen, aber dennoch schönen Weg an den Weihern vorbei Richtung Göringsreuth (Arrnikaweg &). Wenn ihr wollt, könnt ihr natürlich bei den Fischteichen noch eine Pause einlegen. Der Ort würde sich auf jeden Fall dafür anbieten.

Sobald ihr wieder in den Wald eintaucht, wandert ihr rund 1,5 Kilometer mit den Markierungen & und der Nr. 5 weiter bis zum Alten Pfarrhaus in Göringsreuth 4. Ob ihr euch für eine gemütliche Einkehr in der Gaststube oder bei schönem Wetter im Biergarten entscheidet, oder gleich den weiteren Weg über die gegenüber liegende Arnikawiese (Wegweiser Richtung Kornberg, Vorsuchhütte, Großer Stein etc.) bestreitet, das liegt ganz bei euch.

Seid ihr am Wald angekommen, wird der Wiesenweg zu einem Pfad. Nach ca. 200 Metern weist euch ein Wegweiser auf der linken Seite auf den 300 Meter entfernten Hohen Rainstein 5 hin.

Arnikawiese am Alten Pfarrhaus

In den Monaten Juni und Juli ist die Arnikablüte auf der Wiese am Alten Pfarrhaus, einer der wenigen Standorte, wo die Arnika heute noch in der Region vorkommt. Die Arnika ist eine bekannte Arzneipflanze, welche unter Naturschutz steht. Im Fichtelgebirge war sie einst weit verbreitet, aber die Landwirtschaft und massive Düngung lassen ihren Lebensraum schwinden. Bitte haltet euch an das Betretungs- und Sammelverbot, um der schönen Pflanze weiterhin eine Chance zu geben.

Altes Pfarrhaus

Das Alte Pfarrhaus hat nicht nur kulinarisch, sondern auch historisch was zu bieten. 1812 ließ Pfarrer Nikol Göring das Alte Pfarrhaus in Göringsreuth errichten, welches als Ruhesitz gedacht war. 3 Jahre später verstarb er jedoch in dem Haus, nachdem er eine Stunde zuvor einen Schlaganfall während einer Predigt erlitt. Nach dem Verkauf eröffnete dort 1875 eine Bierschänke, und Johann Raithel legte damit den ersten Stein, das Alte Pfarrhaus als Gastwirtschaft zu nutzen. Der Pfarrer plante beim Bau des Hauses wohl kein Gasthaus, auch wenn seine Vorfahren schon im Gastgewerbe tätig waren.

Das ist euer nächstes Ziel, auch wenn er meiner Meinung nach jetzt nicht so aufregend ist. Ein Grenzstein im Wald halt. Die Pfade und Waldwege beeindrucken da schon mehr.

Ihr bleibt auf dem Pfad, welcher dann zu einem etwas breiteren Weg wird. Nach ca. 100 m biegt ihr links auf einen weiteren Pfad ab. Dabei orientiert ihr euch an der Markierung . Jetzt beginnt ein schöner Abschnitt durch eine sehr abwechslungsreiche Waldlandschaft.

400 Meter wandert ihr auf diesem Pfad, um euch anschließend links zu halten. Ihr gelangt zu einem alten Steinbruch 6. Die Felswände fallen steil und tief hinab, aber ein Zaun verhindert, dass ihr abstürzen könntet. Ein schmaler Weg führt teils um den kleinen, tiefer liegenden See herum und weiter auf eine Forststraße, welche ihr nach 50 Metern rechts auf einen Pfad bzw. tollen Waldweg mit der Markierung ④ wieder verlasst.

Beim nächsten Abzweig biegt ihr links ab, folgt dem Pfad ohne Markierung bis zum nächsten Forstweg. Ein letztes Mal haltet ihr euch links ④ und legt nun die letzten Meter bis zum Ausgangspunkt zurück. Geschafft!

IMPRESSUM

Bibliografische Information der Deutschen Nationalbibliothek

Die Deutsche Nationalbibliothek verzeichnet diese Publikation in der Deutschen Nationalbibliografie; detaillierte bibliografische Daten sind im Internet über http://dnb.dnb.de abrufbar.
ISBN 978-3-95587-106-2

MIX
Papier aus verantwortungsvollen Quellen
FSC® C014138

Für uns, die Battenberg Gietl Verlag GmbH mit all ihren Imprint-Verlagen, ist Nachhaltigkeit ein wichtiger Teil unserer Unternehmensphilosophie. Daher achten wir bei allen unseren Produkten auf den Einsatz umweltschonender Ressourcen und Materialien.
Dieses Buch wurde auf FSC®-zertifiziertem Papier gedruckt. FSC (Forest Stewardship Council®) ist eine nicht staatliche, gemeinnützige Organisation, die sich für die verantwortungsvolle und ökologische Nutzung der Wälder unserer Erde einsetzt.

Unsere Partnerdruckerei kann zudem für den gesamten Herstellungsprozess nachfolgende Zertifikate vorweisen:
- Zertifizierung für FOGRA PSO
- Zertifizierungssystem FSC®
- Leitlinien zur klimaneutralen Produktion (Carbon Footprint)
- Zertifizierung EcoVadis (die Methodik besteht aus 21 Kriterien in den Bereichen Umwelt, Einhaltung menschlicher Rechte und Ethik)
- Zertifikat zum Energieverbrauch aus 100 % erneuerbaren Quellen
- Teilnahme am Projekt „Grünes Unternehmen" zum Schutz von Naturressourcen und der menschlichen Gesundheit

Danksagung:
Ich danke dem gesamten Battenberg-Gietl-Verlags-Team, ohne dessen Mitwirkung ich dieses Projekt nicht hätte umsetzen können. Mein Dank gilt auch meinem Lebensgefährten Christian, der mich bei der Auswahl und Bearbeitung der Bilder unterstützt hat und vor allem während der Wanderungen einige Zeit auf mich verzichten musste. Ebenso möchte ich mich bei meinen Eltern, meinem Bruder und meinen Freunden (hier alle aufzuzählen würde den Rahmen sprengen, aber ich bin mir sicher, ihr fühlt euch angesprochen) bedanken. Ihr habt mich stets motiviert, mein Ziel – diesen Wanderführer – nicht aus den Augen zu verlieren, auch wenn die ein oder andere Tour mal wieder nicht nach Plan verlief und ich am liebsten alles hingeschmissen hätte. Freya, meine treue vierbeinige Begleitung, war auch noch mit Begeisterung dabei, obwohl wir die ein oder andere Strecke schon zum fünften Mal gegangen sind (weil z. B. die ersten vier Planungen nichts waren). Danke an alle, die ich hier aus Platzgründen jetzt nicht mehr nennen kann.

Abbildungen:
Andrea Maier

Kartografie:
Battenberg Gietl Verlag GmbH

Haftungsausschluss:
Alle Inhalte wurden vom Autor sorgfältig recherchiert und nach bestem Wissen und Gewissen aufbereitet. Die Begehung der in diesem Buch beschriebenen Touren erfolgt auf eigene Gefahr. Der Verlag und der Autor übernehmen für etwaige Schäden sowie auch für Richtigkeit und Aktualität der Angaben keine Haftung. Der Verlag und der Autor weisen darauf hin, dass Privatgrund sowie auch privates Eigentum unbedingt zu respektieren sowie aktuelle Info-Tafeln hinsichtlich zu schützender Bereiche o. Ä. zu beachten sind.

1. Auflage 2024
ISBN 978-3-95587-106-2

www.battenberg-gietl.de